沿着民族复兴的足迹

YANZHE MINZU FUXING DE ZUJI

◎黄健 著

广西人民出版社

图书在版编目（CIP）数据

沿着民族复兴的足迹 / 黄健著．— 南宁：广西人民出版社，2022.12

ISBN 978-7-219-11488-9

Ⅰ．①沿…　Ⅱ．①黄…　Ⅲ．①先进工作者—先进事迹—中国—现代　Ⅳ．①K820.7

中国版本图书馆 CIP 数据核字（2022）第 236738 号

责任编辑　覃结玲
责任校对　姚龙生
美术编辑　牛广华

出版发行	广西人民出版社
社　　址	广西南宁市桂春路 6 号
邮　　编	530021
印　　刷	广西民族印刷包装集团有限公司
开　　本	787 mm × 1092 mm　1 / 16
印　　张	16.75
字　　数	260 千字
版　　次	2022 年 12 月　第 1 版
印　　次	2022 年 12 月　第 1 次印刷
书　　号	ISBN 978-7-219-11488-9
定　　价	56.00 元

逐梦路上

（代序）

2022 年是我加入中国共产党的第 41 个年头，我对党的最初认识，是从两首雄壮的歌曲和几张纪念邮票开始的。

20 世纪 60 年代，我还是一个小学生，家住柳州市委统战部绿树掩映的大院里，每天上午 11 时 30 分放学回家跨进大门的时候，大院的广播都会准时播放《歌唱祖国》《没有共产党就没有新中国》这两首雄壮的歌曲，一直伴随我到小学毕业。我从旋律和歌词中，认识了中国共产党和社会主义。从小学四年级起，我开始集邮，先后收集了《中国人民政治协商会议》《中华人民共和国开国一周年》《中国共产党第八次全国代表大会》《井冈山主峰》《遵义会议会址》《延安宝塔山》等纪念邮票，邮票上印制的党史故事，让我对中国共产党有了深刻的记忆。真正系统、全面、完整、准确地学习党的历史，则是在大学本科和研究生阶段。对党的认识从感性认识到理性认识，则是在从事新闻出版、理论研究、干部教育工作的 30 多年时间。

我曾到过中国最早的马克思主义传播地、新文化运动发源地——北大红楼，到过中共一大会址、井冈山、八七会议会址、南昌八七起义纪念馆、遵义会议会址、延安、西柏坡、北京香山革命纪念馆……每个地方都使我得到一次思想上的洗礼，让我进一步加深了对中国共产党的认识。

开辟天地

2006 年是中国工农红军长征胜利 70 周年，我走进红色之城遵义，参观遵义会议会址。遵义会议是中国共产党第一次独立自主地解决自己的路线、方针和政策的会议，它结束了王明“左”倾教条主义路线在党中央的统治，在中国革命的危急关头，挽救了党，挽救了红军，挽救了中国革命，是中国共产党历史上一次关乎生死存亡的伟大转折。遵义会议以后，开始形成了以毛泽东同志为核心的党的领导集体。从此，中国革命在正确路线的指引下走上了胜利发展的道路。

2007 年是井冈山革命根据地创建 80 周年，这年秋天我慕名来到巍峨绮丽的井冈山。寒夜中毛泽东在八角楼上彻夜未眠，他披着一方薄毯，在昏暗的油灯下奋笔疾书，写出了《中国的红色政权为什么能够存在?》《井冈山的斗争》这两篇指导中国革命的光辉著作。走进革命摇篮井冈山，我感悟到了星星之火之所以能成燎原之势的井冈山精神。

2008 年春天，我来到革命圣地延安。来到杨家岭中央大礼堂，我仿佛看到当年毛泽东作政治报告时被一阵阵如潮的掌声所打断的场景。在枣园简陋的窑洞里，毛泽东曾写下《论持久战》《纪念白求恩》《愚公移山》等许多光辉著作。毛泽东等老一辈无产阶级革命家，在延安战斗了 13 个春秋。他们以雄才大略，运筹帷幄，指挥了全国的抗日战争和解放战争。

党的十九大闭幕不久，我专程来到上海参观中共一大会址。上海市兴业路 76 号，一栋兴建于 20 世纪 20 年代的石库门老房子格外显眼，青砖瓦墙、弧形雕花门楣、红色窗棂……100 多年前，中国共产党第一次全国代表大会就是在这里召开。来自 7 个共产党早期组织的 13 位代表从四面八方秘密汇聚到这里，他们代表全国 50 多名党员，用青春书写了开天辟地的大事变。中共一大正式宣告中国共产党成立，并通过了中国共产党的第一个纲领。站立在一大会址前，我心潮澎湃，这里是我们党梦想起航的地方，中国共产党从这里诞生，从这里出征，从这里走向全国。

2019 年国庆节，我来到西柏坡。看着旧址中破旧的床凳桌椅、油灯、电话等物品，我简直不敢相信它就是当年中共中央首脑机关所在地。党中央在西柏坡部署指挥了辽沈、淮海、平津三大战役，召开七届二中全会，由此出发“进京赶考”。

改天换地

中华人民共和国成立70周年之际，我来到北京香山，瞻仰双清别墅和香山革命纪念馆。正是在这里，毛泽东、朱德发出了向全国进军的命令，吹响了“打过长江去，解放全中国”的伟大号角。正是在这里，毛泽东欣闻人民解放军占领南京，挥笔写下了那首著名的《七律·人民解放军占领南京》。

我还曾参观过全国政协礼堂，中国共产党执政后的第一次全国代表大会即八大在此召开。在这次大会上，党探索、建设社会主义道路形成初步系统的思路，取得初步成果。随后中国人民在党的领导下创造了一个又一个奇迹，写下了一个又一个辉煌。我还有幸参观了中国原子能科学研究院、长春第一汽车制造厂、武汉钢铁厂、大庆油田、南京长江大桥等，对国家日新月异的发展成就留下了深刻的印象。透过一个个伟大的建设成就，我真切感受到了共产党人的执着坚守、筚路蓝缕的艰辛探索，感受到了社会主义阳光照在神州大地上的温暖与激情，看到了中国社会主义制度的优越性。

我曾有幸采访中国原子弹事业的奠基人、“两弹一星”功勋奖章获得者钱三强，听他讲述1964年我国第一颗原子弹成功爆炸的故事；我曾采访“共和国勋章”、“两弹一星”功勋奖章获得者孙家栋，听他讲述中国月球探测工程的感人故事；我曾采访“杂交水稻之父”、中国工程院院士、“共和国勋章”获得者袁隆平，听他说“中国人的饭碗，要牢牢端在自己手上”的话语……在这个伟大的时代，在党的坚强领导下，中国进行了全面的社会主义建设，到处洋溢着创业的激情，涌现出一批批可歌可泣的光辉人物，他们成了时代的先锋……

感天动地

今天的中国，嫦娥飞天，蛟龙入海，天眼观星，北斗组网，信息畅通，公路成网，铁路密布，高坝矗立，西气东输，南水北调，高铁飞驰，巨轮远航，飞机翱翔，天堑变通途。“祝融”号火星车经过295天的旅程，成功登陆火星，中国空间站已建成；中国快速发展，成为世界第二大经济体，2021年国内生产总值突破110万亿元，我国多年来对世界经济增长贡献率超过30%；“一带一路”建设风生水起，人类命运共同体理念日益深入人心；减贫人口占全球的70%以上；建成了包括医疗、养老等在内的世界上规模最大的社会保障体系。2022年10月16日召开的党的二十大，回顾总结了过去五年的工作和新时代十年的伟大变革，指出：“十年来，我们经历了对党和人民事业具有重大现实意义和深远历史意义的三件大事：一是迎来中国共产党成立一百周年，二是中国特色社会主义进入新时代，三是完成脱贫攻坚、全面建成小康社会的历史任务，实现第一个百年奋斗目标。这是中国共产党和中国人民团结奋斗赢得的历史性胜利，是彪炳中华民族发展史册的历史性胜利，也是对世界具有深远影响的历史性胜利。”

从建党的开天辟地到新中国成立的改天换地，再到改革开放的翻天覆地，再到新时代的感天动地，中国共产党团结带领中国人民取得举世瞩目的成就。在新的征程上，我们有信心建成社会主义现代化强国，实现中华民族伟大复兴。

目 录
contents

上篇

下篇

上篇

国家勋章获得者

稻菽千重，禾下留梦

——访“共和国勋章”获得者袁隆平院士

2021年5月22日下午14时许，我在办公室看到多家中央媒体发布的新闻：“杂交水稻之父”、中国工程院院士、“共和国勋章”获得者袁隆平因多器官功能衰竭，5月22日13时在湖南长沙逝世，享年91岁。袁隆平是我国研究与发展杂交水稻的开创者，也是世界上第一个成功利用水稻杂种优势的科学家，被誉为“杂交水稻之父”。直到2021年初，他还坚持在海南三亚南繁基地开展科研工作，这是一位让中国人“端牢饭碗”的英雄。我回忆自己与袁隆平院士的三次交往，谨致沉痛的哀悼，特撰此文纪念袁隆平院士。

初识袁隆平

20世纪80年代，我在广西农业大学（今广西大学）工作，当时正值国家开发海南岛。时任广西农业大学农学系主任的张先程教授应聘到海南大学任副校长，主管科研和教学工作。张教授临行前，我曾到他家拜访，向他询问海南的优势。张教授说，海南是我国的国家级水稻栽培基地，20世纪70年代，袁隆平在湖南发现了“野败”，现在海南研究杂交水稻，为杂交水稻三系配套打开了突破口，在海南搞水稻研究，有得天独厚的自然条件和科研条件。

1988年，我调到出版社工作后，就开始关注袁隆平先生的工作。同年，湖南科学技术出版社农业编辑室主任的熊穆阁先生送我一部由他编辑的袁隆平学术著作《杂交水稻育种栽培学》，该书荣获首届中国图书奖，并已翻译成英文对外出版发行。1989 年，熊先生邀请我到长沙，一同去拜访袁隆平，我在湖南农科院水稻研究所第一次见到了袁隆平。袁隆平说他在 36 岁那年，也就是 1966 年，在《科学通报》上发表了第一篇论文《水稻的雄性不孕性》。1973 年，他发表了《利用“野败”选育三系的进展》的论文，正式宣告我国籼型水稻三系配套成功。

1989 年，我在北京组织编写《当代中华科学英才》丛书，与中国科学院周发勤教授确定首批入选的现代科学家，其中之一就有袁隆平。我与编辑部的同志担任了《杂交水稻之父——袁隆平传》这本书的组稿、审稿工作，广西科学技术出版社于 1990 年正式出版该书，时任中国科学院院长的周光召为这本书撰写了序言。1991 年 1 月，我们在北京召开了该书的出版座谈会，钱三强、周光召、金善宝、钱临照等科学家出席。该书获首届中共中央宣传部“五个一工程”优秀图书奖和第六届中国图书奖。

2009 年 10 月，袁隆平院士（右）和作者黄健（左）在广西农业科学院合影

袁隆平取得的成就举世瞩目。20 世纪 60 年代，在世界东方一个文明古国的广阔土地上，爆发了震撼世界的第二次“绿色革命”。在这场“绿色革命”中，袁隆平摘下了“绿色王国”中“杂交水稻”这颗瑰丽的绿宝石。然而，当时袁隆平并不是著名科学家，而是一位名不见经传的教师。他来自湘西偏远荒凉的黔阳（今洪江市）安江农校。因他在杂交水稻研究领域的杰出成就，国际同行誉之为“杂交水稻之父”。有人甚至将他的杂交水稻发明誉为中国继火药、指南针、造纸术、印刷术之后的第五大发明。袁隆平因此获得了中华人民共和国成立以来国家颁发的第一个特等发明奖，并获联合国粮农组织颁发的拯救饥饿奖等 8 项国际大奖。1998 年，一家权威的知识产权评估机构认定“袁隆平”这个名字的无形资产品牌价值高达 1000 多亿元。

1999 年中华人民共和国成立 50 周年前夕，正当大江南北的农民沉浸在丰收的喜悦中，举国上下一片欢腾之时，在长沙马坡岭农业高科技园国家杂交水稻研究中心，袁隆平向新闻界披露，2 年内由他主持研究的“超级杂交水稻”计划将有重大突破。

中国是一个有着 14 亿多人口的大国，在耕地面积不断缩小的情况下，中国用占全世界 7% 的耕地，养活占全世界约 18% 的人口，而且人民还能够丰衣足食，这在很大程度上要归功于袁隆平。袁隆平院士及其创新团队先后实现了中国超级稻百亩连片平均亩产 700 公斤、800 公斤、900 公斤、1000 公斤的四期育种目标之后，于 2015 年开展超级杂交稻超高产攻关研究，并于 2017 年 10 月，在河北省的百亩超级稻攻关试验田创下了平均亩产超 1149 公斤的世界纪录。水稻产量从亩产 500 多公斤增长到 1000 多公斤是世界性难题，世界上有成千上万的科学家在孜孜不倦地为此奋斗，这被人们誉为又一次新的“绿色革命”。直到 2021 年初，袁隆平还坚持在海南三亚南繁基地开展科研工作。

光荣与梦想

中华人民共和国成立 70 周年之际，刚满 90 岁的袁隆平院士荣获“共和国勋章”。袁隆平获得这一殊荣，是因为他一生致力于杂交水稻技术的研究、应用与推广，发明三系法籼型杂交水稻，成功研究出两系法杂交水稻，创建了超级杂交稻技术体系，为我国粮食安全、农业科学发展和世界粮食供给作出了巨大贡献。

袁隆平常说他有两个梦——“禾下乘凉梦”和“杂交水稻覆盖全球梦”。

“我一直有个‘禾下乘凉梦’，高产、更高产是我们永恒的追求。”袁隆平说。当年曾目睹民众受饥饿折磨，他一直对吃饭问题看得比天重。杂交水稻育种从三系法发展到两系法，再推进到第三代杂交水稻，一次次不断创造高产纪录。

兼具三系法和两系法优点的第三代杂交水稻另辟蹊径，通过遗传工程不育系研究，为水稻大幅度增产提供了巨大潜力空间。数据显示，杂交稻比常规稻增产20%左右。近年来，我国杂交水稻年种植面积超过2.4亿亩，约占水稻总种植面积的57%，而产量约占水稻总产的65%，年增产水稻可多养活约7000万人。

让杂交水稻造福世界，是袁隆平院士的另一个梦想。1979年，农业部向美国西方石油公司赠送了1.5公斤杂交水稻种子。这些种子在美国种植后，比当地良种增产33%以上。中美间的杂交水稻技术合作持续至今。

由于杂交水稻在美国增产明显，美国西方石油公司曾在1981年专程来中国拍摄了一部纪录片《在中华人民共和国的花园里——中国杂交水稻的故事》，除了在美国放映，日本电视台也在日本播放，引起了轰动。40多年来，杂交水稻技术的传授范围不断扩展。湖南杂交水稻研究中心与隆平高科共为亚非拉约80个发展中国家培育了1万余名技术人员，杂交水稻技术在许多国家“生根开花”。随着“一带一路”倡议的深入推进，袁隆平更加忙碌，接待了越来越多前来“求道（稻）”的外国嘉宾。

马达加斯加在非洲的杂交水稻种植面积最大，产量也最高，平均单产比当地品种高出1倍以上。马达加斯加的几位官员来长沙拜见袁隆平院士时，特意带来了印有水稻图案的新版货币，表达马达加斯加人民对他的谢意。

如今，杂交水稻在国外种植面积达700万公顷，种植面积最大的印度有350多万公顷。袁隆平说，全世界如果有一半即8000万公顷稻田种上杂交水稻，按每公顷增产 2 吨估算，每年增长的稻谷可以多养活 5 亿人口。他想让最好的杂交水稻品种走出去，争取尽快提高到 800 万公顷。

这样一位举世瞩目的科学家是怎么成长起来的？是如何走向国际大舞台的？这些问题一直为世人所关注。

苦难的少年

1930 年 9 月 7 日，袁隆平出生在北京协和医院。袁隆平的父亲袁兴烈，当时任平汉铁路局秘书。1937 年 7 月 7 日，卢沟桥事变爆发，袁隆平一家和全国千千万万个家庭一样，向后方逃难。1938 年底，8 岁的袁隆平随父母一家从汉口动身，逆江而上至湖南。逃难途中，历尽艰辛，时刻担心敌机轰炸，饥饿和死亡威胁着全家。1938 年冬，他们全家抵达宜昌，这年的除夕，他们一家挤在北风呼啸的木船上。1939 年春，经过长途颠簸后，全家到达重庆。该年仲夏的一天上午，袁隆平和弟弟来到重庆朝天门的坝滩上，只见坝滩上摆满了几百具被敌机炸得血肉模糊的尸体。在残酷的现实面前，袁隆平逐渐成熟起来，他立志长大要做一个使中国富强、不再受外国列强欺侮的人。

一心求学

1942 年秋季，袁隆平从重庆市龙门浩中心小学毕业，进入复兴初级中学就读。学校的规模大了，所开设的课程也增多了，增加了代数、几何和物理课，这一切使袁隆平感到十分新奇，他的视野一下子开阔了很多。袁隆平在学习中最大的特点是喜欢思考、善于提问、刨根问底，他不仅学业成绩十分优异，而且兴趣广泛，求知欲强，学到了很多书本上没有的知识。1946 年，袁隆平随父亲回到汉口，在汉口博学中学读高中，后因父亲工作变动搬到南京，进入南京中央大学附属中学（现南京师范大学附属中学）读书，并学完了高中的全部课程。高中毕业后，报考大学成为袁隆平一家十分关心的问题。袁隆平有他自己的想法，一是赴重庆求学，因为重庆的文化积淀对他有强烈的吸引力；二是要研究农学，他对大自然尤其是植物生长规律有极大的兴趣。这样，袁隆平报考了重庆北碚夏坝相辉学院的农学系，于1949年8月到该校就读。

1950年11月，全国高等院校院系调整，建立了西南农学院（今西南大学），夏坝相辉学院农学系并入西南农学院。大学4年的学习生活，使袁隆平在知识的海洋翱翔。袁隆平的英语和俄语学得十分扎实，在图书馆，他阅读了国内外各种学术杂志和著作，开始接触当时世界上著名的生物学家如米丘林、李森科、孟德尔、摩尔根等人不同的学术观点和科学思想。通过阅读大量的学术资料，袁隆平开阔了视野，增长了知识，对研究生物学领域一些重大问题的兴趣日益增加。

走向社会

1953年夏天，袁隆平从西南农学院毕业后，被分配到湖南省西部山区雪峰山麓的黔阳安江农校教书，在这所学校从事了19年的教学工作。

来校第一年，因缺少俄语教师，袁隆平被分配到文史教研室教俄语。第二年，他又被调到遗传育种教研组，讲授植物学、作物栽培、遗传育种等课程。在此期间，他深入地研究了植物生物学、遗传学。

20世纪50年代，我国的教育体制、教学内容基本照搬苏联，当时的生物教学主要向学生讲授米丘林、李森科的遗传学说。袁隆平按照这两人的理论进行无性杂交、环境影响、营养教养等方面的试验，如把月光花嫁接在红薯上、把西红柿嫁接在马铃薯上、把西瓜嫁接在南瓜上，以期获得经济性状优良的无性杂种，但都未能获得成功。60年代，他通过阅读外文杂志获悉，欧美学派的孟德尔、摩尔根创立的染色体、基因遗传学，对良种繁育有重大指导作用。他开始大胆地向学生传授染色体、基因遗传学说，讲杂种优势利用在作物育种中的广阔前景，同时他开始向水稻的杂种优势利用方向探索，一边从事教学，一边从事科研工作。

光阴荏苒，袁隆平大学毕业一晃就几年了，已成为大龄青年的他仍然孑然一身。同事和朋友们纷纷热心地给他张罗对象。但总是介绍一个吹一个，姑娘们对袁隆平敬而远之。有一次，一位男同事陪袁隆平去相亲，袁隆平与女方见面后，女方没有相中袁隆平，反而相中了介绍人，让人啼笑皆非。为什么呢？因为年轻时的袁隆平生活不太讲究，他不仅衣着朴素，而且不修边幅，衬衣穿脏了，把衣领翻个边又继续穿；上课时找不到黑板刷他就用衣袖擦黑板，所以他穿的衣服总是脏兮兮的。因此，朋友和同事们给他介绍了好几个对象，都没有结果。

正当袁隆平为婚姻问题苦恼的时候，爱神悄无声息地向他走来。1956 年，袁隆平被派到邻近一所中学去代课，一位年轻女教师为袁隆平的才华和抱负所倾倒，喜欢上了他，他们很快就坠入爱河。那位女教师不仅才貌出众，而且心地善良，对袁隆平体贴入微。他们经常在一起切磋教案，促膝谈心。

同事和朋友们都为袁隆平感到高兴，都催他趁热打铁，快点结婚。不料，一场意想不到的政治运动打断了他的好梦。在“反右”斗争中，袁隆平由于说了一些“不合时宜”的话，安江农校出现了批判他的大字报，他险些被划为“右派”。消息传开，学校领导找那位女教师谈话了，在强大的政治压力面前，那位姑娘最终退却了。

经过这次打击，袁隆平很快就从痛苦中走出来，把全部的精力投入到教学和科研中去。1960 年 7 月，一次偶然的机会，他在一块实验田里发现了一株天然杂交稻，便萌生了要搞杂交水稻研究的大胆设想。当时杂交水稻研究属于世界性难题，因为传统理论认为，水稻为自花授粉植物，没有杂交优势。袁隆平立志要攻克这道世界难题。

一心扑在教学和科研事业上的袁隆平，终于感动了一位贤淑的姑娘，这就是后来成为他妻子的邓则。

邓则本来是袁隆平的学生，1957 年从安江农校毕业之后，分配在黔阳县农业局当技术员，由于特殊的家庭，邓则到 25 岁还没有结婚。经老师和同学牵线，袁隆平和邓则走到了一起。他们没有过多的花前月下，两个相见恨晚的大龄青年，利用邓则来安江农校参加职工运动会的机会（邓则是业余篮球运动员），举行了一场很简朴的婚礼。结婚时，袁隆平 33 岁，邓则 25 岁。

重要转折

1960年，袁隆平从《参考消息》上看到一条新闻：英、美遗传学家克里克和沃森根据孟德尔、摩尔根的学说，已于1953年研制出遗传物质的分子结构模型，使遗传学研究进入分子水平，此项研究获得了诺贝尔奖。遗传学不仅在理论上取得重大突破，在实践上也广泛应用于种植杂交高粱、杂交玉米、无籽西瓜等。这些事实表明，孟德尔、摩尔根的遗传学对作物育种有着非常重要的意义。如果说20世纪50年代时袁隆平是米丘林、李森科学说的虔诚拥护者，那么60年代他已完全转变成为孟德尔、摩尔根遗传学说的忠实宣传者和自觉实践者。袁隆平下决心发挥自己的聪明才智，用学过的专业知识尽快培育出亩产过400公斤的水稻新品种，让粮食产量大幅增长，用农业科学技术战胜饥饿。

1960年7月，袁隆平下课后匆匆来到校园外的早稻试验田，他那敏锐的目光停留在一棵“鹤立鸡群”的水稻植株上。他仔细数了数穗数和粒数，足有10余穗，每穗有谷子160—170粒，比其他稻穗要多。对孟德尔、摩尔根遗传学有了较深研究的袁隆平，对这一无意的发现异常兴奋，他来不及多想，立即进行研究，从理论上进一步论证了该水稻植株是地地道道的天然杂交稻，而杂交稻存在明显优势，他由此觉得，搞杂交水稻研究有十分光明的前景，由此开始了研究杂交水稻的探索之路。

袁隆平设想了利用水稻雄性不育性，通过培育不育系，保持系三系配套方法，来代替人工去雄杂交，生产杂交种子的方法，并在中国科学院出版的《科学通报》1966年第4期上发表了《水稻的雄性不孕性》这篇对杂交水稻而言具有划时代意义的文章。

1968年，为了加快育种的步伐，袁隆平把杂交水稻科研的战线向南延长到云南和海南岛。每年10月，当寒风席卷洞庭湖畔时，他就带领助手到南方去育种。烈日下，他们带上干粮来到田间，常常在水田中一泡就是几小时，耐心地观察，忘我地工作。渴了就坐在田埂上喝几口水，饿了啃几口馒头……1970年的一天，他们在海南岛上一片沼泽地的小池塘边发现了雄性败育的野生水稻，并命名为“野败”，为杂交水稻科研打开了突破口，成为杂交水稻材料探索中的一个重要转折。1973年，第一个具有较强优势的杂交组合“南优2号”培育获得了成功。

杂交水稻在实践中展现了它的增产效应，单产一般比常规稻增产20%左右。1975年，全国多点示范种植杂交水稻5600多亩，1976年迅速扩大到208万亩，杂交水稻在全国范围开始大面积种植。截至2021年，全国杂交水稻年种植面积超过2亿亩，占水稻总种植面积的51%，而产量约占水稻总产的65%。

1977年，袁隆平在《中国农业科学》上发表了《杂交水稻培育的实践和理论》。这篇重要的论文，认真总结了他10多年来杂交水稻育种的丰富实践经验，深刻阐述了杂交水稻育种中的几个重大的实践和理论问题，同时再一次预言杂交水稻“具有广阔的发展前途，蕴藏着巨大的增产潜力”。这篇论文的发表，对杂交水稻的进一步发展和扩大“三系”杂交水稻的成果起着巨大的推动作用。

先驱科学家

杂交水稻的成功带来了巨大效益，为解决中国的粮食需求问题发挥了极其重要的作用。1981年6月6日，国家科委、国家农委在北京联合召开授奖大会，授予全国籼型杂交水稻科研协作组袁隆平等人特等发明奖。党和国家领导人王震、方毅、万里出席授奖大会，并先后在会上讲话。国务院副总理方毅说：“籼型杂交水稻的培育成功，丰富了水稻遗传育种的理论和实践，在国际上遥遥领先，为中国争得了荣誉。美国、日本、印度、意大利、苏联等十几个国家的科学家，开展杂交水稻的研究已有十几年的历史，但都还处在实验阶段，而我们是走在前面了。”著名科学家周培源、金善宝、钱学森等参加了大会。6月7日，《人民日报》头版头条报道了这一消息，当天还同时发表了题为《争当攀登科学技术高峰的勇士》的社论。

杂交水稻受到了全世界的关注，袁隆平作为世界上第一位成功利用水稻杂种优势的科学家，先后获得了联合国知识产权组织“杰出发明家”金质奖、联合国教科文组织“科学奖”、英国让克基金会“让克奖”、美国费因斯特基金会“拯救世界饥饿奖”、何梁何利基金奖、联合国粮农组织“粮食安全保障奖”、日本“日经亚洲奖”、日本“越光国际水稻奖”等荣誉，并被授予国际农作物“杂种优势利用杰出先驱科学家”称号。

走向世界

1979 年 4 月，菲律宾国际水稻研究所召开了一次重要的水稻科研会议，共有来自 20 多个国家的 200 多名科学家参加了会议。袁隆平因在杂交水稻研究方面有突出贡献，是被应邀在会上宣读论文的科学家之一。

1980 年 5 月，袁隆平应邀到美国洛杉矶加利福尼亚州立大学农业实验站讲学。

1986 年 4 月，袁隆平到意大利米兰出席“利用无融合生殖进行作物改良的潜力”讨论会。

1986 年 10 月，袁隆平参加了在湖南长沙召开的世界首届杂交水稻国际学术会议，来自美国、日本、菲律宾、比利时、意大利、英国等 20 多个国家的著名专家共 200 多人出席会议。

新的世界

荣耀与光环并没有使袁隆平止步。1986 年，他提出杂交水稻的育种战略，将杂交水稻的育种从选育方法上分为三系法、两系法和一系法三个发展阶段，即育种程序朝着由繁至简而效率越来越高的方向发展。从杂种优势水平的利用上分为品种间、亚种间和远缘杂种优势的利用三个发展阶段，即优势利用朝着越来越强的方向发展。根据这一设想，杂交水稻每进入一个新阶段都是一次新突破，都将把水稻产量推向一个更高的水平。

1987 年，国家“863”计划将两系法杂交水稻研究立为专题，袁隆平挂帅成立了两系法杂交水稻研究协作组。

1995 年 8 月，在湖南怀化召开的“863”计划两系法杂交水稻现场会上，袁隆平郑重宣布：我国历经 9 年的两系法杂交水稻研究已取得突破性进展，可以在生产上大面积推广。

正如袁隆平在育种战略中所设想的，两系法杂交水稻确实表现出更好的增产效果，普遍比同期的三系法杂交水稻每公顷增产 750—1500 公斤，且米质有了较大提高。2000 年，在生产示范中，全国已累计种植两系法杂交水稻 1800 余万亩，比 1996 年扩大近 5 倍。后来，国家“863”计划将“培矮 64S”系列组合作为两系法杂交水稻先锋组合加大力度在全国推广。

再攀高峰

1998 年 8 月，袁隆平向朱镕基总理打了一个报告，请求支援。他要向新的目标、新的高峰——选育超级杂交水稻发起冲击！朱镕基总理闻讯后非常高兴，立即从总理基金中划拨 1000 万元予以支持，并请人转告袁隆平：国务院将全力支持他的研究。

当时，培育超高产水稻品种一直是国内外水稻研究的重点、难点和热点。日本率先在 1980 年制订了水稻超高育种计划，目标是 15 年内育成比原有品种增产 50%的超高产品种，这项计划至今尚未实现。1989 年国际水稻研究所提出培育“超级稻”，目标是到 2000 年育成单产潜力比当时纯系品种高 20%到 25%的品种，但因技术原因宣布推迟 5 年完成。

超级杂交水稻课题是由袁隆平在 1997 年正式提出来的。2000 年，袁隆平的超级杂交稻已获得小面积试种成功，亩产达到 800 公斤。

在湖南杂交水稻研究中心大厅内，有一幅袁隆平的亲笔题词：发展杂交水稻，造福世界人民。为了让杂交水稻造福人类，袁隆平立下心愿，要让杂交水稻走向世界。正如他所说的，杂交水稻这一科研成果不仅属于中国，也属于世界。

十几年前，国外曾有人公开撰文说，到 21 世纪 30 年代，中国人口将达到16亿，那时，谁来养活中国？谁来拯救由此引发的全球性粮食短缺和动荡危机？

当时，袁隆平站了起来，他挥动着长满茧的双手向全世界宣布：中国完全能解决自己的吃饭问题，中国还能帮助世界人民解决吃饭问题！

中国大地有一半的水稻面积种上了由袁隆平培育出来的杂交水稻，产量占全国水稻总产量的60%，水稻平均亩产从1950年的140公斤提高到了1998年的450公斤。1975至1998年因此累计增产粮食3.5亿吨，相当于每年解决了3500万人的吃饭问题。

目前，世界上有20多个国家和地区正在研究杂交水稻，联合国粮农组织也把在全球范围内推广杂交水稻技术作为该组织的一项战略计划。袁隆平受聘为联合国粮农组织的首席顾问，多次赴印度、越南、缅甸、孟加拉国等国家指导杂交水稻育种和繁殖制种技术。同时，他还为这些国家培训杂交水稻技术骨干。1981至1998年，湖南杂交水稻研究中心共举办了12期国际杂交水稻培训班，培训了来自20个国家的200多名科技人员。

杂交水稻在解决世界的饥饿问题上正日益显示出强大的生命力，正如美国著名的农业经济学家唐·帕尔伯格所说："随着农业科学的发展，饥饿的威胁正在退却，他（袁隆平）正在引导我们走向丰衣足食的世界。"

由于袁隆平对科学事业作出了突出贡献，党和政府给予他许多荣誉。他被评为全国先进科研工作者、全国劳动模范等，先后任湖南省政协副主席、全国政协常委等职。袁隆平没有在荣誉和鲜花面前陶醉，他仍然潜心于杂交水稻研究。

袁隆平曾说过一句寓意深刻的话。20世纪70年代初期，在杂交水稻处于攻关阶段，每逢春节袁隆平都坚持在海南岛育种基地。1974年新春佳节，袁隆平的夫人邓则赶到广东出席生物防治会议，趁此机会顺道到海南看望丈夫。大年初一那天，袁隆平带着妻子来到三亚的天涯海角。只见茫茫的大海上，一只只海鸥张开强劲的翅膀，搏击狂风巨浪向前奋飞。袁隆平触景生情，对身旁的妻子说："我是洞庭湖的麻雀，更要做太平洋的海鸥！"

现在，袁隆平那句富于激情和诗意的话已经变成了现实，袁隆平培育的

2019 年 10 月 9 日，袁隆平院士工作站在桂林灌阳揭牌。图为袁隆平院士（右三）参加揭牌仪式

杂交水稻，展开腾飞的翅膀，飞过黄海、东海、渤海和南海，横跨太平洋、大西洋和印度洋，从中国飞向全世界。

2019 年 9 月 29 日，参加完“共和国勋章”颁授仪式后，当天下午袁隆平院士又出现在中国工程院举行的座谈会上。他表示，这次获授勋章，对自己既是鼓励，更是鞭策和激励。“我现在是‘90 后’，要在百岁之前努力完成杂交水稻每公顷产量 20 吨的目标。”

座谈会结束后，他当天就返回湖南，因为“明天还要到田里去”。他心心念念着他的那些宝贝“超级稻”，每天都惦记着有没有新的发现、有没有病虫害发生。只要健康允许，不出差时下田是袁隆平必做的“功课”。他说：“关在屋子里手脚发痒，下田搞试验才有乐趣。”

“中国人的饭碗，要牢牢端在自己手上。”在粮食生产这份至关重要的事业中，袁隆平一直信心满满，初心不改，以满腔热情持续为国家和世界粮食安全贡献力量。

袁隆平，这个闪耀星空的名字，将永载共和国的史册。

可上九天揽月

——访“共和国勋章”、“两弹一星”功勋奖章获得者孙家栋

孙家栋是中国科学院院士、国际宇航科学院院士、中国第一颗人造地球卫星“东方红一号”技术总负责人。1989 年孙家栋担任中国火箭进入国际市场谈判代表团团长。1996 年孙家栋当选国际欧亚科学院院士。1999 年他荣获“两弹一星”功勋奖章。2003 年他任中国探月工程总设计师。2010 年 1 月 11 日，在国家科学技术奖励大会上，孙家栋获得 2009 年度国家最高科学技术奖。2017 年 2 月，孙家栋当选“感动中国 2016 年度人物”。2018 年 12 月孙家栋被授予“改革先锋”荣誉称号。2019 年 9 月孙家栋荣获“共和国勋章”。

初识孙家栋

我第一次听说孙家栋院士，记得是在 1998 年的冬天，当时我在北京中关村采访“863”计划倡议者、中国科学院院士杨嘉墀。1965 年杨嘉墀参与了中国科学院《关于发展我国人造卫星工作的规划方案建议》的论证工作，多次组织院内外单位进行技术论证，他还参与了最后文件的起草工作。在中央专门委员会原则批准后，杨嘉墀作为总体组的成员参与了我国第一颗人造卫星“东方红一号”的总体方案论证，杨嘉墀院士向我介绍了孙家栋的科学贡献事迹。

1999年中华人民共和国成立50周年，孙家栋荣获“两弹一星”功勋奖章，是获奖者中比较年轻的院士，他的名字又一跳进我的脑海。2001年，河北少年儿童出版社社长送给我“两弹一星”功勋科学家丛书孙家栋卷，作者用优美的文笔描写了孙家栋的科学生涯和杰出的贡献。我认真阅读完后，深受感动。

2009年，孙家栋接受广西壮族自治区人民政府聘请，出任桂林电子科技大学的名誉校长，他积极促进学校申博工作、提升学校电子信息科研水平、在学校设置北斗技术方面的专业，这对全面提升桂林电子科技大学学科建设能力和科研水平，为西部大开发提供智力支持和知识保障，实现新的办学跨越具有重要的推动作用。

我与孙家栋院士近距离接触有两次。第一次是2010年11月20日，桂林电子科技大学举行建校50周年庆典大会，孙家栋院士应邀前来参加庆典

2010年11月，孙家栋院士（右）和作者黄健（左）在桂林电子科技大学校庆上

活动并在主席台就座。我应邀参加了此次活动。大会结束后，我走到容光焕发的孙家栋院士身边。在从会场走回住地的路上，我们进行了长时间的交谈。孙家栋谈到有关中国探月工程设计、运载火箭与卫星技术方面的话题。作为桂林电子科技大学名誉校长，孙家栋当天与8000多名师生见面时，深情勉励同学们刻苦学习、立志报国，为建设创新型国家贡献青春与才智。孙家栋欣然为桂林电子科技大学题词："弘扬特色，科学发展，建设高水平大学!"孙家栋受聘担任桂林电子科技大学名誉校长以来，一直对学校的学科建设与人才培养十分关心。他带来了由"嫦娥一号"探月器采集的数据制作的"月球仪"，送给桂林电子科技大学的领导。年过八旬的孙家栋院士向桂林电子科技大学的学子们讲述了我国航天事业起步阶段他亲历过的一些事情，语重心长地说："我国航天事业能取得今天的瞩目成绩，离不开科技和人才的支撑。你们赶上了科学发展的好时代，要倍加珍惜，为国家顺利实现'十二五'规划目标作出自己应有的贡献。"

第二次是2011年5月，我应邀到桂林电子科技大学讲课，恰好孙家栋院士也到学校指导工作，中午桂林市主要领导和学校领导宴请，我出席作陪。我正好坐在孙家栋院士旁边，又一次近距离与他交谈，席间，我向他请教了不少问题。孙家栋院士为人亲和，知识丰富，治学严谨，有大家风范。当时他还应邀给我题词，在座的领导风趣地说，今天收获最大的人是黄健，他拿到了孙家栋院士的真迹，很有纪念意义。

2009年，孙家栋获国家最高科学技术奖殊荣。国家最高科学技术奖是中国五个国家科学技术奖中最高等级奖项，每年评审一次，每次授予不超过两名科技成就卓著、社会贡献巨大的个人，由国家主席亲自签署、颁发荣誉证书、奖章和奖金。2017年2月，孙家栋院士当选"感动中国2016年度人物"。在颁奖盛典上，主持人念出的给孙家栋的颁奖词是："少年勤学，青年担纲，你是国家的栋梁。导弹、卫星、嫦娥、北斗，满天星斗璀璨，写下你的传奇。年过古稀未伏枥，犹向苍穹寄深情。""感动中国人物颁奖盛典"被誉为"中国人的年度精神史诗"，当选者应该具备为推动社会进步、时代发展作出杰出贡献，获得重大荣誉并引起社会广泛关注，在各行各业具有杰出贡献或重大表现，或是国家级重大项目主要贡献者。

孙家栋院士的成长历程是我国航天事业 60 余年发展的一个缩影，他是我国航天事业 60 余年发展的里程碑式人物。

少年勤学

1929 年 4 月 8 日，孙家栋出生于辽宁省复县（今瓦房店市）。1935 年，孙家栋开始上学。孙家栋和母亲一样，也是左撇子。老师说要用右手写字，孙家栋说什么都不干，他不被学校接受，两周后退学。一年后，孙家栋已经学会熟练地使用右手。到营口上学后，他已可左右开弓打乒乓球，且各科成绩优异。

1948 年，孙家栋考入哈尔滨工业大学预科班专修俄文，当时他最大的愿望是想成为一名土木建筑系的学生，将来可以去修建桥梁。这时，哈尔滨工业大学增设了汽车专业，对年轻的孙家栋来说，汽车带着一种神秘色彩，似乎比修桥梁更神气，于是他转入了汽车系。

如果按这种轨迹，孙家栋可能终生不会与航天打交道。但他没料到，自己的人生却因为一碗红烧肉再次改变。1950 年元宵节，按照往常的习惯，孙家栋午饭后要回哈尔滨的姐姐家。但那晚全校会餐，每位学生将分得一碗红烧肉，红烧肉是孙家栋最喜欢吃的。于是，他决定吃完红烧肉再走。就在晚饭时，学校领导在食堂宣布空军来招人，现场报名，当场决定人选，两小时后入选者将乘坐列车前往北京。孙家栋回忆说，包括他在内，所有青年学生无不满腔热情，踊跃报名。而他因为是预科班中为数不多的共青团员，幸运入选。当晚，他就登上了列车，前往中国人民解放军空军第四航空学校报到，成为一名穿蓝色军装的军人。许多年以后，孙家栋与部属谈起这件事时，还不无感慨地说：“世间之事就是这么玄，仿佛是那碗红烧肉改变了我的一生啊！”

1951 年，孙家栋凭借优异成绩考取公派苏联留学的资格，和另外 29 名军人一起被派往苏联茹科夫斯基工程学院飞机发动机专业学习，入学后他的学习成绩一直名列前茅。一年后，在学院大门最显眼的“状元榜”上出现了孙家栋的照片。这个学院有一个传统：考试全部获得5分的同学，照片要挂在学校一进门的地方，一学年后如果能继续保持，便把照片往上挪，越往上人数越少，照片也越大。毕业时如果能在其上保留一张大照片，便可获得一枚印有斯大林头像的金奖章。1958年毕业时，孙家栋以优异的成绩带着一枚珍贵的斯大林金质奖章回到了中国，这在当时的中国留学生中屈指可数。

青年担纲

学了7年的飞机发动专业，回国后，孙家栋本以为会和飞机打一辈子交道，没想到连飞机的影子都没见着，就被分配到国防部第五研究院一分院从事导弹研制工作，参与研制了“东风”系列导弹，原因很简单：服从国家需要。孙家栋从1960年开始就担任导弹型号总体主任设计师。在国防部第五研究院工作的日子里，他为“东风”系列中近程导弹的成功研制立下了汗马功劳。

1967年，党中央把“两弹一星”工作提上议事日程。“中国人要有自己的人造卫星，不能像鸡蛋那么大!”这是以毛泽东同志为核心的中央领导人最想看到的。当年夏天，中央组建中国空间技术研究院，由科学家钱学森任院长。钱学森很早就知道了脚踏实地的孙家栋，也听说他在苏联学习成绩很优秀。很快，由钱学森点将，聂荣臻元帅批准，调孙家栋到新组建的国防部第五研究院出任卫星总体设计部负责人。于是就在孙家栋埋头图纸中进行导弹设计的时候，一位名叫汪永肃的军人来到他的办公室，通知他到新组建的国防部第五研究院出任卫星总体设计部负责人。同样是一句原因：服从国家需要。孙家栋与9年前回国时服从国家需要从事导弹事业一样，放弃了已经熟悉并建树颇丰的导弹领域，转而担起卫星研制的重任，从此与卫星结下不解之缘。这一年他38岁。

当时，苏联、美国、法国已经成功发射人造卫星，日本也在加快研制，孙家栋身上的压力可想而知。1967年12月，孙家栋主持了中国“第一星”

技术方案的重新论证工作，确定“第一星”是试验卫星，命名为“东方红一号”。在要资料没资料、要经验没经验、要专家没专家的窘境下，为了确保核心任务顺利完成，孙家栋紧紧抓住“上得去，抓得住，听得见，看得着”这四个要求，凡与此无关的技术试验全部取消。为解决尽快组建卫星总体设计部、如何按工程的研制规律一步步往下走、各系统怎样连接起来、连接起来后又怎样做试验等一个个难题，他决定从组建队伍抓起。然而当时派别林立，发射卫星又是人人都想参与的大事。对于年轻的孙家栋来说，选人时稍处理不当，很容易“引火烧身”。自己被“上纲上线”事小，影响卫星研制工作事大。在钱学森的鼓励下，他横下心，抛开顾虑，一切从搞卫星需要出发。经过详细考察，他从不同专业角度和技术特长出发，最终选定了戚发轫等 18 人，这就是中国卫星发展史上有名的“十八勇士”。“十八勇士”的加入，使卫星总体设计部如虎添翼。孙家栋又根据实际情况，大胆地对原来的卫星方案进行了简化。孙家栋回忆说：“这种简化是把一辆汽车变成了平板车。”他说服一些老专家，去掉了原设计方案中的卫星探测功能，先用最短的时间实现卫星上天，在此基础上，再发射有功能的卫星。攻克重重难关后，卫星初样在 1969 年 10 月基本造成。1970 年 4 月 24 日，中国第一颗人造卫星在“长征一号”运载火箭的巨大轰鸣中，从戈壁大漠腾空而起，中国成为世界上第 5 个能够发射人造卫星的国家。为此，钱学森曾对别人说：“看来，把孙家栋找来还是对的，他的确敢干事，会干事。”“东方红一号”卫星发射成功，奏响了中国人向太空迈进的序曲。卫星上的全部元器件、设备和材料以及许多理论和技术难关的攻克，都是中国自己的产品和成果，是中华民族智慧的结晶。

国家栋梁

“东方红一号”发射成功后，孙家栋就与卫星结下了不解之缘。从“东方红”卫星开始，中国航天事业的每一次大发展，几乎都有着孙家栋的身影。他的传奇人生与我国航天发展史上的多个第一密切相连：第一颗人造卫星、第一

2000年10月，孙家栋在西昌卫星发射中心

颗科学实验卫星“实践一号”、第一颗返回式遥感卫星、第一颗同步轨道试验通信卫星、第一颗静止轨道气象卫星、第一颗资源探测卫星、第一颗大容量通信卫星、第一颗探月卫星“嫦娥一号”、第一颗导航定位卫星“北斗导航试验卫星”……他被业界公认为中国的“卫星之父”，在他领导下所发射的卫星，约占中国航天飞行器总数的三分之一。他亲历、见证、参加、领导了中国航天从起步到发展的全过程。

每一颗卫星升空，都记载着孙家栋的一个传奇故事。这些故事将永远记入中国的航空史册。比如，1974年11月5日11时，我国第一颗返回式遥感卫星进入发射倒计时，离最后的点火口令只剩几十秒，然而这时卫星却没有收到“成功转内电”的信号，这意味着火箭将带着一颗不能正常供电、毫无用途的铁疙瘩升入太空。如果按正常程序逐级上报并撤销发射命令，时间根本来不及。千钧一发之际，只听见孙家栋一声大喊：“停止发射!”发射程序戛然而止，孙家栋却由于神经高度紧张昏厥了过去。

几十年来，不论是担任卫星航天工程总设计师，还是担任航天部总工程师、副部长，乃至中国火箭进入国际市场谈判代表团团长，孙家栋一路屡建功勋。

他是我国人造卫星技术和深空探测技术的开创者之一，为中国突破卫星基本技术、卫星返回技术、地球静止轨道卫星发射和定点技术、导航卫星组网技术和深空探测基本技术作出了重大贡献，为创建和发展我国人造卫星总体技术、卫星航天工程管理技术和深空探测技术作出了系统的、创造性的成就和贡献。

他是我国卫星导航系统的开创者之一，担任我国北斗卫星导航系统一代和二代工程总设计师，十余年主攻该领域，做了多项重要决策，主持解决了多项重大工程技术问题。短短十余年，中国的北斗导航系统实现从无到有并投入产业化。北斗导航一代系统实现了三颗卫星组网应用，北斗导航二代系统正在部署中。

他是我国月球探测的主要倡导者和工程领导者之一，提出了2020年前中国月球探测工程分三个阶段的实施方案，明确了中国月球探测的发展方向、目标和路线图。他担任月球探测一期工程的总设计师，确定了工程目标和工程总体方案，对工程各大系统的技术途径作出重要决策，主持解决了多项关键技术问题。"嫦娥一号"月球探测卫星成功发射，在一年工作寿命内实现了全部工程目标与科学目标，并实现可控撞月。我国月球探测一期工程获得圆满成功。

钱学森评论孙家栋：他是在中国航天事业发展历程中成长起来的优秀科学家，也是中国航天事业的见证人。自第一颗人造地球卫星首战告捷起，到绕月探测工程的圆满成功，孙家栋几十年来为中国航天的发展作出了突出贡献，共和国不会忘记，人民不会忘记。

谈起中国航天的发展历程，孙家栋无限感慨地说："这是'自力更生、艰苦奋斗、大力协同、无私奉献、严谨务实、勇于攀登'的航天传统精神的具体体现，是完全依靠中国人自己的努力使中国成为世界航天大国的生动写照。"

奋斗与创新

如今，由孙家栋担任总设计师的一项项航天工程已经成为我国改革开放以来的成就坐标：风云气象卫星正在为世界气候研究提供数据，北斗导航系统开始提供全球服务，"嫦娥四号"月球探测器也开启了人类首次月球背面软着陆的征程……但对于孙家栋来说，自己为祖国航天事业奋斗的脚步永远不会停歇。

2018年6月5日,“风云二号”系列最后一颗卫星“风云二号”H星发射。作为工程总设计师，89岁高龄的孙家栋再次出现在西昌卫星发射中心。这次坐镇发射场，他仍然像第一次那样，能够清晰地听见心脏怦怦跳动的声音：“搞了一辈子航天，它已经像我的‘爱好’一样，这辈子都不会离开了。”

现在，90多岁的孙家栋还会经常到位于北京航天科技大厦的办公室坐一坐，看看最新的报告和资料。不过，他说自己不轻易发表意见，担心“影响年轻人的决策和想法”。

在被问及“航天精神里哪一条最重要”时，孙家栋不假思索地说:“热爱！如果你不热爱，就谈不上奋斗、奉献、严谨、协作、负责、创新……”

孙家栋说，除了热爱，当然还有创新。他用几十年的实践证明，核心技术是买不来的，航天尖端产品也是买不来的。在一穷二白的时候，我们没有专家可以依靠，没有技术可以借鉴，只能自力更生、自主创新。今天，搞航天的年轻人更要有自主创新的理念，要掌握核心技术的话语权。

孙家栋说：“生在中国这片热土，有幸从事航天事业，这种成就感我一生都忘不了。中国的发展依然任重道远，全面深化改革进一步深入，我们一定要紧跟党中央，完成好我们这一代人的历史使命。”

阅读孙家栋的一生，就如同阅读一部新中国航天事业的发展史。从“东方红一号”到“嫦娥一号”，从“风云气象”到“北斗导航”，背后都有他筹谋、忙碌的身影。从1958年进入国防部第五研究院从事导弹研究开始，他将60多年的岁月奉献给了中国的航天事业。如今，为了中华民族的航天梦，他仍然在呕心沥血、奋斗不息。

我是一个兵，来自老百姓

——访“共和国勋章”获得者李延年

2021年6月27日，我通过李延年的儿子、南宁日报社原社长李忠南的安排，到广西军区南宁第三离职干部休养所看望“共和国勋章”获得者、原54251部队副政治委员李延年。广西军区南宁第三离职干部休养所绿树成荫、鸟语花香，在一栋黄色的二层小楼房前，李延年穿着草绿色的66式军装，戴着军帽，胸前佩戴着金光灿灿的“共和国勋章”，站在一楼的门口迎接我们的到来。走进屋里后，只见客厅里有习近平总书记会见“共和国勋章”获得者的照片，有李延年和其他中央领导同志合影的照片，还有李延年与黄旭华、申纪兰、张富清、袁隆平、孙家

李延年（右）在家里接受作者黄健（左）的专题采访

栋等“共和国勋章”获得者以及“外交工作杰出贡献者”国家荣誉称号获得者李道豫等合影的照片。

李延年的身体和记性特别好，也非常健谈，在客厅里，我们不知不觉聊了近两个小时。我了解到了李延年的主要事迹：他先后参加解放战争、湘西剿匪、抗美援朝战争、对越自卫还击战等20多次战斗。在抗美援朝战争中，他指挥部队协同作战，毙伤敌军600多人，其英雄事迹被记录下来收藏在中国人民革命军事博物馆。从朝鲜战场凯旋后，他继续投身国防事业，于20世纪70年代来到祖国南疆，从此扎根边陲，为祖国国防安全稳定作出了重要贡献。看望李延年回来后，我心情久久不能平静，决定要写一下他平凡而伟大的人生，以感召后人。

出生贫苦，投身参军

1928年11月，李延年出生在河北省昌黎县一个贫苦农民家庭。9岁时，小小年纪的他不得不替大户人家放猪，成了一名“小猪倌”。14岁时，由于交不起学费，仅读了2年初小的李延年，跟着同乡来到长春一个资本家开的粮食加工厂当学徒。说是当学徒，实际上他还要服侍老板，每天端尿罐、干杂活，稍不顺从就挨打受骂。李延年满肚子苦水没处倒，只好含泪忍着。

1945年8月15日，日本政府宣布无条件投降，东北人民欢天喜地迎来新生。“跟着共产党为穷苦百姓打天下！”怀着这种朴素的想法，李延年萌生了参军的强烈愿望。这年10月，他在长春参军入伍，光荣地成为一名革命战士。

白天打仗，晚上抱着枪睡

1945年10月，李延年参军前往东北，被编入吉黑纵队二大队三连，后到大队当警卫员。那时的中国，被内战的乌云笼罩着。参军后不久，李延年就参与到解放东北的战斗中。起初，李延年和战友们连一件像样的冬衣都没有。部队纪律非常严明，他们从不入户打扰群众。群众也非常拥护部队，部队缺粮，群众就主动把粮食送过来。部队把群众送来的物资一一造册登记，打上欠条，并郑重承诺：解放后新政府一定如数奉还。

1946 年 6 月，李延年跟随二大队领导调到榆树县独立团。11 月，该团编入东北民主联军独立第三师，李延年在七团团部当警卫员。在攻打榆树县城的战斗中，李延年作战勇敢，缴获过轻机枪和手枪，受到上级表扬。1947 年 2 月，李延年以其思想上的坚定信仰和战斗中出色的表现，顺利通过党组织对他的考验，加入了中国共产党。

1947 年 11 月，李延年被党派到东北军政大学学习以提高全方面的素质。在学习期间，他坚持政治学习与军事学习并重，政治觉悟和军事技术均有了显著提高，并具备了初级干部的指挥能力，获得东北军政大学授予的“甲等优胜奖状”和物质奖励。

1948 年 9 月，李延年从东北军政大学毕业，到东北人民解放军第十纵队二十九师八十五团警卫连任排长。在辽沈战役中，他参加了大虎山、黑山阻击战。1948 年 11 月 1 日，李延年任第四十七军一四〇师四一八团警卫连排长。

1949 年 1 月，21 岁的李延年被调到师教导队政治队任区队长。1950 年 3 月，李延年从师教导队回到第四一八团七连任指导员。七连担任湘西剿匪任务，驻扎在湖南省会同县。当时，会同县土匪十分猖獗，仅“南三县支队”就有 1000 多名土匪。

1950 年 4 月，部队得到消息，土匪要围攻驻连山的解放军部队。李延年以高度的军事敏感性第一时间要求部队做好战斗准备，同时及时向营部汇报情况。正当营部研究对策时，得到消息：当天拂晓，1000 多名土匪开始围攻驻连山的部队，战士们依托工事，打退了土匪的多次进攻，但土匪仍无退意，战士们和土匪对峙已经一天一夜，希望部队尽快增援。团领导决定调 4 个连队增援连山，李延年带着驻会同县城的一个排随增援部队赶到连山，包围了土匪，战士们土匪见到解放军的大部队来了，吓得四处逃命。这次战斗共消灭土匪 200 多人，缴获一批枪支弹药，抓获了“南三县支队”参谋长等几十名俘虏。七连仅有 1 名战士负伤，自卫队牺牲 1 人。七连通过这场战斗一下子打出了威名，受到了上级通报表彰。不久后，李延年所在的七连被派到通道县继续担任剿匪任务，每乡驻一个排，配合地方政府，发动群众，清匪反霸。七连利用政治上瓦解、军事上打击等手段，基本肃清了通道县的土匪，缴获各种武器1000多件，还有大量的银圆等，上千名土匪主动投降。

1951年3月，李延年所在的中国人民解放军第四十七军加入中国人民志愿军，跨过鸭绿江，参加抗美援朝战争。第五次战役后，美国政府在美军队节节败退的情况下，被迫于1951年7月10日开始停战谈判。在谈判过程中，美国政府无理地采取拖延与破坏手段，先后发动夏季攻势和秋季攻势。在美军发动的秋季攻势中，志愿军某部防守的346.6高地失守，李延年所在的三营奉命实施反击，收复该高地。346.6高地是顺势排列着的大小5个山头，山头后面是一个较高的主峰，高地两侧都是深谷。驻守在这里的是号称“美国王牌师”的骑兵第一师的一个营。李延年时任一四〇师四一八团七连指导员，该连的任务是收复前面3个山头，这是美军一个连占领的阵地。

美军由于害怕志愿军的近战、夜战，天一黑就打起了“壮胆枪”。10时左右，3发红色信号弹升上夜空，攻击开始了。志愿军的大炮发出怒吼，炮弹呼啸着射向高地。几分钟后，喀秋莎火箭炮也开始射击。炮弹像一条条火龙铺天盖地倾泻在对面山头上，敌军阵地顿时成一片火海。事后才知道，敌人在主峰后的一个连队已被我军火炮消灭了。

“出击!”当炮火延伸时，七连连长刘凤臣一声令下，战士们像猛虎般直扑山头美军阵地。在强大炮火轰击下，美军虽伤亡较大，但仍有一些美国兵依托工事进行顽抗。据营里通报，负责从右翼直插主峰的九连在进攻中伤亡严重，七连歼敌运动要更分散隐蔽。于是七连趁着暗夜以排为单位，分多路纵队从左面山坡冲了上去。敌人抵挡不住，边打边撤。经过一阵冲杀，到深夜1时左右，我军先后拿下了前面的3个山头，全连只有1名排长和1名班长牺牲，1名战士负伤。

收复阵地后，指导员李延年立即要求各排迅速整理工事，并根据战前制订的3套代理人的预案，指定了代理人，保证连队组织健全。接着，他和连长带领连队继续攻击后面2个山头。副连长带队向山头冲击时负了伤，副指导员也被敌炮弹打中，不幸牺牲。李延年及时指定代理人进行指挥。他还深入班排了解情况，传达胜利消息，及时提出有力的鼓动口号。十班拿下了第5个山头，缴获了重机枪、无后坐力炮、卡宾枪等武器。李延年于是马上说道："你们为连队争了光，连里为你们请功。"并把这一胜利消息向各班、排传达，鼓励大家："打好出国第一仗，为毛主席争光，为祖国人民争光，争取当英雄连队！"有的战士牺牲了，他立即提出："要为牺牲的战友报仇。"要求党团员带领大家英勇杀敌，保证战斗胜利，争取立"国际功"。经过一夜激战，我军歼敌一部，收复了被敌军占领的5个山头。此时连长到营里代理参谋长职务去了，压在李延年肩上的担子更重了。天亮后，营教导员来到七连了解情况，并带来一部电台和二连的一个排增援七连。他命令七连继续拿下主峰。敌人的进攻开始了。美军以一个营规模的步兵，在20多辆坦克和近10个炮兵群的火力和多批次飞机的掩护下，从主峰向高地第4、第5等几个山头实施反攻。当时，志愿军后续梯队和助攻连队为敌炮火所阻上不来，七连迅速转入防御战。李延年在战斗激烈、连队伤亡较大、连长不在、连队与上级通信联络中断的情况下，坚定沉着，果断指挥，不断调整战斗编组，适时说出有力的战斗口号，主动协调、指挥兄弟连队。在敌我兵力悬殊的情况下，七连顽强抗击，反复争夺，连续战斗了一天两夜，先后打退敌人10余次反扑。志愿军司令部从敌人上报的伤亡数字统计中得知，这次战斗共消灭美军636名，取得了346.6高地防御战的胜利，为后续部队继续战斗创造了有利条件，这是志愿军以少数兵力取得进攻和防御战斗胜利的成功战例之一。

历经战火洗礼，荣誉属于所有烈士

翻开李延年的档案，志愿军总部对他这样评价："李延年同志，在强攻346.6高地的战斗中，在战斗激烈和伤亡大的情况下，先后共整顿五次组织，并随时提出有力的鼓动口号，在胜利的情况下勇敢前进、紧张情况下压住阵脚，自始至终保持了部队有组织地进行战斗……对战斗胜利起了决定性作用。"后来，李延年又参加了多次战斗。

1952年11月，李延年被志愿军总部授予"一级英雄"称号，荣立特等功，并获朝鲜民主主义人民共和国自由独立二级勋章。1953 年从朝鲜战场凯旋，并没有为李延年的战争生涯画上句号。1979 年，作为广西军区原某边防师政治部副主任的他，参加了对越自卫还击战，负责保障工作。

彼时，这位已年过五旬的战斗英雄，又像过去无数次受领任务那样，干脆响亮地说："作为一名老兵，党叫干啥就干啥！"他又一次投入战斗，先后多次冒着炮火硝烟深入前线考察，传达上级指示，组织运送伤员，出色完成各项任务，荣立三等功。随后，李延年被提拔为师副政委，一直战斗在边防一线，直至 1983 年离休。在他的从军路上，始终洒满了冲锋的汗水，留下了一名突击者的奋进身影。

2019 年 9 月 10 日上午 8 时，广西南宁籍 300 多名新兵即将踏上征程。临别之际，穿着一身老式绿军装、胸前挂满奖章和纪念章的李延年来给他们送行。李延年说："荣誉不是给我个人的，是国家对所有烈士的褒奖。"

新兵看老兵，越看越高大，满眼都是敬意；老兵看新兵，越看越欢喜，满眼都是期许。送行仪式上，一名战功卓著的老兵和一群朝气蓬勃的新兵展开了一场对话。

"新战友们，你们即将奔赴军营，作为一名老兵，我希望你们在部队坚决听党指挥，苦练杀敌本领……"李延年一出现，现场顿时爆发出雷鸣般的掌声。

"今天，我们光荣参军入伍，要接过老英雄的钢枪，永远听党话，不忘入伍初心，牢记使命职责，让无悔青春在军营绽放……"来自南宁师范大学的新战士金鹏代表新兵作的发言，让老英雄李延年露出赞许的表情。李延年用一个庄严的军礼，向新兵们表达敬意，更包含着他无尽的期许。

战士一心为人民

作为一名战士，战场上要惊天动地、有我无敌，离休了就要甘于平淡、无私奉献。从领导岗位退下来，李延年把自己获得的各类证章大部分捐给中国人民革命军事博物馆、丹东抗美援朝纪念馆、广西军区军史馆，不主动提过去荣誉，也从不以英雄自居。

生活中，李延年坚持不给组织添麻烦，并力所能及地帮助别人。1998 年特大洪水、2008 年南方雨雪冰冻灾害、汶川特大地震等自然灾害发生后，李延年都积极捐款捐物。前些年，在电视里看到广西大石山区孩子们上学条件艰苦，李延年就和其他老同志一起，每月拿出一笔钱来资助他们。

不忘初心与使命，永葆英雄本色

李延年说："我感觉我们这些老同志现在比工程师还忙。为啥？因为我们这些活着的老同志享受着流血牺牲同志所带来的荣誉，而且习主席又亲手将'共和国勋章'佩戴在我身上，我总感觉过意不去。我身上承载着流血牺牲的同志们的遗志，我必须得好好地宣传他们，宣传革命精神，不然我们这些老同志活着就没意义了。"

务实、低调，是身边的人对李延年的普遍评价。"在战场上牺牲的战友那么多，我们还要待遇合适吗？不合适！老是提这个要求、那个要求，给国家找那么多麻烦，我什么都不要求。"李延年从没把自己当英雄，更没把荣誉挂在嘴上。就连和他接触最多的警卫员都不知道他的英勇战绩。李延年的儿子李忠南说："父亲从没提过自己立过什么功、受过什么奖，就连他的最后一位警卫员，也是在得知父亲被授予国家最高荣誉奖之后，才知道他是这样一位英雄。"

"所有荣誉不是给我个人的，都是国家对所有烈士的褒奖，我们要永远铭记这些为新中国牺牲的英雄。"为了做好革命精神的传承和教育，李延年经常为青少年讲述战斗故事、传承战斗精神，积极宣传爱国主义思想，在青少年中弘扬优良革命传统。

在李延年家中，有一幅南宁市红星小学学生送给他的手工画，两名小学生向鲜红的国旗敬礼。每当有客人来家里的时候，李延年都会把这幅画拿出来给大家看。"学生对于历史的认识很多时候停留在书本上，作为战争亲历者讲述历史，更具说服力和感染力。""这是孩子们对我的褒奖，也是我获得的另一枚'勋章'。它一直激励着我：只要还走得动、讲得清，就要继续讲下去，为国家和人民多作贡献。”只要有学校邀请李延年开展讲座，他都会欣然前往。

为了讲好历史，李延年多年来坚持读书、看报、听广播，刻苦学习党的理论。他卧室的书桌上摆满了各类政治学习书籍，书和笔记本上密密麻麻地记满了理论要点和心得体会。

传承战斗精神，忆往昔峥嵘岁月

李延年把关心教育下一代作为自己为党工作的新使命。他先后担任多所中小学的校外辅导员，给多所中小学作过爱国主义、传统教育报告。

南宁市许多中小学邀请他为学生作红色教育讲座，他也从不提及自己的功劳。如今，李延年住的还是20世纪80年代修建的小楼，他穿军绿色的单衣，有时还喜欢拉着推车去市场转一转。从外表看，这位耄耋老人并没有什

李延年（中）给小学生们讲革命故事

么特别之处，直到 2021 年被授予“共和国勋章”，他的名字才被人熟知。

每次讲课，李延年都军容严整、腰板笔挺、声音洪亮，把激烈战斗的场景和牺牲战友的事迹如实讲给孩子们听，告诉他们红色江山来之不易，是千千万万革命先辈用鲜血和生命换来的，教育他们珍惜幸福生活，当好新时代接班人。

南宁市红星小学教师梁卉卉说，李延年多次来到红星小学为学生作爱国教育讲座。战争年代的历史，书本上有，老师也讲，但从李延年嘴里讲出来更有说服力，学生和老师们都爱听。

“印象最深的是李老讲到抗美援朝时说，敌人的弹片还残留在自己身上，身边战友一个个牺牲的情景萦绕在他脑海里至今无法忘却。他说着说着就眼睛通红，在场的师生也流下了眼泪。”梁卉卉说。

近年来，李延年被广西军区先后评为“先进离休干部”“优秀共产党员”“践行当代革命军人核心价值观先进个人”，他始终保持老党员、老军人、老英雄的革命本色，用实际行动践行共产党员的初心和使命。

青春永远万岁

——访“人民艺术家”国家荣誉称号获得者王蒙

在中华人民共和国成立 70 周年之际，85 岁的作家王蒙获得“人民艺术家”国家荣誉称号。王蒙作为与共和国共同成长的文学创作者，用深情的笔触描绘了中国社会的发展进步和文化的繁荣兴盛，见证并推动了中国当代文学的发展。

2007 年 5 月，王蒙（右）和作者黄健（左）在重庆

我有幸遇到王蒙是2007年4月在重庆举办的第十七届全国书市期间。当时来自全国的作家和出版社云集重庆，王蒙也应邀来到重庆，参加名家讲坛和图书签名活动，成为重庆书市的一大亮点。我有幸与王蒙先生入住同一宾馆，每天同时前往图书博览会会场，并一同出席重庆市人民政府举行的欢迎宴会，我与王蒙同在一桌，席间聊起他文学创作的往事与经历，聆听他关于文学创作的经历和对于人生的看法，并合影留念。

少年立志

王蒙1934年出生在北京，出生第3年就碰上卢沟桥事变爆发。在幼年，王蒙亲历了日本侵华战争的苦难，爱国的种子深深埋在他的心里。1940年，王蒙进入北京师范学校附属小学就读。1945年，他进入私立平民中学学习。这一年，日本宣布投降，王蒙看到班上老师、同学的那种兴奋劲，便萌生了报效祖国的想法。

11岁那年，王蒙遇到共产党人李新、何平，怀着对共产主义的坚定信仰，王蒙与北京的地下党组织建立了联系。

王蒙此时读的书是巴金的《灭亡》，曹禺的《日出》，茅盾的《腐蚀》《子夜》，鲁迅的《祝福》《故乡》。1948年，不满14岁的王蒙在北京河北中学学习时入党，成为共青团北京市工委干事，中央团校二期学员，并开始文学创作，从此他将文学和革命视为自己要一生为之奋斗的事业。

1953年11月，刚刚过完19岁生日的王蒙买来几个16开的大笔记本，开始写下一页页小说草稿，这就是他的文学处女作——20多万字的长篇小说《青春万岁》。一个不满20岁的小青年，为何能一下子能写出这样一个大部头？他说："我靠的是对新中国建立的感动，靠的是新中国开始时的'所有的日子'。""我当时那个年龄，我又没有受过正规的文学教育，我靠的就是对那个时候的日子的感动，要没有那么充实、那么激情、那么丰满的日子在你的少年、青年时期的记忆里，我写什么啊？所以我那个书留了这么一份小青年的记录。"从1953年创作，到1983年被改编成电影搬上银幕，这部记录了新中国第一批知识青年投入祖国建设洪流、树立共产主义远大人生理想的作品，深深感染和影响了几代青年人。

1955 年，王蒙发表处女作短篇小说《小豆儿》，描写一位少先队员发现其舅舅是国民党特务而告发的故事。

逐梦坎坷

到了 1956 年，《青春万岁》还在修改，而王蒙的另一部小说已经完稿。这就是一经发表就引起风波的《组织部新来的青年人》。小说描写的是青年教师被调到区委会后，在工作和斗争中碰壁和遇到挫折的故事，触及了社会生活正出现的新矛盾和新问题，揭露了党委机关内部已在滋长并亟待克服的官僚主义。小说发表后迅速引起轰动，并使王蒙于此年被划为“右派”。很多年后，王蒙承认这篇小说给自己“带来了一些困扰”，但是他说自己并没有留下什么悲观的记忆。批判会第二天，他拍下了整个青年时代最帅的一张照片。照片上，他将小棉袄甩在肩上，抿嘴乐着，一脸的阳光。他说：“我并没有灰溜溜的记忆，相反，我觉得这也是共和国的命运和我息息相关。我分享了革命的胜利、共和国的建立所带给我的这种快乐、荣耀、机会和各种可能性，同时我也接受了共和国的发展当中带给我的考验，带给我的一些各种各样的课题。所以我老说，我这人这一辈子有一个光明的底色。”1957 年，《文汇报》连载刊登《青春万岁》部分章节，王蒙在小说中记录下共和国创建初期最为激情和浪漫的岁月。

1963 年底，王蒙举家迁往新疆。1963 年至 1978 年，王蒙在新疆伊犁伊宁市和伊宁县下属巴彦岱镇巴彦岱公社二大队生活工作，在学习维吾尔语之后任汉语翻译，后任二大队副大队长。其间，他为了学习维吾尔语，与少数民族同胞同吃、同住、同劳动。

1978 年，王蒙把在新疆的 16 年生活经历写成了长篇小说《这边风景》，记录新疆伊犁地区少数民族的日常生活，展现了新疆独特的风土人情，并通过小说中的众多人物形象，表达了对个人与国家的命运、个人与历史关系的

1981 年回到巴彦岱的王蒙（右二）与维吾尔族乡亲们在一起

思考。

《这边风景》尘封近 40 年后重修问世，2015 年获得茅盾文学奖。王蒙把新疆当作自己的第二故乡，他说在新疆的 16 年，让他“开了眼，懂了人生”。“我始终感觉到，我不管走到哪儿，我得到的是善良和友谊，所以我很感激他们。我始终说，新疆各族人民对我恩重如山。”

重回北京

1978 年王蒙调回中国作协北京分会。1979 年，王蒙获得平反。王蒙回北京后写的第一篇短篇小说是《说客盈门》，小说描写一位厂长处罚了一个不努力工作的工人之后，该工人的许多亲友去游说该厂长的故事，讽刺了当时的“走后门”现象。其后王蒙撰写了多部小说、杂文，一度成为中国文坛意识流文学的代表人物之一。

1979 年 6 月，王蒙担任北京市文联专业作家，中国作协北京分会副主席、分党组成员、副秘书长。同年，他发表中篇小说《布礼》以及短篇小说

《夜的眼》《表姐》。

1986年，王蒙当选中共中央委员，任中国作协副主席、书记处书记。同年6月，王蒙被委以重任，出任文化部部长。担任文化部部长期间，他关注文学发展，鼓励艺术创新，发掘提携了一大批优秀青年作家。

晚年贡献

步入晚年，王蒙潜心研究国学，依然笔耕不辍，先后出版了《老子十八讲》《与庄共舞》等传统文化文集和多部小说作品。党的十八大以来，王蒙系统深入地阐释了文化自信的时代意义，出版了《王蒙谈文化自信》，引起广泛好评和关注。

作为一个作家，王蒙说他“有写不尽的东西”“对大事小事都感兴趣”。卸任文化部部长后，他又成为那个“最活跃、最有创造力的作家”。他的创作进入加速期，尤其最近几年，几乎每年都有两三部新作问世，内容和形式也常有新意。这一切，他都归功于时代和生活的日新月异。他在多个场合说过这样一句话：“新中国的命运，就是我创作源泉。”他认为：“我有幸参与、见证了整个历史的变化。这变化很快，而且不断地引起你新的关注、新的趣味，也受到新的考验，所以对我来说是天生的机遇。共和国的命运、共和国的经验，正是我的写作源泉。”

晚年的王蒙仍然每天早上5点起床，戴着运动手环在小区里散步。他规定自己每天要走满7000步，每个星期游2次泳。他笔耕不辍，不断有新作品问世。尤其是2019年，他先后发表了《生死恋》《地中海幻想曲》两部作品，如此高产，即使在他年轻时也不多见。2019年夏天，他在中国作协北戴河的“创作之家”用48天完成了8万字的中篇小说《笑的风》。

2019年，王蒙说：“我最牛的感觉是什么呢？就是我还是劳动力！我85岁了，我不是一个享受以往成绩的人，也不是这分析两句话、那制造格言的人。我是一个劳动力，我可以写小说，我可以写人物肖像，我可以写各种故事，我可以写1000字、可以写1万字、可以写8万字。所以，我对于自己的劳动力感到非常高兴。我是一个当代文学的劳动者，我还是一头‘牛’，还在那‘耕地’。”

作为与共和国共同成长的文学创作者，王蒙多年笔耕不辍，见证并推动了中国当代文学发展。王蒙始终敏锐捕捉着时代脉搏，他的作品清晰描绘了新中国半个多世纪的社会生活变迁，深刻剖析人们的内心世界。在60多年创作历程中，王蒙写了1800多万字的作品，出版近百部小说、散文、诗歌和学术著作，获过多项国际性文学大奖，显示了中国当代文学的创作高度。王蒙还发掘培养了一大批优秀青年作家，为中国当代文学繁荣发展作出了突出贡献。

纯真、执着、理想是王蒙人生的关键词。面对中华人民共和国成立70周年之际获得的“人民艺术家”的国家荣誉称号，王蒙说他被人民记住，被共和国肯定，这是至高无上的荣誉。王蒙获得了这么一段评价：“他爱人民，他关注人民，他在他的作品里反映出了人民的心理、酸甜苦辣、经验，所以他也会被人民记住，被人民共和国所肯定。上哪找这事去？这就非常的荣幸，也是非常重大的一件事。”

从将军之子到草原之子的人生跨越

——访“七一勋章”获得者廷·巴特尔

廷·巴特尔

2021年6月29日，“七一勋章”颁授仪式在人民大会堂隆重举行。习近平总书记向廷·巴特尔颁授“七一勋章”。廷·巴特尔1976年11月入党。约50年前，他离开繁华城市，插队到遥远的内蒙古锡林郭勒草原。作为知青，廷·巴特尔有多次回城的机会。然而，面对严重退化的草场、贫穷的牧民和自己规划好的蓝图，他决心留下来带领群众共同致富。当年插队的同伴一个个回去，唯独他扎根在草原。他是苦干实干的楷模，凭着“让牧民过上好日子”的信念，扎根牧区近50年。多年来，他带领牧民走上了一条保护生态、建设牧区的致富路，使当地牧民生产生活发生翻天覆地的变化，他因此先后荣获“全国优秀共产党员”“全国劳动模范”“全国民族团结进步模范个人”“改革先锋”等称号。

看到央视《新闻联播》的报道后，我感到非常振奋。2002年7月，我随中央党校第18期中青班暑期社会实践调研组到宁夏、甘肃进行社会调查，正巧与中宣部“廷·巴特尔先进事迹报告团”的同志住在一起，并于7月8日这天，一同游览参观了沙湖等地。在一整天的参观游览活动中，我和廷·巴特尔在一起，我们边看边聊。通过交谈，我深为这位草原人民的儿子的精神所感动，为他的言行所折服。廷·巴特尔和我几乎是同龄人，同在一个年代到农村插队，至今他仍然扎根于距离呼和浩特市几百公里之远的锡林郭勒盟萨如拉图雅草原当一名牧民。

草原人民的儿子

廷·巴特尔1955年出生在呼和浩特市。他的父亲廷懋曾任内蒙古军区政委、内蒙古自治区党委第二书记，是1955年被共和国第一批授予少将军衔的将军之一。1974年廷·巴特尔高中毕业后插队到阿巴嘎旗洪格尔高勒镇萨如拉图雅嘎查，1976年加入中国共产党，1983年任嘎查长，从1993年开始任党支部书记。廷·巴特尔扎根草原近30年，从一个城市青年到一个普通牧民，从一个刚出校门的学生到一个优秀的基层党支部书记，从一个将军之子到一个草原之子，他把人生最宝贵的青春年华留在了草原，为改变牧区落后面貌奉献了自己的全部心血和汗水。廷·巴特尔的先进事迹早些年就在内蒙古各地广为传诵。他曾先后获得“内蒙古自治区优秀共产党员”“内蒙古自治区劳动

2002年7月，廷·巴特尔（左二）与作者黄健（右二）在宁夏

模范”“内蒙古自治区农村牧区优秀人才”等荣誉称号。然而，在荣誉面前，廷·巴特尔没有止步，他奋发进取，带领牧民群众脱贫致富奔小康，以自己的实际行动践行共产党员的初心使命，在千里草原树起了一座新时期共产党员的丰碑。广大牧民群众亲切地称赞廷·巴特尔是“草原人民的儿子”。

1974 年，廷·巴特尔高中毕业后，和 40 多名知识青年相伴，插队来到远在千里之外的锡林郭勒盟萨如拉图雅草原。萨如拉图雅草原有山丘、有河流、有草场，还有淳朴的民风人情，可是太偏僻、太贫穷了。廷·巴特尔所在的队离旗里有好几百里路，骑一匹好马也要跑一天。由于地处边远、交通不便、信息闭塞，牧民们的生产生活方式还非常落后，日子过得十分艰难。当时那里还没有砖房，就是土房也不多见。牧民们住在蒙古包里，没有电灯，城里人常用的东西几乎一样也看不到。睡觉的时候就盖一件大皮袄，或者干脆把蒙古袍裹在身上。牧区的文化生活也很贫乏，牧民的家里很少见到纸和笔，更不用说书报杂志了。看到这一幕幕情景的廷·巴特尔心里有一股说不出的滋味，觉得草原牧区的生活实在是太单调、太清苦了。

廷·巴特尔曾经有过欢乐幸福的童年和少年时代，但“文革”期间，随着父辈的起起落落，他受人歧视，心灵受到了很大创伤。来到草原后，在牧区长期的艰苦生活中，他体会到了人间最纯净的情感，从牧民身上学到了很多可贵的品质。

有一年冬天，廷·巴特尔和三个知青在草原上寻找失散的马群。奔波了一天，马群没找到，知青们却累垮了。天渐渐黑了下来，他们又累又饿又冷，好不容易找到了一户牧民家。进门时正赶上他家要吃晚饭，牧民看到他们这个样子，急忙给他们盛上了热腾腾的面条。当时，牧区由于口粮不足和生活习惯，牧民们每天除了早晨喝顿奶茶，只有晚上这一顿饭。四个饿坏了的知青狼吞虎咽，一会儿就把一盆面条吃光了。吃饭的时候，牧民家的几个孩子一直眼巴巴地盯着他们。原以为大概是他家不常来客人的缘故，可当他们放下碗筷时，几个孩子却抢着喝起了剩下的面汤——草原牧民是多么纯朴善良。这些朴实善良的品质，随着接触的深入，一点一滴地渗透到廷·巴特尔的心灵深处。

几十年来，廷·巴特尔扎根草原，带领牧民走出了一条保护生态、养畜致富的成功之路。牧区草场、牲畜承包到户后，很多牧民盲目追求牲畜数量，加剧了草原退化、沙化的程度。早在30多年前，廷·巴特尔就敏锐地意识到，畜牧业生产方式不变革，就永远摆脱不掉生态恶化和贫困的恶性循环。他带头转变传统的生产经营方式，围封草场、划区轮牧、打井上电、种植高产饲草料、压缩牲畜数量、改良牲畜品种，事事给牧民群众做出示范。他学技术，动脑筋，创新了牧区沙地打井的方法，他从外地引入多种乔木、灌木反复试种比较，终于找到了适合当地栽植的树种。经过十几年的努力，萨如拉图雅草原的很多地方又重现了昔日“风吹草低见牛羊”的景象，牧民的人均收入也有了大幅提高。

廷·巴特尔还引导牧民群众逐步走向现代文明。牧区没有路，他组织党员、群众义务修路，形成制度，一干就是几年；嘎查没有电，他引进技术，利用风能和太阳能发电，给牧民群众带来了光明和希望，嘎查告别了祖祖辈辈使用油灯的历史；推广ETS无线电话，架起了牧民与外界联系的桥梁；发展小型卫星接收器，牧民坐在家里可以看十几个频道的电视节目。

甘于贡献

廷·巴特尔是一个淡泊名利、甘于奉献的人。1978年，正是知青们返城的高峰期，廷·巴特尔把一次次机会让给同伴，嘎查里只剩他一个知青，这时，他却坚定地留在草原。这些年来，廷·巴特尔也有过多次被提拔到苏木、旗里工作的机会，可他都放弃了。他当了党支部书记后，建章立制，加强管理，定期向牧民公开账目，从不乱花集体一分钱。他从没有向公家报销过一笔差旅费、招待费。为嘎查和牧民张罗事情，他开着自己的汽车到处奔波，加油、维修都是花自己的钱。通过一桩桩事情，牧民们感受到了廷·巴特尔是全心全意为大家谋利益的，他丝毫没有个人的私心杂念。在廷·巴特尔的领导下，嘎查的集体经济逐年发展壮大，他赢得了牧民的衷心拥戴。

廷·巴特尔留在草原当牧民，近30年无怨无悔。将军的儿子是个牧民，过着老百姓的生活。90 岁高龄的廷懋将军曾说："将军的儿子可以当将军，也可以当老百姓，牧民的需要，就是他的价值。"

父亲的言传身教，培养了廷·巴特尔热爱群众的思想和淡泊名利的意识，养成了艰苦朴素、热爱劳动的良好习惯。在"文革"中，由于父亲被迫害，他也受到了许多不公正的对待。在偏远的牧区，廷·巴特尔从艰苦生活中找到了快乐和幸福，他有了朋友，受到了尊重，心灵获得很大慰藉。他忘不了在最困难的时候，淳朴的牧民让自己的孩子饿着肚子，把饭留给知青们吃；他忘不了慈祥的阿妈用自己珍藏多年的布料，一针一线为他缝制蒙古袍；他忘不了憨厚的蒙古族伙伴们，手把手教他学割草、骑马、放羊；他更忘不了百般呵护和照顾他的善良的草原牧民。廷·巴特尔舍不得离开这些牧民，他发自内心地觉得，牧民是他遇到的最朴实、最好的人。当看到牧区因为缺少文化而贫困落后，他觉得应该用自己的知识，在牧区大干一番事业，在和牧民群众共同创造美好生活的奋斗中实现自己的人生价值。廷·巴特尔留在了草原，娶了牧民姑娘做妻子，做了一个地地道道的草原牧民。

从走进草原到热爱草原，从认识牧民到热爱牧区，从朴素地对牧民感恩报恩，到自觉承担起改变牧区落后面貌的历史责任，廷·巴特尔完成了由将军之子到草原之子的人生跨越。

如今，萨如拉图雅嘎查草原已是牧草过膝，绿波荡漾，黄柳、红柳、沙棘、爬地柏层层叠叠，这一地区成了一个迷人的旅游胜地。在烟波浩渺的沙湖边，我读到了廷·巴特尔的一首诗："我不愿做都市花园里供人观赏的花朵，只愿做浑善达克沙地上的一株小草，为勤劳善良的牧人遮挡一丝风寒，为漫漫荒漠增添一点绿色，为祖国大地减少一些沙尘暴的袭扰。"

坚持绿色发展

牧民学他"减羊增牛"，草原渐渐恢复元气。"保护草原生态，减轻草原负荷，还得从养殖上做文章。"1993 年，廷·巴特尔担任嘎查党支部书记后，努力解决草原生态与牧业生产之间的矛盾。1998 年，他把家里 200 多只羊全都卖掉，改养肉牛，还琢磨出一套“蹄腿理论”。“1头牛的收入顶不顶5只羊?”“1头牛4条腿，5只羊20只蹄子，哪个对草场破坏大?”他耐心地向牧民们解释，学他“减羊增牛”的牧民越来越多，草原渐渐恢复元气。他还鼓励牧民发展奶食品加工和生态旅游业，坚持草畜平衡、绿色发展。廷·巴特尔的理念和做法产生以点带面的示范效应，被推广到内蒙古不少牧区，既保护了生态环境，又保障了牧民收入。

廷·巴特尔与老伴儿居住的房屋附近有一座蓝顶白墙的彩钢房，里面摆着桌椅，还有一块块图文并茂的展板，展示他发展畜牧业的智慧和成果。2010年由当地政府支持建成的一处农牧民培训基地，年均接待2万余人次。在这个培训基地里，廷·巴特尔现身说法，无偿传授生态保护、科学养畜、算账理财等经验。尽管忙碌，只要有牧民来访，廷·巴特尔都会放下手头的活，毫无保留地与他们交流经验。“只要我的做法对大伙儿有用，我就有责任和义务全部传授给他们。”

“现在大伙儿想增收，可以朝‘四点平衡’努力，也就是收入最高、支出最低、劳动强度最小、生态最好。”在一块块图文并茂的展板前，廷·巴

廷·巴特尔（中）向牧民传授经验

特尔在给到访的牧民们讲解增收的好办法。牧民们若有所思地点点头，不时向他提问。“把牛控制在多少头比较好?”“过冬掉膘太多怎么办?”……廷·巴特尔一一进行解答。

有一天，锡林郭勒盟苏尼特左旗20多名想回乡创业的大学毕业生来向廷·巴特尔学习。年轻人回乡创业的这股热情深深打动了廷·巴特尔，他越讲越起劲，从自己设计的棚圈设施，到自建生态鱼塘，再到家里的循环节水网络，都详细演示、讲解。年轻人学得十分投入，在他家待了一整天。

约50年前，廷·巴特尔做了扎根草原的人生抉择，风雨砥砺，昂首奋进。如今，67岁的廷·巴特尔虽然将嘎查工作交给年轻人，但依然向牧民传授自己养畜、种草、种树的经验。草原生态建设没有完成时，要更好地保护草原，让牧民尽快富起来，把牧区建设得更美好，步入晚年的他依旧发挥余热，初心不改。

廷·巴特尔的心比金子还明亮，他的爱比草原还宽广，他用真情建立与草原牧民的深深感情。萨如拉图雅草原有了廷·巴特尔，更加生机勃勃，充满诗情画意。

太空的萦梦

——访“两弹一星”功勋奖章获得者钱学森

1992年9月3日是我编辑生涯中一个难忘的日子。这天，钱学森从《人民日报》上看到由薄一波同志撰写序言的《邓小平科学技术思想研究》一书由广西科学技术出版社出版的消息，便让他的秘书两次打电话到广西科学技术出版社，转达他的意见：“购买几本《邓小平科学技术思想研究》，学习研究用。”邓小平科学技术思想研究是建设中国特色社会主义理论研究的重要方面。该书在一定程度上反映出我国当时有关邓小平科学技术思想研究的水平，对广大科技工作者深入学习邓小平建设有中国特色社会主义理论，弘扬“科学技术是第一生产力”的思想，推动科技创新、科技与经济相结合，具有重要的参考价值。

钱学森的话在广西科学技术出版社引起了强烈反响，尤其使作为此书策划者和责任编辑的我深为感动。钱学森是科学界的巨擘，一生从事科学研究，硕果累累，但他却学而不倦，不断用辩证唯物主义、历史唯物主义和当代先进的思想理论充实自己，认真研究马列主义、毛泽东思想、邓小平理论，用“科学技术是第一生产力”的理论指导自己的工作。这种活到老、学到老的精神，真令人钦佩。

晚上，我打开工作日记本，将这使我十分感动的事情记录下来。写完后，我的心情很不平静，我仿佛看到钱学森拿着我责编的那本书，在认真地研究邓小平的科学技术思想。而钱学森几十年的科学生涯，他那渊博的科学知识、坚忍不拔的毅力、一腔火热的爱国激情，像电影一样，一幕幕地在我眼前浮现……

梦系太空

1911年12月11日夜晚，一个不平凡的小生命伴随着辛亥革命的风暴来到了人间，他就是祖籍浙江杭州、曾到日本学习教育和地理及历史、在上海成立“劝学堂”教授热血青年投身民主革命的教育家钱均夫的独子钱学森。

生在不平凡年代的钱学森，从小就有不平凡的理想。当他与父亲游览香山躺在草地上仰视蓝天时，他的心会随着盘旋高空的苍鹰在蓝天上遨游；当他听完父亲给他讲《庄子》中背负青天的大鹏鸟的寓言时，他便说他要学大鹏鸟到太空去翱翔，决不当胸无大志的小麻雀；当他跟父亲一起做了一只大蜈蚣风筝，长长的彩色蜈蚣摇头摆尾飞上高空时，他便说：“我若能坐到蜈蚣身上多好啊!”

向往着太空的钱学森，从小就懂得某些空气力学的原理。读小学的时候，他与小伙伴们一起掷飞镖。这飞镖是用比较硬的废纸折成的，头部是尖的，身上有一双向后掠去的翅膀，飞起来既像只小燕子，又像架小飞机。飞镖人人都会折，但不一定都能够折出飞得好的。有的刚掷出去就一头扎进地里，有的不是向前飞而是绕圈子向后飞。只有钱学森折的飞镖飞得最平稳最远。小伙伴们不服气，一次次比赛，又一次次败下阵来。“你的飞镖里一定有鬼!”他们把钱学森的飞镖拆下来看，发现平平展展的一张纸，别的什么都没有。自然课的老师看到这种情形后，就让钱学森把自己飞镖的秘密告诉同学们。钱学森腼腆地说：“我的飞镖没有什么秘密，我也是经过许多次失败，慢慢一点儿一点儿琢磨出来的。我折的飞镖用的纸比较光滑。飞镖的头不能太重，重了就会往下扎；也不能太轻，轻了尾巴就重，就会先往上飞，然后就掉下来。翅膀太小，就飞不平稳；翅膀太大，就飞不远，爱兜圈子。

就是这些。”“说得好极了！”自然课老师高兴地说道，“小小飞镖中有科学道理，那就是一要保持平衡，二要减少阻力，并且要巧妙地借助风力和浮力。”自然课老师看着聪明的钱学森，打心里觉得他是块科学家的料。

钱学森深知，要实现自己的梦想，必须要用知识武装自己的头脑。因此，他自幼就很勤奋地学习。钱学森从小就有非凡的记忆力，表现出过人的聪慧。他 3 岁就能背诵百首唐诗宋词，还能心算加减乘除。当然，好铁还需好火淬才能百炼成钢。幸运的是，钱学森有一个特别优良的学习环境。他的母亲多才多艺，经常给他讲古人精忠报国、发愤读书的故事；他的父亲是个教育家，博学多才，在家庭中为他营造了良好的文化氛围，并善于开发他多方面的才智，启发他树立远大志向。钱学森 3 岁时随父亲到了北京，上过蒙养院（幼儿园）、女师大附小、北师大附小和北师大附中。如果说幸福的家庭和北师大附小等环境为钱学森这棵嫩苗提供了沃土的话，那么北师大附中则为他的茁壮成长提供了丰富的养分。

当时的北师大附中是一所很了不起的学校。校园里有一批不甘于祖国沉沦、矢志于教育事业的优秀教职人员，有一套完善而先进的管理和教学制度。当时的校长林砺儒实施了一套以提高学生智力为目标的教学方法，启发学生学习的兴趣和自觉性。化学老师王鹤清启发了钱学森对科学的兴趣，给他自由到化学实验室做实验的便利。国文老师董鲁安在课堂上常用较长时间来讨论时事，他的教学使钱学森产生对旧社会腐败的深深不满和对祖国前途、人民命运的关心。此外，数学老师傅仲孙、生物老师俞谟、美术老师高希舜等，都对钱学森产生了很深远的影响。这些老师为中学时代的钱学森在数、理、文等课程方面打下了良好的基础。在北师大附中读书的 6 年，钱学森在班上差不多门门功课都名列前茅。

1929 年，钱学森中学毕业后，怀着实业救国的信念，考入国立交通大学机械工程系。国立交通大学实行的是中西结合的严厉的教育方法，重考试分数，学期终了平均分数算到小数点后两位。钱学森虽不满这里不浓的求知氛围，但也不甘落后，每门功课必考 90 分以上，获得了免交学费的奖励。

1930 年暑假后期，钱学森得了伤寒病，在家里卧病一个多月，后因体弱休学一年。在这一年里，他第一次接触到科学社会主义。在养病期间，他不仅读了许多史书，也读了马克思的《资本论》、普列汉诺夫的《论艺术》、布哈林的《历史唯物主义理论》，还看了一些西洋哲学史书、胡适的《中国哲学史大纲》等。这些书打开了他的眼界，使他看到了另外一个崭新的世界，为他成为终生自觉的马克思主义者奠定了基础。休学期满回到学校，钱学森开始接触到共产党的外围组织，参加过多次小型讨论会。

1934 年暑假，钱学森从国立交通大学机械工程系铁道机械工程专业毕业后，考取了清华大学的留美公费生，专业是飞机设计。依照清华留美学生的规定，钱学森 1934 至 1935 年到杭州笕桥飞机厂实习，随后又先后到南京、南昌的国民党空军飞机修理厂见习。

1935 年 8 月，钱学森从上海坐船离开祖国。临别前的一夜，他辗转反侧不能入眠。当时的中国豺狼当道，钱学森想的是暂时到美国去学些技术，来日归来报效祖国，但真的要离开祖国的怀抱，告别慈爱的双亲时，他又有些依依不舍了，而父亲临别时给他的教诲，更使他牢牢记着此次驶向大洋彼岸的使命和价值："人，生当有品；如哲、如仁、如义、如智、如忠、如悌、如孝！吾儿此次西行，非其夙志，当青青然而归，灿灿然而返！"

根在中国

钱学森在美国就读于麻省理工学院，在航空系攻读硕士学位。怀着报效祖国的远大理想，钱学森晨昏苦读，昼夜不倦，学习成绩在班上总是名列前茅。一年以后，钱学森便以优异的成绩获得航空工程硕士学位，那时他还不满 25 岁。

钱学森学业上获得了成功，但却受到了美国种族歧视对他的打击。因为学工程的一定要到工厂去实习，但美国的飞机制造厂不接纳中国学生。美国当局的种族歧视，使钱学森强烈的民族自尊心受到了伤害，他更坚定了要为改变祖国的命运而发愤学习的决心。他开始转向航空工程理论，即应用力学的学习。他决定追随当时在加州理工学院的力学大师冯·卡门。

1936 年 10 月，钱学森转学到加州理工学院，开始了与冯 · 卡门教授先是师生后是亲密助手和同事的情谊。冯 · 卡门与钱学森第一次见面，仅寥寥数语，就对钱学森所具有的超越一般学者的智慧和极其敏捷的思维判断能力心生好感，当即表示愿意破格录取钱学森为他的博士研究生。这是一次具有决定意义的会面，冯 · 卡门这位“伯乐”认识到了“千里马”钱学森，使钱学森跨出了在异国求知途中关键的一步，而正是这一步，使钱学森得以在应用力学、航空工程和火箭导弹技术领域大展宏图。

在冯 · 卡门教授的指导下，钱学森的学术造诣与日俱增。冯 · 卡门教授教给钱学森从工程实践提取理论研究对象的原则，也教给他如何把理论应用到工程实践中去的方法。冯 · 卡门每周都主持研究讨论会和学术讨论会，这些学术活动给钱学森提供了锻炼创造性思维的良好机会。3 年后，钱学森取得博士学位并留在加州理工学院任教。

钱学森的成名作是 1940 年在美国航空学会年会上宣读的一篇关于薄壳体稳定性的研究论文，这是一个难度极大而实用价值同样很大的科研课题。钱学森后来的许多重要论述，引起国际动力学界越来越大的关注。

从 20 世纪 30 年代末到 40 年代期间，钱学森与冯 · 卡门合作研究的诸多成果由他们共同署名，他们共同创造了著名的“卡门 – 钱学森公式”，为航空科学史写下了光辉的一页。

所谓“卡门 – 钱学森公式”，又称“卡门 – 钱学森法”。这个公式第一次发现了在可压缩的气流中，机翼在亚音速飞行时的压强和速度之间的定量关系。这是空气动力学中的一项重大科研成果。如今，几乎每个从事空气动力学研究的人都熟知“卡门 – 钱学森公式”。

1942 年，钱学森的研究工作已经有了一定的成绩，此时由于战时军事科学研究的需要，美国暂时放松了对外国人的限制，故他得以参加机密性工作。1942 年，美国军方委托加州理工学院举办喷射技术训练班，钱学森被聘请为这个训练班的教师，与陆、海、空三军技术员有了接触。后来美军从事火箭导弹工作的军官和工程技术人员，有不少就是这个训练班的学生。

1944 年，美国陆军得知德国研制 V–2 导弹的情报，连夜研究对策，委托冯·卡门用最快的速度研制中远程导弹。冯·卡门接受任务后，确定由钱学森负责理论组的工作。钱学森提名中国留学生林家翘、钱伟长一道参加理论组的研究，进行弹道分析、燃烧室热传导、燃烧理论研究等工作。由于钱学森等人的卓有成效的工作，这项被誉为“美国导弹先驱”的计划迅速被推上了研制轨道，一批“下士”导弹被制造出来，运往欧洲前线，变成了实实在在的对抗法西斯强盗的威慑力量，钱学森也由此被称为美国导弹事业的奠基人之一。

不久，钱学森被聘请为美国航空喷气公司的技术顾问。此时，他已身处美国军事科学的核心。由于钱学森在空气动力学、火箭飞行理论、数学等领域的优异才能，1947 年 2 月，刚满 36 岁的他便成了麻省理工学院最年轻的终身教授。当年，在麻省理工学院，每个系一般只有 2—3 名终身教授，晋升为终身教授的人的科研成果必须非常显著，且必须担任副教授不少于 3 年。而钱学森当时只当了 1 年的副教授，且是第一个成为麻省理工学院教授的中国人，他成了中国的骄傲。

1947 年夏季，由于母亲去世，钱学森向麻省理工学院请假，回到了阔别 12 年的祖国，安慰在上海病弱独居的父亲，并与著名军事理论家蒋百里的三女儿、一位在维也纳和柏林受过良好音乐教育的女高音声乐家蒋英结婚。这时，他的母校国立交通大学聘请他担任校长，但他没有接受。他目睹了国民党政府的无能与腐败，零星听到来自共产党的消息，由此看到了希望。他要返回美国积蓄力量，为新中国效力。

钱学森返回美国后，在麻省理工学院负责空气动力学、弹性力学等课程的教学任务，同时开始向研制火箭核能发动机的新目标冲刺。一年后，他发表了世界上第一篇关于核火箭的论文，并在美国火箭学会举行的年会上进行了演讲，纽约等地的报刊纷纷报道了这一“惊人的火箭理论”。此时的钱学森在美国正处于享有崇高荣誉的巅峰时期，他被世界公认为力学界和应用数学界的权威、流体力学研究的开路人之一、现代航空科学与火箭技术的先驱、著名的空气动力学家、工程控制论的创立者。

面对着这些荣誉，钱学森自豪地笑了。是啊！多年的屈辱和辛酸，多年的艰难和奋斗，用辛勤汗水浇灌出来的科技硕果终于得到了国际上的承认，他为祖国争了一口气，他能不笑吗？！他深知，他的荣誉不属于他个人，而是属于祖国。而那时的中国在国际上的形象是贫穷落后的，他多么希望自己的祖国能成为一个强大而富裕的东方巨人啊！

1949 年 10 月 1 日，他期待的这一天到来了，中华人民共和国成立了，他报效祖国的时机到了！钱学森开始准备回国，但他的举动遭到了麦卡锡主义者长达 5 年之久的迫害。美国政府先是取消了钱学森参加机密研究的资格，然后以莫须有的罪名非法逮捕、监禁他，最后竟然软禁他。美国当局深知钱学森的价值，用当时的海军部次长丹·金波尔的话来说，那就是“钱学森无论走到哪里，都抵得上 5 个师”“我宁可把这家伙枪毙了，也不能让他离开美国”。

漫长的 5 年岁月并没有摧垮钱学森的铮铮铁骨。一部 30 万字的《工程控制论》在他被软禁期间问世了，成为这个领域中奠基式的著作。度日如年的钱学森，在 1955 年 6 月巧妙地避开了特务的盯梢，在一小张香烟纸上，写下了恳请祖国助他还乡的信。这封不寻常的信，传到在比利时的蒋英的妹妹手中，传到在北京的蒋英父亲的世交陈叔通先生手中，再传到周恩来总理手中。这年的 8 月 1 日，当王炳南大使在日内瓦中美会谈上出示钱学森的信时，美方无奈地允许钱学森离开美国。

回国前夕，钱学森同蒋英带着幼儿钱永刚、幼女钱永真向他的老师道别，冯·卡门无限依恋并动情地说：“钱，我为你骄傲，你创立的工程控制论理论，对现代科学事业的发展作出了巨大的贡献。孩子，你现在在学术上已经超过了我。”听了这位科学巨擘的一席话，钱学森很激动。老师的话印证了 20 年前离开祖国时他父亲的谆谆告诫：“当青青然而归，灿灿然而返！”

魂归导弹

1955 年 10 月 28 日，钱学森一家在上海与父亲团聚后到达北京。这位在国际上享有盛誉又饱经磨难的杰出科学家，站在天安门广场，深情地向祖国呼喊：“我终于回来报效您了！”

次日，在中国科学院院长郭沫若为钱学森举行的盛大欢迎宴会上，钱学森欣喜地接受了中国科学院副院长吴有训正式交代的由其牵头组建中国科学院力学研究所的任务。

钱学森在哈尔滨参观中国人民解放军军事工程学院时，院长陈赓大将专程从北京赶回哈尔滨接见钱学森，他见到钱学森的第一句话是："中国人搞导弹行不行？"钱学森回答："外国人能干的，中国人为什么不能干？"陈赓大将高兴地说："好！就要你这一句话。"从此，钱学森开始了他在新中国从事火箭、导弹、航天研究的不寻常的生涯。

1955 年 12 月，钱学森接到周总理的邀请，在中南海向党和国家的领导人做一次关于火箭、导弹的报告。12 月 27 日，总参装备部部长方毅根据彭

钱学森（左）于 1956 年担任中国科学院力学研究所所长后，即抓紧对青年科技工作者的培养，给研究所的青年人讲授流体力学

德怀元帅的指示，详细听取了钱学森关于如何发展我国火箭、导弹技术的意见。1956 年 2 月 17 日，在周总理的鼓励下，钱学森怀着对新中国国防事业强烈的责任感，给国务院写了关于《建立我国国防航空工业的意见书》，受到党中央的重视。国务院很快成立了以聂荣臻为主任的航空工业委员会，钱学森被任命为委员，并兼任导弹管理局总工程师、导弹研究院院长，完成周总理领导制定的科技发展纲要中的喷气和火箭技术的规划。从此，中国的火箭、导弹事业步入了正式实施阶段。

新成立的导弹研究院，几乎没有研究设备，研究人员也只有钱学森是这方面的专家。钱学森白手起家，一点一滴地将知识传授给研究人员，带领研究院的人员一步一步向世界尖端技术的高峰攀登。

1960 年 10 月中旬，在钱学森的参与和直接领导下，我国第一枚仿制型的“东风一号”弹道导弹研制成功。这条成功之路，是由 700 多个日日夜夜的鏖战铺就的。研究人员穿行奔走在风沙迷漫的大西北，顶烈日，冒沙暴，风餐露宿。11 月 5 日，在聂荣臻元帅现场亲自指导下，以张爱萍将军为主任，孙继发、钱学森、王诤为副主任的试验委员会，在我国酒泉发射场成功地进行了这枚导弹的飞行试验。

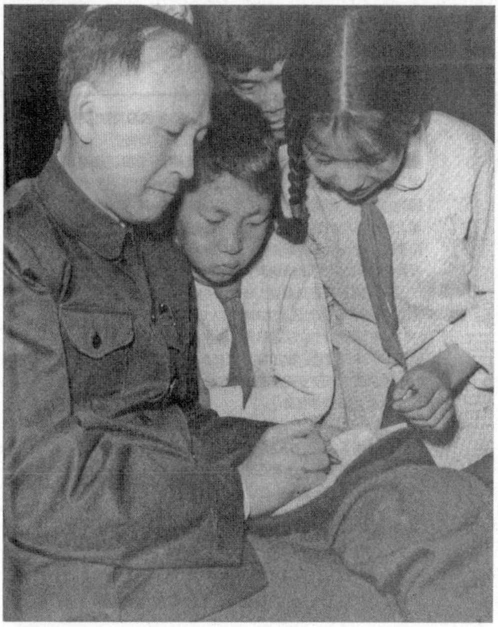

1957 年六一儿童节，钱学森（左）给少年科学爱好者签名留念

当“东风一号”精确命中目标的报告声传来时，曾经在美国被无数鲜花、掌声、荣誉簇拥都没掉下眼泪的钱学森，却激动得泪水纵横。从零开始到零的突破，海外赤子的拳拳之心终于化作寥廓大漠蓝天上一道漂亮的白色弧线……

1964 年 6 月 29 日，我国第一枚自行设计的中近程导弹进行飞行试验获得成功。1966 年 10 月 27 日，我国中近程导弹运载原子弹的“两弹结合”飞行试验成功，从此，中国拥有核武器的大国地位确立了。面对着这一胜利，聂荣臻元帅与钱学森再一次紧紧拥抱，任凭泪水飞溅。

钱学森曾说过：“鸦片战争近百年来，国人强国梦不息，抗争不断。革命先烈为兴邦、为了中华儿女的强国梦，献出了宝贵的生命，血沃中华热土。我作为中华儿女的一员，只能追随先烈的足迹，在千万般艰险中，探索追求，不能顾及其他。”正是为了中华民族的强国梦，钱学森和他的战友们艰难地攀登在通向科技高峰的崎岖山路上，辛勤地耕耘在科技王国里，到达了一个又一个光辉的顶点，收获了一个又一个高科技的丰硕果实。从洲际导弹到远程运载火箭，从人造卫星到同步通信卫星，每一个成就都凝聚着钱学森的心血，饱含着他的超人胆略与天才智慧，他无愧于“中国导弹之父”这一光荣称号。

1993 年,《邓小平科学技术思想研究》一书获第七届中国图书奖。作为责任编辑，我内心难以平静。一是作为科技出版工作者，我们在研究邓小平理论尤其是“科学技术是第一生产力”的理论方面能有一定的成果，填补了当时国内这方面理论研究的空白，且该书获得了国家级图书大奖，得到了有关专家学者的好评；二是这一工作得到了著名科学家钱学森的关注。钱学森那学而不厌、生命不息、学而不止的精神永远值得我学习。

裂变之光

——回忆“两弹一星”功勋奖章获得者钱三强

我国杰出的科学家、我国原子能科学事业的奠基人、中国科学院院士钱三强先生于1992年6月28日逝世。回想起他对中国原子能科学成就的功绩，尤其是他在晚年对科学技术出版事业的关怀和支持，我陷入深深的怀念之中。

从“红领巾”时代起，钱三强先生就一直是我心中十分仰慕的杰出科学家。那是在1964年10月16日，我当时还是小学五年级的学生，从《中国少年报》上看到中国第一颗原子弹成功爆炸的消息后，我知道钱先生是中国的核物理学家，当时看到我国有那么杰出的科学家为中国人增光，我心里有一种不可名状的兴奋与自豪，很想一睹他的风采。这绝不是孩子气的冲动，我的这个心愿并未因岁月的流逝而淡化，而是一直十分强烈。14年后，在大学时代，我读了钱先生不少的书和文章，受益匪浅，钱先生的科学精神和高尚品质更是令我景仰，我十分希望今后能见到这位杰出的科学家。

1990年，我孩提时代的愿望终于实现了。这年春天，经钱三强先生的秘书葛能全和吴丽芸介绍，我见到了钱三强先生。当时，广西科学技术出版社正在组织编辑《当代中华科学英才》丛书，拟聘请钱先生任顾问并题词。经钱先生同意、吴丽芸秘书安排，我于1990年2月23日下午在中国科学院钱先生的办公室第一次见到了钱先生。钱先生待人和蔼可亲、爽直谦和，丝毫没有大科学家的架子，我同他无拘无束地交谈，聆听了他那闪烁着深邃智慧的教诲。在与他的交谈中，我惊喜地发现，这位杰出人物果然人如其文。钱先生听完我关于《当代中华科学英才》丛书的汇报后，充分肯定并支持广西科学技术出版社出版这套丛书。他说："出版这套优秀中青年科学家的传记有十分重要的社会意义，这对于全社会努力形成尊重知识、尊重人才的良好风气，树立一种重视科学、尊重科学、热爱科学和理解科学的精神，有不可估量的现实意义。"他还说："科学是靠人来做的，我们确实需要鼓励、表扬优秀的科技工作者，以振兴中华民族。"最后，钱先生表示同意担任《当代中华科学英才》丛书顾问，并当即为丛书题词："继承和发扬中华民族的优秀科学文化传统，振兴中国的科技事业。"临走前，钱先生说："现在为科学家树碑立传的出版社不多见，你们的精神可嘉，要把这件事情做好。"钱先生的关怀、支持是对我们出版工作者的极大鼓舞和鞭策。

我第二次见到钱先生是 1991 年 10 月。当时，广西科学技术出版社正在组织编辑大型少年科普图书《少年科学文库》(《新编十万个为什么》是文库中的一套书)，拟聘请钱先生任《少年科学文库》的顾问并作序。当时，正值钱先生在北京主持中国科学院学部委员会议，经安排，钱先生在百忙之中抽空听了我的汇报，他非常支持这一工作。他说："科普工作很重要，科普工作的任务就是把科技知识、科学思想和科学方法传授给大众，尤其是传授给当代青少年，从而提高全民族的科技文化素质。社会进步和经济发展都离不开科普工作。"他还介绍了他所写的一本著名科普书《重原子核三分裂与四分裂的发现》(该书获第三届全国

1991 年 1 月，钱三强（右）和作者黄健（左）在北京

优秀科普图书荣誉奖）。之后，他欣然答应担任《少年科学文库》的顾问并撰写序言。1991 年 11 月 1 日，我接到钱先生从北京寄来的快递，内装钱先生为《少年科学文库》撰写的代序《致二十一世纪的主人》和钱先生给我的亲笔信。在信中，他着重强调了三点："第一，说《少年科学文库》是开启现代科技知识宝库的钥匙、缔造 21 世纪人才的摇篮并不夸张；第二，少年儿童朋友要想胜任驾驶时代航船，就必须从现在起努力学习科学，增长知识，扩大眼界，认识社会和自然发展的客观规律，为建设中国特色社会主义而艰苦奋斗；第三，衷心地希望少年朋友一定为当好 21 世纪的主人，知难而进，锲而不舍，从书本、实践汲取现代科学知识的营养，为中华民族的科学技术实现划时代的崛起，为中国迈入世界科技先进强国之林而不断努力。"字里行间透出老一辈科学家对祖国未来的殷切期望。

我第三次见到钱先生是 1991 年 12 月，当时广西科学技术出版社正在编辑出版中国科学院院长周光召（周光召院长是经钱先生推荐参加原子弹设计工作的）主编的《跨世纪的中国科技》一书，请钱先生任顾问并作序，钱先生欣然答应。他为此书撰写了《抓紧做准备，迎接新世纪》的序言。他在序言中写道：

"时光太匆匆，伟大的 20 世纪正在一天天离去，而更加绚丽的 21 世纪正在一天天来临。在这跨世纪的时刻里，当人们回顾即将走完的这 100 年的历程时，一个共同的认识是：科学技术已经迈开大步登上历史舞台，正推动着人类社会加速前进。在这世纪之交的时候，不少同志在思考，中国该怎么办？对于这个问题，我认为应从以下几个方面着重考虑：

"首先，需要制定切合我国实际情况的科学技术发展战略，这项发展战略既要重视高新技术发展计划，又应注意基础理论的研究。

"其次，在实现发展战略时，除要抓紧日常具体的人、财、物的政策和管理措施之外，还要不断地更新观念，随着科学技术突飞猛进地发展，观念跟不上，就会使决策脱离形势。

"再次，在实现科学技术发展战略中，关键的因素是要发挥各类科技人才的作用。当前世界的各类竞争，归结到一点，就是人才的竞争。我们一定要培养好我国的跨世纪的科技人才。”

与钱先生的三次见面，使我终生难以忘怀。他给我的信件，也成了我宝贵的财富。我深深地感受到钱先生是一名睿智的长者和诲人不倦、慈祥敦厚的导师。

钱先生治学严谨。他不仅学识渊博、思想活跃，而且脚踏实地、一丝不苟。尽管他早已闻名世界，但强烈的进取精神仍驱使他一直走在科学探索的前列。

钱先生不仅以自身的研究工作做出表率，而且身体力行，关心和支持科技出版事业，并在科技出版工作上直言不讳地发表个人看法，呼吁全社会关心科技工作者，重视对科技工作者的宣传。

在钱先生的关怀、支持和帮助下，《当代中华科学英才》丛书获 1992 年首届中共中央宣传部“五个一工程”优秀图书奖和第六届中国图书奖；《新编十万个为什么》获第三届全国优秀科普作品奖、全国金钥匙图书奖和第二届桂版优秀图书一等奖；《跨世纪的中国科技》获第三届桂版优秀图书一等奖。

求学年代

钱三强 1913 年出生于浙江绍兴一个进步文化家庭，他的父亲钱玄同在五卅运动前后经常在《新青年》杂志上发表文章，是五四新文化运动的倡导者之一。钱三强从小就受到良好的教育和爱国主义进步思想的熏陶。1920 年，钱三强进入蔡元培任校长的孔德学校二年级就读。钱三强阅读兴趣广泛，深受孙中山《三民主义》《建国方略》的启发。1929 年毕业时，他立志考南洋大学（今上海交通大学的前身）学习电机工程。由于在孔德学校学的是法文，而南洋大学则用英文教本，他便先于 1929 年考入北京大学理科预科，以期掌握英文后再考南洋大学。在这里，他经常听清华大学教授吴有训、萨本栋在北京大学物理学兼课讲授的近代物理和电磁学，还阅读了英国科学家罗素的《原子新论》中译本，从而对原子物理学产生了兴趣。原子核科学是一个非常神秘而诱人的学科，尤其是在 20 世纪 30 年代，这使钱三强

钱三强（中）与父母在清华大学

在1932年改变初衷考入清华大学物理系。

在清华大学物理系学习四年中，钱三强在以系主任吴有训为代表的一批良师的精心指导下，注意理论与实际、动脑与动手相结合。他的毕业论文是吴有训指导的，内容是制作一个真空系统，试验金属钠的表面对改善真空度的作用。

钱三强从年轻时起就具有强烈的爱国热情和正义感，积极参加一二·九运动，反对成立伪冀察政务委员会。

1936年毕业时，钱三强选择到北平研究院物理研究所工作。吴有训为此给北平研究院物理研究所所长严济慈写了推荐信。工作几个月后，在严济慈的支持与鼓励下，钱三强参加了中法教育基金委员会组织的公费留法考试，获得了到巴黎学镭学的名额。

1937年夏，钱三强经过一个多月的海轮航行抵达巴黎。先期到达巴黎出席国际文化合作会议的严济慈把他介绍给了伊莱娜·居里教授。钱三强的研究被安排在巴黎大学镭学研究所居里实验室和法兰西学院原子核化学实验室同时进行，两个实验室的主持人——诺贝尔奖获得者伊莱娜·居里和弗莱德里克·约里奥共同负责指导。钱三强没有辜负导师的信任，他勤奋好学、诚实开朗、乐于助人的精神得到普遍好评，工作进展迅速。1940年他获得法国国家科学博士学位。一年后受伊莱娜·居里的邀请，钱三强仍在两个实验室同时进行原子核物理和放射化学研究并指导研究生，次年任法国国家科学研究中心研究员。

1945年，受伊莱娜·居里派遣，钱三强赴英国布里斯托大学鲍威尔博士所在的威尔斯物理实验室短期学习最新出现的核乳胶技术，并出席英法宇宙线会议。其间，在中国共产党旅法支部的安排下，钱三强在伦敦会见了邓发将军。从此，钱三强对中国的命运与前途，以及自己的责任，有了新的认识。

铀核裂变

1946 年春，钱三强与清华大学的同学何泽慧博士在巴黎结为伉俪，并开始了共同的科学生涯。钱三强领导一个研究小组，其中有何泽慧和两名法国研究生参加，他们利用核乳胶研究裂变，经过反复实验和上万次的观测，发现重原子核三分裂和四分裂现象。同年，钱三强获得法国科学院亨利·德巴微物理学奖金。1947 年，钱三强升任法国国家科学研究中心研究导师。

1948 年夏，钱三强与何泽慧携刚半岁的长女一同回国。回国后，他拒绝南京政府的挽留，坚持到北平，接受清华大学理学院院长叶企孙和周培源教授的邀请担任清华大学物理系教授，同时与何泽慧、彭桓武积极组建北平研究院原子学研究所，并任所长。

1949 年 3 月，钱三强参加以郭沫若为团长的中国保卫世界和平代表团，出席第一次世界和平大会（在布拉格和巴黎同时举行）。行前，根据钱三强的建议，中共中央领导十分重视发展科学技术，在当时财政极其困难的情况下，仍拨出 5 万美元，由钱三强带到国外购买核科学研究急需的仪器设备和图书资料。而后，钱三强还先后随同郭沫若出席了在华沙举行的第二次世界和平大会和在奥斯陆举行的世界和平大会执行局特别会议，陪同宋庆龄和郭沫若出席了在维也纳举行的第三次世界和平大会。1952 年，钱三强参加反细菌战国际科学调查委员会，赴朝鲜和我国东北调查美国使用细菌战的事实，为和平正义事业作出了积极贡献。

报效祖国

中华人民共和国成立后，钱三强积极参加中国科学院的组建和调整工作，先后主持中国科学院计划局和近代物理研究所的工作。1953 年 3 月，钱三强率领由 26 名专家学者组成的中国科学院访苏代表团，对苏联近百个各种类型研究机构、10 余所大学，还有厂矿、农庄、博物馆等，进行了广泛、深入的考察，历时 3 个月。代表团回国后进行了认真总结，并在北京、上海、南京、沈阳等地科学界做了传达。访苏代表团对中国科学院以后几年的工作有很大的推动。

1954 年，钱三强作为留学归来的高级知识分子，光荣地加入了中国共产党。中国科学院院长郭沫若挥毫书写马克思《资本论》法文译本序言中的一句名言给钱三强，向他祝贺。

1955 年 1 月 14 日，周恩来总理打电话，请物理研究所所长钱三强、地质部部长李四光到他的办公室，分别仔细询问了我国原子核科学研究的现状、人员、设备和原子反应堆、原子弹原理以及铀矿勘察情况，薄一波副总理陪同参加接见。1955 年 1 月 15 日是一个富有历史意义的日子，这一天，钱三强和李四光被请到中央书记处的会议室，毛主席要听取相关工作方面的汇报，刘少奇、周恩来、朱德、陈云、邓小平、彭德怀、彭真、陈毅、聂荣臻、薄一波等都参加了会议。毛主席对钱三强和李四光说："今天，请你们给我们上一课……"就在这次会议上，毛主席发表了著名的哲学观点：物质是无限可分的，质子、中子、电子也应该是可分的。

1956 年，国家成立主管原子能工作的工业部（先为第三机械工业部，后改称第二机械工业部），宋任穷任部长，钱三强为副部长之一并兼任中国科学院副秘书长。1958 年，中国科学院近代物理研究所改名为原子能研究所，实行第二机械工业部与中国科学院双重领导，钱三强仍兼任所长，很好地实现了科学院与工业部的协作。

1959 年 6 月，苏联政府单方面撕毁协议，撤走专家，使我国正在开展的尖端技术项目陷于十分困难的境地。党中央及时做出"大力协同，依靠自己的力量发展原子能事业"的指示，钱三强积极响应，原子能研究所全力转入建立原子能工业的阶段，不仅承担了繁重的科技攻关任务，还选派和推荐优秀科技专家王淦昌、彭桓武、郭永怀、朱光亚、邓稼先、周光召、于敏、黄祖洽、陈能宽、胡仁宇等到第二机械工业部有关院、所、厂负起科技领导责任。同时，钱三强和中国科学院其他领导裴丽生、秦力生和谷雨等率领工作组到我国东北及上海等地安排落实任务，广泛调动中国科学院的力量，在铀矿评价、采选、铀化学化工、铀同位素分离、扩散分离膜的研制及高效炸药等方面组织联合攻关，使许多关键问题得到解决，终于使我国第一颗原子弹在 1964 年 10 月 16 日试爆成功。但 3 天后，钱三强被派往河南信阳农村参加社会主义教育运动，继而在“文革”中受到审查、批判和斗争。在逆境中，他对真理坚信不疑，对事业执着追求，从未消沉懈怠。

再作贡献

粉碎“四人帮”后，钱三强从第二机械工业部回到中国科学院担任领导工作，先后任副秘书长、副院长，兼任浙江大学校长。他主持领导了恢复学部委员的活动和增选工作，并先后率团访问了澳大利亚、罗马尼亚、南斯拉夫、法国、比利时、荷兰、美国。他主张学习外国经验要结合我国的实际，不赞成机械照搬。1982 年，钱三强当选为中国物理学会理事长，同年被任命为全国自然科学奖励委员会副主任和全国学位委员会副主任，为评选国家第二次自然科学奖和我国学位制的建立，进行了大量卓有成效的工作。

1985 年，钱三强因健康原因辞去中国科学院副院长职务，任中国科学院特邀顾问，兼任全国科学技术名词审定委员会主任，为我国“文革”后的科学技术名词审定工作奠定了基础。同年，时任法国总统密特朗签署文件，授予钱三强法兰西荣誉军团军官勋章，以褒奖他曾经在法国取得的成就和为中法友好作出的贡献。

1986 年，钱三强当选为中国科学技术协会副主席，兼任促进自然科学和社会科学联盟委员会主任。1988 年再次当选为全国政协常委，并任全国政协科学技术委员会副主任。

钱三强被认为是中国原子能科学事业的奠基人。20 世纪 50 至 60 年代，在我国的科学技术与外国交流完全被封锁的情况下，钱三强以非常顽强的毅力，带领国内仅有的一批核科学专家，建立起一个包括核物理、核化学和核理论在内的科研队伍，并利用从国外带回的器材，成立了中国的核实验研究室。

1992 年，邓小平在南方谈话中指出："高科技领域，中国也要在世界占有一席之地……大家要记住那个年代，钱学森、李四光、钱三强那一批老科学家，在那么困难的条件下，把'两弹一星'和好多高科技搞起来。"

钱三强长期担任中国原子能科学研究院院长，这个研究院是我国综合性的核科学技术研究基地。在我国原子能事业发展过程中，在技术基础和人才培养方面，他作出了杰出的贡献。

钱先生虽然永远离开了我们，但他那充满辩证哲理的学术思想是他留给我们的宝贵的精神财富。他的名著《重原子核三分裂与四分裂的发现》中有许多精辟的论述和独到的见解，无不闪耀着智慧的光芒。钱先生的学术思想将为后人的理论研究和探索提供一种科学方法，尤其是钱先生晚年对广西科技出版事业的关怀、支持，我们将永远铭记在心中，他的言传身教将永远指导、激励我们努力去做好科技出版工作。

光学之魂

——访“两弹一星”功勋奖章获得者王大珩

在联合国大会上，专门把某项科学活动作为议案提出并通过的情况是不多见的，然而，在1989年初召开的第44届联合国大会，根据有关国家提议，正式宣布1992年为“国际空间年”，因为1992年正好是哥伦布发现美洲大陆500周年，又是“国际物理年”35周年。1989年，经国务院批准成立了“国际空间年”中国筹委会，由时任国务委员兼国家科委主任宋健任名誉主任，著名科学家、中国光学事业的开拓者和奠基人、中国科学院院士王大珩任主任，组织和协调国内外的空间活动。中国筹委会组织了一系列活动，如举办空间科技电视讲座、青少年国际宇航夏令营、“国际空间年”展览，发行“国际空间年”纪念邮票，以及出版空间资源开发的学术专著，等等。

王大珩（左）与作者黄健（右）在北京中关村王大珩的家里

1989年5月，《科技日报》在头版连续刊登了有关“国际空间年”的专题报道，我通过报社的记者找到了中国科学院空间办主任、王大珩院士的助手潘厚任教授，建议出版一本代表我国一流科学家全面、深入研究和系统总结空间科学技术发展水平和成果的学术著作。潘厚任曾于1986年3月受王大珩委托，起草了著名的《关于跟踪研究外国战略性高技术发展的建议》（即“863”计划倡议书）的前半部分，他当时作为“国际空间年”中国筹委会主任王大珩先生的助手主持空间办的工作，他听了我的建议后立即向王大珩先生汇报了此设想。王大珩先生听了汇报之后，表示要大力支持广西科学技术出版社这一工作，并对编辑出版这部著作的基本内容和整体设计提出了明确的要求。8月，王大珩先生出面约请了“863”计划的倡议者杨嘉墀、陈芳允和著名科学家林兰英、陈述彭、吕保维、王希季等14位院士，组成《太空·地球·人类》一书的写作班子。1990年5月，《太空·地球·人类》编纂工作会议在中国科学院技术科学局召开，会议正式确定王大珩任总主编，撰写总序和总论；吕保维任第一部分主编，撰写“日地物理篇”；陈述彭任第二部分主编，撰写“人类生活的星球篇”；杨嘉墀、陈芳允任第三部分主编，撰

“863”计划的四位倡议者：王大珩（左二）、王淦昌（右一）、杨嘉墀（右二）、陈芳允（左一）

写“当代空间信息科技篇”；林兰英任第四部分主编，撰写“微重力材料科学与空间生命科学篇”；王希季任第五部分主编，撰写“空间资源的开发篇”；由王大珩和潘厚任统稿定稿。

1990年8月,《太空·地球·人类》一书被确定为国家“八五”重点图书选题。《太空·地球·人类》一书出版后，作为“国际空间年”中国筹委会的礼物，曾被送到联合国总部以及美国、日本和欧洲各国，引起了国际空间界和宇航联合会的极大关注。1994年,《太空·地球·人类》获第八届中国图书奖、首届广西“桂花工程”奖和第四届桂版优秀图书一等奖。

1995年2月，我怀着喜悦的心情向王大珩先生汇报了《太空·地球·人类》一书的出版和获奖情况，得到王先生的表扬和鼓励。王先生说：“在现代科学技术文明发展过程中，尤其是在高技术研究中，科技出版是推动科学研究、实现科技实验和培育科技人才的关键环节，是记录、发布和传播科学技术知识的主要手段。人类的每一种新发现、新发明和科技进步都得靠科技出版物来传播和体现。《太空·地球·人类》一书的出版，必然会促进我国航天事业和空间开发的发展。”

科学的启蒙

王大珩祖籍江苏吴县（今吴州市），1915年2月26日生于日本。父亲王应伟是一位天文与气象学家，早年旅居日本，辛亥革命后回国，先后在北京观象台和青岛观象台工作。王大珩在北京和青岛读中学时，常常跟随父亲去观象台观测天文和气象，对使用科学仪器产生极大兴趣。他父亲感叹当时国内尚不能制造精密仪器，曾成功研制风力计。这些少年时代的科学熏陶，对王大珩日后去国外研究应用光学与光学玻璃，回国后致力中国的光学事业与仪器制造工业产生了积极影响。

王大珩从事光学工作是带有偶然性的。抗日战争全面爆发初期，王大珩在汉口恰巧碰到第六届中英庚子赔款留英公费生招生，有幸考取了应用光学专科，从此一生与光学结缘。

在英国留学期间，王大珩了解到光学技术在国防事业中具有重要的战略价值。早在第一次世界大战期间，光学仪器就已应用到战术观测上，交战各方在光学技术上进行了激烈的角逐。当时德国的光学技术最先进，蔡司光学仪器厂蜚声世界。英国为了制造先进的光学仪器，专门从瑞典请来光学技术专家。第二次世界大战前，希特勒上台，为了称霸世界，其战略部署之一就是大力发展光学工业，占据世界市场。第二次世界大战爆发后，战争的需要迫使盟国大力发展光学工业。英国把光学工业列为战略工业，制造光学玻璃的原材料即含铁量低的石英矿成了战略物资。光学玻璃制造技术一向保密。王大珩因战争之机得以进入英国昌司玻璃公司，参加有关的科研工作。

王大珩在英国学习和工作 10 年。他在最早发表的一篇关于光学设计的论文里，论述光学系统中各级球差对最佳焦点位置的影响，创造性地提出了用低级球差平衡残余高球差并适当离焦的观点。该文中所阐述的一些思想，至今仍是大孔径小像差光学系统如显微镜设计中像差校正和质量评价的重要依据，多次被国内外有关著作引用。日本著名学者小仓磐夫对王大珩青年时代的这篇学术论文给予了高度评价。

光学与国防

光学工业若没有战略储备，得不到国家有关部门的扶持，就难以生存。王大珩在英国昌司玻璃公司任职期间，有关光学玻璃的研究开发经费就是政府补助的。光学玻璃是关键材料，光学工业被列为英国的战略工业。王大珩是英国最早研究稀土光学玻璃的人，他曾获得过专利。他用光谱方法研究了光学玻璃的吸收与脱色，研究了玻璃中三氧化二砷、三氧化二锑与氧化铁作用而达到化学脱色这一课题。他研究了光学玻璃不同退火条件对折射率、内应力、光学均匀性的影响，改进了退火样品折射率微差干涉测量方法；发展了 V 棱镜精密折射率测定技术，获英国科学仪器协会第一届青年仪器发展奖，并在英国制成商品仪器。后来他在国内把 V 棱镜折光仪进一步研制推广，至今仍是许多光学玻璃实验室和工厂的基本测量仪器。

1948 年，王大珩回国。他先到上海，后在大连大学创建应用物理系并任系主任。1951 年，中国科学院聘请他去北京筹建仪器馆。1952 年，仪器馆在长春正式建成，后来改名为长春光学精密机械与物理研究所（简称“长春光机所”），他被任命为馆长、所长。30 余年间，长春光机所在他的领导下发展成为我国应用光学研究与光学仪器研制的摇篮。该所最早在国内建立起现代光学仪器的各种技术学科基础，为国家培养并输送了大批光学科研骨干。现在国内知名的光学专家有许多在长春工作过，国内几个光学专业研究所都与长春光机所有渊源，国内不少光学工厂前期的产品都来自长春光机所的科研成果。

王大珩领导建立了光学设计组，并举办过多期全国光学设计训练班，不少在这里受过光学设计启蒙教育的人后来成为很有成就的光学科学家。

光学玻璃是仪器馆成立之初的重要科研成果。在我国第一炉光学玻璃的

王大珩（右二）与学生母国光（右一）、王之江（左二）、吴国琛（左一）在一起

研制中，王大珩运用他在英国工作的经验，在玻璃配方、退火及测试技术方面作出了贡献。

1958 年，仪器馆以研制成功当时属于高精光学仪器的“八大件”而闻名全国科技界。这是王大珩创办仪器馆以来倾注全部心血的结晶，是他在仪器馆内注重技术基础的建立和培养了一批富有朝气的青年科技人员的结果。这些年来的积累，也孕育了 1961 年我国第一台激光器的诞生。

“两弹一星”功臣

从 20 世纪 60 年代开始，王大珩和他领导的长春光机所转向以国防光学技术及工程研究为主，先后在红外和微光夜视、核爆与靶场光测设备、高空和空间侦察摄影等国防光学技术领域作出了重要贡献。他参加了我国第一次核爆炸试验，指导改装了普通高速摄影机用于火球发光动态观测；他为建立国防光学工程的学科基础而最早在国内领导开展大气光学研究；他在太阳模拟器的研制中提出了先进的技术方案。特别是在靶场光测设备的研制方面，他主持了多种型号的研制工作。

20 世纪 60 年代初，为适应国防工程的需要，国家提出了研制大型精密光学跟踪电影经纬仪的任务。就我国当时的技术水平而言，完成这个任务有很大困难。在这项工程中，王大珩任总设计师，经过 5 年的不懈努力，终于研制出了超过原来设计指标的我国第一台大型光测装备，开创了我国独立自主地从事光学工程研制和小批量生产的先河。

1980 年 5 月，在我国向南太平洋发射远程运载火箭试验中，长春光机所等研制了激光、红外、电视、电影经纬仪及船体变形测量系统两项光学工程，出色地完成了火箭再入段的跟踪测量任务。该所独立解决了当时世界远洋航天测量的稳定跟踪、定位、标校和抗干扰等技术难题。

由于王大珩在我国国防光学科研中所作的贡献，1979 年他被授予“全国劳动模范”称号。1985 年，“现代国防试验中的动态光学观测及测量技术”获国家科学技术进步特等奖，王大珩是首席获奖者。1999 年 9 月，王大珩被中共中央、国务院授予“两弹一星”功勋奖章。

20 世纪 70 年代初，我国着手发展彩色电视广播事业。为培养彩色电视专业人员，1973 年广播事业局在长春及西安举办了彩色电视学习班。

1975 年，由中国科学院和国防科工委联合组织，王大珩主持编写了全国第一个遥感科学规划，推动了我国遥感技术的迅速发展。1980 年，王大珩主持召开了长春遥感试验学术会议，出版了《长春遥感试验论文集》和《长春遥感试验典型图像分析》。

王大珩还是我国计量科学研究的开拓者之一。20 世纪 50 年代，国家计量局初建，他被聘为技术顾问。1977 年，我国参加国际米制公约组织。在 1979 年的国际计量大会上，他当选为国际计量委员会委员。1978 年中国计量测试学会成立，他当选为副理事长，1983 年当选为理事长，1989 年被推举为名誉理事长。

王大珩热心教育事业，特别关心国内光学专业人才的培养。他建议在大学设立光学仪器专业。1958 年，他倡导并创办了我国第一所光学专业高等院校——长春光学精密机械学院（今长春理工大学），兼任院长。1978 年，他受中国科学院委托，筹办哈尔滨科学技术大学（今哈尔滨理工大学），兼任校长。20 世纪 80 年代，王大珩每年都招收博士研究生，悉心指导，严格审阅博士论文，修改极其详尽。他已为长春光机所、清华大学培养博士十余名。

王大珩是全国光学界公认的学术权威和组织领导者。1955 年中国科学院设立学部时，他被选为第一批学部委员（院士）。他曾任国家科委光学学科组组长，主持制订历次全国光学发展规划。他倡导成立中国光学学会并任第一、第二、第三届理事长。他创办《光学学报》并任第一届主编，在创刊号上发表论文《我国光学科学技术的若干进展》，回顾了中华人民共和国成立 30 年来光学技术发展的历史，提出了今后发展中需注意的几个问题。

我国的光学与应用光学研究、光学技术与光学工程的开发，从无到有，不断发展提高，我国在解决国防建设与国民经济所提出的科学技术问题中，在参与国际交流与竞争中，都显示了光学科研的水平与实力。在这当中，凝聚着王大珩这位光学科技先驱者所付出的辛勤劳动。

推动实施“863”计划

1996年8月，我到北京再度拜访了王大珩先生，并谈及“863”计划话题。谈起“863”计划，王先生仿佛看到了中国高技术发展的宏伟蓝图，兴奋之情溢于言表。他说，1996年是我国实施“863”计划10周年，10年来，“863”计划突破了一大批重大关键技术，缩小了同国外先进水平的差距，结合经济建设需求，推动阶段成果商品化、产业化，为改造传统产业、培育新兴产业作出了贡献；凝聚、培养和造就了新一代高技术研究开发人才，组织和建设了一批高技术研究开发应用中心，极大地增强了中华民族发展高技术的自信心，引导并带动了中国高技术的全面发展以及相关科学技术的进步，开拓了中国发展高技术的道路。王先生的兴奋之情感染着我，中国科学事业的发展更让我激动不已。

王先生又深情地回忆起“863”计划的缘起。那是在1983年，美国里根总统提出战略防御倡议（SDI倡议），除了为争雄世界并显示威慑力量，也是对美国发展高技术的一次积极倡议，同时也是对世界各国高技术及国力发展的一次挑战。SDI倡议的实质，在现实性上比较渺茫，但从威慑目的出发，提出了战略性方向，从而对一系列前沿技术展开了论证及可行性研究。不管最终目标能否达到，但在高技术的各个方面肯定会有新的突破，这无疑会壮大一个国家高技术的实力。此后，各工业先进国家纷纷提出相应的计划，如欧洲的“尤里卡计划”，日本的科技计划等。

谈到这里，王先生显得很激动，他说：“虽然通过‘两弹一星’已建立起了高技术的初步基础，积累了一定的经验，但对此不能置之不理，我们要提出采取对策的设想，要树立起迎接挑战的信心。

“1983年，党和国家开始考虑迎接新技术革命的对策。同年11月，国务院经济技术研究中心组织全国上千名专家进行为发展新技术的研究，提出了长达150万字的‘中国迎接世界新技术革命浪潮挑战和机会对策的研究’。

“鉴于当时的情况，陈芳允同志与我商量，向最高领导写一份《关于跟踪研究外国战略性高技术发展的建议》，由我起草，并与杨嘉墀、王淦昌商量定稿。在准备报告的过程中，得到张宏同志的支持，建议于 1986 年 3 月 2 日送上，3 月 5 日就得到邓小平同志的批示：'此事宜速作决断，不可拖延'。"

经国务院组织专家进行再三的周密论证，1986 年 11 月 18 日，国务院发出《高技术研究发展计划纲要》（即"863"计划）的通知，于 1987 年 2 月正式组织实施。称为"863"计划，是因为建议的提出和邓小平同志的批示是在 1986 年 3 月做出的。对于"863"计划的基本精神和实质，王大珩谈起来如数家珍。其基本精神为：

第一，事关国际上的国力竞争，我们不能置之不理。

第二，对关系到国力的高技术，首先要争取一个"有"字，有与没有大不一样。

第三，鉴于我国的经济情况，从事高技术的规划与范围无法与工业发达国家相比，因此必须"突出重点，有限目标"，强调储备与带动性。

第四，积极跟踪国际先进水平，要能进入所涉领域的国际俱乐部，占有一席之地。

第五，发挥现有高技术骨干的作用，通过实践，培养人才，为 21 世纪的发展做好准备。

第六，时不可待，要有紧迫感，发展高技术是需要时间的，抓晚了就等于甘居落后，难以再起。

"863"计划的实质为：

第一，研制战略性的、影响国力的、有迫切需求的项目。

第二，预研先导性的，面向 21 世纪的高技术化生产。

第三，有限项目，目标明确，但是要有带动作用。

第四，按照邓小平指示"军民结合，以民为主"。在风格上，提倡"公正、献身、求实、创新、协作"。

在谈到"863"计划的实施时，王大珩说，它包括 7 个高技术领域 15 个主题：

第一，生物技术。高产、优质、抗害动植物新品种；新型药物、疫苗及其治疗技术；蛋白质工程。

第二，航天技术。面向21世纪的空间技术发展的预研工作，如发射运载手段、空间技术应用等。

第三，信息技术。智能计算机系统；光电器件及集成技术；信息获取与处理；先进通信技术。

第四，激光技术。强激光领域及有关的问题。

第五，自动化技术。计算机集成制造体系（CIMS）；智能机器人。

第六，新能源技术。燃煤磁流体发电；先进核反应堆。

第七，新材料。光电信息材料；耐腐蚀、重量轻的结构材料；特种功能材料；耐高温、高韧性、高强度复合材料；特种工艺（因为没有经费安排，微电子技术未列入）。

对“863”计划实施10年来的进展情况，王大珩介绍说，“863”计划经过“七五”入轨，“八五”攻坚，已卓有成效，参加“863”计划总人数达2万多人。

为了积极开展工作，“863”计划除利用已有基础外，新建立了8个研究发展中心，它们是计算机集成制造系统实验工程中心、智能计算机系统研究开发中心、机器人研究开发中心、光电子工艺中心、基因工程疫苗中心、基因工程药物中心、基因工程生物制品中心、新储能材料工程开发中心。10年安排课题2800多个，到1995年底已鉴定成果1398项，其中550项达到国际先进水平，已应用475项，已形成产品133项。在国内外重要刊物和学术会议上发表论文2万余篇。“863”计划实施10年来取得的主要成就如下：

第一，生物技术。两系杂交稻，已推广300余万亩，平均单产提高10%以上，最高单产达730公斤；玉米与固氮大豆、抗虫棉花等，将开始大面积推广；基因工程生物疫苗有突破性进展；治疗恶性肿瘤药物和乙型肝炎的生物药物、疫苗已在不同程度上投产。部分项目已处于国际领先地位，基因治疗达到国际领先水平。

第二信息技术。“曙光1号”与“曙光1000”高性能计算机达20世纪90年代国际水平，正在投产；中文智能接口进入国内外市场；大功率激光器、高速光通信系统有重要进展；合成孔径雷达完成型号预研，实现了计算机图像显示；2.16米望远镜、红外自适应系统已初见成效，提高了地面观测星体的分辨本领；航空遥感实时传输系统已应用于防灾；半导体量子阱激光器件技术过关。

第三，自动化技术。CIMS获国际奖，已用于18家不同产业，已有成效；6000米水下机器人深海试验成功；机器人装配线用于顺德电扇电机装配，并进一步推广至汽车行业；核工业机器人、六维机器人、爬壁机器人等示范样机问世。

第四，新能源。高温气冷核反应堆已开工，快中子堆已立项。

第五，新材料。人工非线性晶体及激光晶体、高温超导材料均处于国际领先水平；高技术研究及军工配套材料达国际水平，如航天隔热材料、高性能固体推进燃料、耐高温高强度材料等。

第六，其他领域。大型“神光”激光器系统的研制成功，使我国成为少数具有聚变实验装备的国家之一，由此产生的X光激光研究处于国际先进或领先水平。利用航天环境进行半导体材料制备，取得了令国际瞩目的成果；对植物种子进行搭载实验，使青椒、番茄、稻谷明显增产。

总之，“863”计划成绩卓著，有以下几点成功经验：一是在指导思想、措施以及计划内容上，是经过慎重考虑的，是正确的，因此在实施上未出现“大转弯”等现象；二是一些领域提高了国际声望，缩短了与国际的差距，并开始在国际上占有一席之地；三是提高了高技术研究水平，在一定程度上增强了国家的科技实力，从而更加增强了我国自主开发高技术的信心和能力；四是带动了相关领域和行业的技术发展；五是培养了千余名45岁以下的研究人员，培养了数百名决策层次的专家，提高了专业管理水平，有数十人被选为中国科学院或中国工程院院士。

最后，谈到当时“863”计划的发展趋势时，王大珩说，成果的涌现使成果转化为生产力成为迫切的任务，邓小平同志及时发出了“发展高科技，实现产业化”的号召。经过一段时期，“863”计划的实施提高了我国的科研能力。

国际上正迅速在“信息高速公路”上发展，推动着经济与社会的进步，我国正面临着信息设施的技术挑战，这是我国在发展高科技中必须考虑的问题。

海湾战争启示我们，高技术应用于军事仍然是发展高技术的主要动力，我们不能掉以轻心，落后就要挨打。

改革开放，技术引进，在一定程度上促进了我国科技进步和生产力提高，但也要看到外商把我国看作他们技术产品的市场（只包括一般的高技术，因为真正的高技术是引进不了的），我们必须在高技术上努力保持自主权，这是提高我国国力所必需的。

我国总的科研水平特别是高技术，较之先进国家还有较大的差距，我们必须有效地贯彻科教兴国战略，在高技术应用于关键领域方面加速赶上去，加快产业化的步伐。

当访问将结束时，我情不自禁地说："王老，在新中国'两弹一星'的成功和光学事业的发展中，您作出了巨大贡献，值得世人永远尊敬。"王大珩谦虚地说："我在光学方面的一些成绩是在党和国家领导人的关怀和支持下取得的，是集体智慧的结晶，如果这些事情值得记录的话，功劳要归于大家，我只是工作者中的一员，绝无可以自诩之处。我们缅怀周总理和聂元帅，他们对建设现代化社会主义强国的目标，对发展我国国防科技事业十分关注和支持；我们敬佩小平同志批示'863'计划的远见卓识。回忆我们这些埋头苦干的科技工作者的过往，我由衷地感到生逢其时，得以有用武之地。在'文革'时，由于聂元帅提出要保护一批科学家，而我在被保护之列，我们长春光机所由于承担重要的国防任务而特别指示得到'军护'（是全国唯一的'军护'单位），对此我更是铭记在心。这使长春光机所在困难的环境下，凝聚着一股不顾个人安危的强大力量，坚持不懈地为国防建设而日夜奋战。我也想借此来安抚那些不幸牺牲的同志，如王子馨、刘正经、余杰等亲密战友。对于我来说，当时光机所党委书记贾力夫同志和我的助手龙射斗同志，以党员的正义感在极端困难的条件下保护我，我永远铭记并感激。"

王大珩渊博的知识、严肃认真的工作作风，以及对培养后来者不遗余力的精神，让我肃然起敬。他是我们科技工作者心中的一面旗帜。当今中国有一批像王大珩这样的科学脊梁，我相信中华民族科学技术实现划时代的崛起为时不远。中华民族一定可以实现伟大复兴，巍然屹立在世界的东方。

请历史不要忘记他们

——访“两弹一星”功勋奖章获得者杨嘉墀

我很小的时候就崇拜科学。上小学时，听老师说过很多外国著名科学家的事迹。1964年我国第一颗原子弹成功爆炸，1967年我国第一颗氢弹成功爆炸，1969年我国第一颗人造卫星升空，这些都给我极大的震撼。当天空中响彻《东方红》的音乐时，我欣然感到中国也有很伟大的科学家，他们光辉伟大，幼小的我对他们充满崇拜之情。然而，我觉得他们像天空的星星一样十分遥远。

岁月如梭，斗转星移。1988年，我大学毕业后到广西科技出版社从事编辑工作，主要工作就是同科技界的专家尤其是科学家打交道，约请他们为出版社撰写反映科技发展前沿的专著或传播科学知识、弘扬科学精神的科普读物。由于工作的关系，我与科学家们的距离更近了，我由此结识了许多科学家，杨嘉墀就是其中一位。

我和杨嘉墀院士的第一次交往是在1990年。1989年召开的第44届联合国大会，正式宣布1992年为“国际空间年”。经国务院批准，成立了“国际空间年”中国筹委会，由王大珩院士和庄逢甘院士分别任正、副主任，在国内开展了一系列活动，如举办国际空间展览、发行纪念邮票、出版有关空间的著作。受“国际空间年”中国筹委会的委托，我约请了王大珩、杨嘉墀、陈芳允、林兰英、吕保维、陈述彭、励惠国、王希季等14名科学家编撰

《太空·地球·人类》一书。杨嘉墀编写了其中《当代空间信息科技》一篇，对空间信息系统与有关技术的发展、空间与教育的关系作了详细的介绍。在组织这部书稿的过程中，我对能认识杨嘉墀这位国家“863”计划的倡导人感到十分荣幸，对我的工作来说，也是一种莫大的鼓舞和鞭策。《太空·地球·人类》将付梓之际，著名科学家、时任全国人大常委会副委员长严济慈题写了书名，时任国务委员、国家科委主任宋健为这部书题写了“大力开发空间资源，为发展经济，保护环境和社会进步服务”。1994 年，《太空·地球·人类》获第八届中国图书奖、首届广西“桂花工程”奖和第四届桂版优秀图书一等奖。

1998 年，我主持广西科学技术出版社的工作。广西科学技术出版社在成立 10 周年之际，决定编辑社史画册《春华秋实》，并约请国内著名“两院”院士题词，杨嘉墀院士欣然为出版社题词：多出好书，为科教兴国战略作贡献！这是我第二次接触杨嘉墀院士。

2000 年，杨嘉墀（右）和作者黄健（左）在北京合影

2000年9月，我参加第八届国际图书博览会期间，专程到北京中关村杨嘉墀的寓所拜访他，并赠送他《春华秋实》画册，同时汇报我撰写《走近科学家》一书的计划。

2000年底，我收到杨嘉墀的来信，信中寄来了有关资料和他给《走近科学家》一书的题词。

回想往事，我心潮涌动，感慨科学家之伟大、科学精神之伟大。20世纪中国的发展离不开这些平凡而伟大的科学家，没有他们，就没有中国科学技术的进步，就没有“两弹一星”，振兴中华和强国之梦也就无从谈起。祖国和人民不会忘记这些伟大的科学家。

我抑制不住内心的激动，奋笔疾书，把杨嘉墀先生的科学精神、杰出贡献和治学方法介绍给读者，希望读者从中受到有益的启示。

求学年代

1919年7月16日，杨嘉墀出于江苏省吴江县震泽镇，这是江南五大桑蚕镇之一。其祖父杨晓帆经营蚕丝出口，殷实的家境，使童年的杨嘉墀较早接受了良好的启蒙教育。1930年左右，我国蚕丝业日趋衰落，杨嘉墀随父母迁居上海，于1932年考入上海中学。他在中学期间学习到一些机器制造方面的知识和技术，为其毕生从事仪器和实验室设备的研究打下了一定基础。1937年，他以优异的成绩考入上海交通大学电机系。从上海交通大学毕业后，他和几名同学一起去西南大后方，经过长途跋涉来到昆明，应聘到西南联合大学电机系任助教。在任助教期间，他边工作边学习，有了更为扎实的理论基础。他负责指导学生的实验课，当时仪器设备极其缺乏，他就动手研制了一些仪器，还和同事一起安装了一部业余无线电台。1942年，他转到中央电工器材厂工作，在留德工程师徐德纪的指导下从事载波电话的研制工作，于1945年做出了中国第一套单路载波电话的样机。由于工作成绩突出，1945年厂里推荐他参加公费出国学习的统考，考试后被录取。但由于战争方面的原因，直到1947年，他才进入美国哈佛大学工程科学与应用物理系学习，1949年获博士学位。在写研究生论文期间，他研制了一台模拟式傅立叶变换仪，用来研究网络的时域特性和频域特性之间的关系，也用于数学和其他科学研究工作。在美国留学期间，杨嘉墀发奋学习，刻苦钻研，除在哈佛大学读研究生课程外，还修读了该校物理系和麻省理工学院电机工程系有关学科的课程，大大开阔了自己的知识面，提高了自己的实际工作能力和创造能力。1950至1956年，他先后被聘为宾夕法尼亚大学副研究员和洛克菲勒研究所（现为洛克菲勒大学）高级工程师。他参与研制了高速模拟电子计算机，主持研制了快速记录吸收光谱仪和高阻自稳零直流放大器，将电子技术、自动控制技术和医学研究相结合，创造了医学电子学这门学科，且研制成功多部医用电子仪器。这一时期的扎实理论功底和创新实践经验，为杨嘉墀日后成为一名杰出的科学家打下了坚实的基础。

报效祖国

1956年，杨嘉墀响应新中国的号召，毅然带着全家回到了祖国。当时正值组建中国科学院自动化研究所，他先后担任研究员、室主任和副所长。他建立了自动化技术工具研究室和若干针对国防任务的研究室。他结合中国科学技术大学的教学工作创建了自动检测学这门学科，主张以基础理论和系统观点来研究测试系统及其仪器仪表。1960年前后，他领导的研究室和研究小组完成了火箭发动机试验用的仪器仪表、热应力加温加载测试设备和核爆炸测试设备等科研项目，为我国导弹和原子弹的发展作出了重要贡献。

1956年，杨嘉墀从美国留学回来时，正赶上国家制订“十二年科学技术发展规划”，并提出了落实规划的“四项紧急措施”，即最紧急要抓的四个领域：一个是电子学，一个是半导体，一个是自动化，还有一个是计算机技术。当时，国家对落实“四项紧急措施”很重视，集中了全国可以集中的科技力量和人才，包括一部分刚从国外回来的人。杨嘉墀作为知名的专家、学者参与筹建了中国科学院自动化研究所、自动化技术工具研究室，并担任室主任，与其他相应的研究机构一道，率先开展了火箭探空特殊仪表等方面的研究工作。

1957年10月和1958年1月，苏联、美国的人造卫星相继上天。1958年5月1日，毛主席在中共八大二次会议上发出了“我们也要搞人造卫星”的号召。中国科学院考虑到开展研制和发射人造卫星工作对未来科学技术发展的重大影响，提出了把开展研制和发射人造卫星工作列为中国科学院1958年第一项重大任务。于是，1958年7月，中国科学院成立了“581”组，专门研究卫星问题。组长是钱学森，副组长是赵九章，成员有中国科学院内外十多位专家，杨嘉墀是成员之一。为了向国庆献礼，“581”组在两个月内完成了两种火箭箭头的模型，并在中关村进行展览，毛主席等党和国家领导人都来参观，影响很大。

杨嘉墀当时参加了中国科学院组织的大气物理代表团，当时他们正在苏联考察，考察团团长是赵九章，成员有卫一清、钱骥等。在苏联期间，中国科学家参观了一些科研单位，看到一些高空探测仪器及科技展览馆展出的卫星模型，但由于苏联方面保密，负责接待的人称，参观卫星设备要赫鲁晓夫批准，因此一直拖延时间，以至中国科学家在苏联两个半月仅考察了一些天文、电离层、地面观测站等，未能参观到苏联的卫星研制部门及有关的地面试验设备。

回国后，代表团在总结中认为，我国尚未具备发射人造卫星的条件，应根据实际情况，先从火箭探空发展。代表团的这一建议正符合当时中央关于卫星工作的指示精神。由此，中国科学院做出了“大腿变小腿，卫星变探空”的任务调整部署。

这段时间，中国科学院的科技人员在老一辈科学家钱学森、赵九章、郭永怀、陆元九等人的率领与指导下，白手起家，艰苦创业，在学科建立、实验设备建设、测试技术配套、科技干部培养等方面做了大量的工作，从而为我国火箭导弹技术的发展奠定了坚实的基础。

20世纪60年代，国家度过三年困难时期后，我国发射卫星的计划重新启动。1965年，中央专门委员会第十二次会议批准了国防部国防科学技术委员会（简称国防科委）关于制订人造卫星发展规划的报告。中国科学院于当年 5 月、6 月组织召开了一系列规划论证会议，7 月 1 日上报了关于发展我国人造卫星工作的规划方案建议，杨嘉墀当时参与了规划组的工作。规划建议我国 10 年内应着重发展应用卫星系列。中央专门委员会第十三次会议原则上批准了中国科学院起草的规划方案建议，并决定第一颗人造卫星争取在 1970 年左右发射。中国科学院为了落实上述批示，1965 年 8 月 17 日确定了有关组织和领导。领导小组由 12 人组成，总体设计组由赵九章等 11 人组成，陆绶观担任办公室主任。

经过几个月的工作，总体设计组提出了我国第一颗人造卫星的总体设想方案。1965 年 10 月 20 日，中国科学院主持召开了全国性的方案论证会，这个被称为“651”的会议共开了 42 次，这也是一个创纪录的长期会议，对涉及卫星的总体和卫星本体的多个问题都做了深入且广泛的探讨。

1965 年，杨嘉墀参与了中国科学院《关于发展我国人造卫星工作的规划方案》的论证工作，并参与了最后文件的起草工作。在中央专门委员会原则上批准后，杨嘉墀作为总体设计组的成员参与了我国第一颗人造卫星“东方红一号”的总体方案论证。

卫星返回

1966 年，为适应我国航天事业发展的需要，杨嘉墀受命负责领导并参与我国第一颗返回式卫星姿态控制系统的研制工作。

为了满足对地观测和返回前建立制动点火姿态的要求，卫星必须采用三轴稳定姿态控制。鉴于国外同类卫星在研制初期多次失败的教训，杨嘉墀提出了“元部件要立足于我国已有的成熟技术，但在控制方法上应采用先进技术”的设计方针。他强调，为了保证系统的可靠性，必须采用最简单的系统构型。在控制系统的设计中，杨嘉墀和同事提出了很多颇具特色的设计方案，有些方案是当时国外同类卫星没有采用过的。例如，在红外地平仪电路中采用自动增益控制，这一方案只经过一次探空火箭试验就验证了可行性。卫星的姿态测量系统采用两个捷联陀螺仪和红外地平仪相结合的方案，利用稳态卡尔曼滤波方法取得三轴姿态信号。控制方式采用大小喷气推力相结合的开关控制，并用速度增量反馈校正来减少耗气量。在陀螺仪中安装步进机构以保证卫星返回前建立制动姿态的可靠性。

为了验证卫星控制系统设计方案的正确性，杨嘉墀等人参与了一系列仿真试验。他们利用模拟计算机进行数学仿真，这对系统参数的优化起到了关键性作用；利用伪随机码作为噪声，对测量系统进行了实验验证；利用三轴机械转台对姿态控制系统的初样进行了半物理仿真试验；利用单轴气浮台和三轴气浮台进行了全物理仿真试验。通过这些试验，他们发现了一些工程实际问题，验证了控制系统的正确性和可靠性。我国第一颗返回式卫星研制工作的实践经验为后来的各类卫星控制系统的研制在研制程序和试验设备上打下了良好的基础。

卫星姿态控制系统的研制工作完成后，杨嘉墀参加了我国第一颗返回式卫星的总体测试工作，解决了一系列与姿态控制系统有关的技术问题。他还提出了用小型地球模拟器进行系统测试的方法。1975 年 11 月，杨嘉墀参加了我国人造卫星发射试验队，在渭南测控中心监视卫星的运行情况。他和试验队的同志们一起昼夜密切观察卫星在第一天运行期间姿态控制系统的工作情况。他根据遥测数据，正确地判断了卫星能按计划运行三天，为试验队领导的决策提供了科学依据，使我国第一颗返回式卫星能按预定时间返回地面。

飞行试验成功后，杨嘉墀指导了遥测数据的处理工作，使我国第一批返回式卫星不但保持 100% 的回收成功率，而且还在控制方法和系统性能上有所优化。

我国第一颗返回式卫星于 1978 年获全国科学大会科研成果奖，于 1985 年获国家科学技术进步特等奖。

“文革”结束后，杨嘉墀恢复了行政职务。他在抓好当时任务的同时，重视并积极开展预先研究工作，把先进控制方法尽可能应用到型号任务中去。20 世纪 70 年代，我国计算机技术有了很大发展，杨嘉墀积极支持采用卫星星载计算机，应用最优估计和最优控制的原理来提高控制系统的性能，使我国 80 年代以后发射的新型返回式卫星在运行时间和控制精度上都有了很大提高。

从 1980 年起，杨嘉墀重新开始招收研究生，并开始招收以航天控制为背景的自动控制理论与应用专业的硕士研究生和博士研究生。他为研究生所选的课题大多是切合实际的理论研究，为培养我国自动控制高级科研人才作出了积极贡献。

原子弹测试

我国广大科研人员依靠自己的力量发展尖端技术的精神确实是值得赞扬的。1960 年苏联专家全面撤走后，党中央下达的“581”任务正式启动，带动了一批特殊测试仪器的研制工作，为日后原子弹和导弹研制中测试设备的开发打下了技术基础。

1963 年初，国防科委向中国科学院自动化研究所下达研制核爆炸试验用测试仪器的任务，内容包括火球温度测量仪、冲击波压力测量仪和现场地面振动测量仪等，杨嘉墀负责抓总技术工作。

1963 年 1 月，国防科委领导向有关部门传达了党中央关于要进行我国首次核试验的决定，并要求参与人员在 1964 年 6 月以前完成各项准备工作。时间很紧，压力很大，任务也很重。

当时，杨嘉墀担任中国科学院自动化研究所副所长，在核弹试验用测试仪器研制工作中，自动化研究所具体承担着三项任务。其中火球温度和亮度测量仪器，由廖炯生和肖功弼负责。大家都知道，原子弹爆炸时有一个很亮的大火球，他们研制的仪器就是判断、测量原子弹爆炸时产生的能量。因为爆炸时的亮度范围很宽，光闪得又很快，国内没有这样的测试仪器和设备，他们就在已有的工作基础上，与北京师范大学天文系合作，利用太阳光的能量做试验。

杨嘉墀等人接受任务后，国防科委领导一再向他们强调，准确地测定火球温度，对确定核爆当量及光辐射破坏效应有着决定性意义，这更增强了这些科学家的责任感。为了确保任务完成，研究所里的有关科研人员积极参加课题组的方案讨论和技术攻关工作，还请来研究所外的有关专家共同确定方案。在研制工作的关键阶段，中国科学院裴丽生副院长每月要听一次他们的工作汇报，并当场指定有关部门帮助解决工作中的困难。强烈的责任感和事业心促使他们夜以继日地工作，大家积极性都很高，没有任何怨言，平日里没有休息，没有节假日，1964 年的春节也只休息了一天，大年初二大家便回到研究所里工作。因为杨嘉墀和研究所里的科技人员都清楚，他们担负的使命关系到国家国防科学事业的发展。

1964 年 4 月，仪器研制工作已经完成。为了实际检验仪器的精度，杨嘉墀通过国家科委从国家计量局借到了从苏联引进的、国内唯一量程达 10000 K 温度基准的计量仪器——目视消丝式光学高温计。用我国研制的仪器和借来的温度基准计量仪器可以同时测量太阳的温度，误差在 ± 15 摄氏度之内，这个差值是在温度基准的误差范围内的，动态反应时间小于 1 毫秒。

杨嘉墀经过深入研究，充分论证，提出了采用反馈式光电倍增管线路的大量程温度设计方案和采用变磁阻式压力传感器的设计方案。不久，这个设计方案被批准确定。经过全力拼搏，1964 年 3 月他们完成该项研制任务，为 1964 年我国第一次原子弹试验及 1965 年、1966 年的两次原子弹试验的顺利进行作出了重要贡献。

1964 年 5 月，仪器的各项指标均已达到或超过任务要求，顺利地通过了国防科委组织专家验收。

1964 年 6 月，杨嘉墀等人研制好的两台仪器被安全护送到核试验场。当听到第一次核试验圆满成功，自己研制的两台仪器都成功地测得火球的温度时，杨嘉墀流下了喜悦的泪水。他为过去一切的艰苦、努力换来的成功感到欣慰，对未来的科学事业更充满信心。

1965 至 1968 年，杨嘉墀领导的测试组又完成了火球光电光谱仪及地下核试验火球超高温测量仪的研制工作，并成功地应用于我国首枚氢弹试验和首次地下核试验。

自动化研究所承担的另外两个核弹试验用测试仪器研制任务分别是冲击

波压力测量仪器和现场地面振动测量仪器。参加研制工作的全体同志齐心协力，并积极与有关兄弟单位合作，任务圆满、顺利地完成。

1986 年，杨嘉墀（左一）接受国际宇航科学院院士证

1986 年，“原子弹和氢弹的突破与武器化”的科研成果荣获国家科技进步奖特等奖。中国科学院自动化研究所承担的“核爆试验检测技术及设备”作为分项目也同时获奖。这些成果再次说明，中国人民完全可以依靠自己的力量发展尖端技术，中国科学家拥有不容低估的科技开发实力。

导弹飞行试验

中华人民共和国成立初期到 20 世纪 60 年代初期，中国科学院参与“两弹一星”的研制工作基本是交叉进行的。

1961 年初，国防部第五研究院向中国科学院部署了一系列有关火箭导弹的大型综合性任务，其中就包括“151 工程”。这项工程经国防科委批准，委托中国科学院自动化研究所承担。

“151 工程”是研制在地面上模拟超声速飞行器在飞行过程中气动加热、加载环境的试验设备。该设备将用于装备高速飞行器热应力试验室。工程系统设备可以实施单独加温、加载或联合加温、加载，其多点测量系统可以记录飞行器结构，以及在给定程序温度、程序载荷条件下的应变、温度、变形过程。

任务下达之后，杨嘉墀就做了具体安排，对各项工作进行了分工。由杨嘉墀负责总体工作，叶正明同志为业务负责人，组成了以中国科学院自动化研究所为主，第五研究院一分院（七机部 702 所）10 余人参加的约 60 人的研制队伍。参加研制工作的协作单位还有中国科学院的4个直属研究所及一机部上海机床厂等单位。

经过研究，中国科学院自动化研究所提出的“151工程”分三个系统研制，即加热系统、加载系统和测量系统。

杨嘉墀受命负责总体设计并组建一个总体设计室，由他领导全体科技人员协同其他研究室及使用部门的科技人员开展研制工作。经过充分论证，确定了由他提出的程控前馈加热方案、程控液压方案和以半导体晶体管模拟数字转换器为基础的数据处理系统方案。这些设计方案采用先进的技术，测量系统的性能较高，但是研制的难度很大。

当时测试系统中所需要的很多关键部件和元件我国都没有，需要自己设法解决。通过研究所内外各有关单位共同努力，他们成功研制了测试系统中所需要的热流计、高温应变片、石英灯管、液压伺服阀和程控计算机等关键部件。

“151工程”是在没有任何国外技术资料的情况下，完全靠自己的力量，用国产的元件、器材自行研制成功的。虽然当时我国的工业基础较差，但好在杨嘉墀他们有前面承担“581”任务的经验，有与中国科学院研究所合作进行风洞试验的基础，用理论上的高水平弥补了工业基础较差的不足。

在测量系统中，杨嘉墀突破了弱信号模拟数字转换器的技术难关；在加载系统中，拿下了液压伺服机构等关键技术；在控制方面，又克服了加热系统的信号剧烈变化的困难，采用复合控制使误差减少，当时在国内此技术处于领先地位。时至今日，热应力试验设备对于火箭、导弹、卫星、高速飞机仍是不可缺少的地面试验工具。可以说，“151工程”是当时填补了热应力试验这一国内空白且现在对军工生产仍有用的一项工程。

杨嘉墀作为“151工程”的总负责人，对各个具体项目同样认真负责。他参与了每一个重要试验，对于重要的技术问题则经常提供一些资料，并及时提出自己的意见供大家参考，与大家广泛沟通，发挥群体的智慧，为“151工程”的完成提供了保证。

七机部702所的领导对这项任务很关心，鼓励大家专注于军工任务，努力拼搏，把自己的才华贡献给国家。中国科学院领导对这项任务也非常关心，当时任主管的秦力生副秘书长定期听工作任务汇报，经常作一些鼓励性的讲话。1965 年 7 月，日常事务非常繁忙的中国科学院党组书记张劲夫，在“151 工程”的研制设备要移交到七机部 702 所前夕来到自动化研究所，观看了全部设备的演示。

由于众人的努力以及各级领导的关心，他们研制出的热应力加热加载测试系统样机通过了国防部第五研究院组织的技术鉴定，圆满地完成了这项研制任务。“151 工程”从 1961 年 3 月起到 1965 年 9 月止，历时四年半。虽然所有参加研制工作的科研人员都经历了许多困难，但是大家并没有因为遇到困难而出现任何松懈情绪。

“151 工程”是一项综合性的任务，需要自动化学科的各种专业人才。这些专业人才在完成任务中获得的知识和积累的技术经验，可以用于同类的学科研究或相近的课题，从而促进这一学科向前发展。

推动计算机应用

1975 年以后，国外小型计算机发展风起云涌。杨嘉墀利用老同学的关系，以较优惠的价格从国外引进了计算机，安装在研究所内，并派出技术人员前往美国进修。他参与了用计算机来设计航天器控制系统的工作，并指导科技人员开展计算机在科技管理方面应用的研究。

1982 年，杨嘉墀被任命为航天工业部总工程师。他针对以往航天器测试系统“一个型号一套系统”的做法，提出了用标准模块组成计算机测控系统的建议。他参照欧洲空间局的经验，决定采用 CAMAC 系统。他组织航天工业部内各单位开展 CAMAC 系统的硬件与软件的研制工作。该系统的研制工作于 1986 年完成。1987 年，该项科研成果获国家科技成果二等奖。此后，他为推动 CAMAC 系统在各种卫星型号的整星测试和分系统的开路测试应用做了大量工作。

从 1983 年开始，杨嘉墀参与了当时设在中国科学院的自然科学基金委员会的工作。他倡导并组织全国 15 个高等院校和科研单位合作开展控制系统计算机辅助设计工作。他希望通过这项工作把我国自动控制理论和系统设计提高到一个新的水平，并为理论工作者创造一个熟悉计算机应用的环境。这个课题于 1986 年完成，所取得的成果通过了鉴定并得以推广应用。

1986 年，国家自然科学基金委员会成立，当时计算机已由小型机进入微型机阶段，软硬件也有了很大改进。在杨嘉墀的努力推动下，控制系统计算机辅助设计工程化软件系统于 1988 年被国家列为重大项目。在他的积极支持下，该项目更具完整性和工程化。1991 年对这个软件系统进行了国家级鉴定，鉴定委员会认为已达到当时的国际先进水平。

自动化学科的奠基人

1957 年，杨嘉墀参与了中国自动化学会的筹建工作，先后担任中国自动化学会常务理事、副理事长和理事长。1957 年 9 月，他参加了国际自动控制联合会的成立大会，中国自动化学会成为该国际组织的 18 个发起国成员之一。杨嘉墀曾被选为该组织的元件专业委员会委员和空间控制专业委员会副主席。他积极参与有关自动化和自动检测方面的国际学术活动，组织代表团去一些国家访问，进行学术交流，并多次推动中国自动化学会在我国组织举行国际会议，为我国自动化科学技术的发展提供了重要参考信息。他参与创办我国自动化学术刊物《自动化学报》，并先后担任副主编、主编。在他的努力下，《自动化学报》出版了英文版，由阿勒顿出版公司负责在国外出版发行。

1979 年，杨嘉墀参与组织创建了中国仪器仪表学会，并连续担任第一至第四届理事会的副理事长。他曾多次率领我国科技代表团去美国、英国、日本等国家访问，进行学术交流，与很多国家的自动化学会、测量与控制学会建立了合作关系，有力地促进了自动化学科、自动检测分支学科及仪器仪表技术的发展。

杨嘉墀结合研制项目，深入进行了科学技术的理论研究工作，撰写并发表了很多重要学术论文，如《中国近地轨道卫星三轴稳定姿态控制系统》《返回型对地定向观测卫星姿态控制系统及飞行试验结果》《仪器仪表和系统》《中国空间技术的二次开发与应用》等，都极具学术价值。他还担任了《中国大百科全书》“自动控制与系统工程”卷的副主编，该书已由中国大百科全书出版社出版。

杨嘉墀十分重视理论研究与实际相结合，坚持科研为国防建设和生产服务的方针，取得了一系列重大科研成果。同时，他还十分注意分析世界科技发展的动态，尽量采用先进技术，不断提高科研工作水平和研究工作的效率。

“863”计划的倡导人

1973年4月，根据周恩来总理的指示，中国科学院组织了一个中国科学技术代表团访问日本，杨嘉墀担任团长。他率领代表团在日本参观访问了有关集成电路、电子计算机、工业自动化的工厂及高等院校。回国后，他向有关部门提出了发展我国高新技术，促进我国现代化建设的建议。1985年，他又先后两次出国考察，美国的“战略防御计划”和欧洲的“尤里卡计划”使他深受触动。在著名科学家王大珩的倡议下，杨嘉墀与王大珩、王淦昌、陈芳允等4名著名科学家一起于1986年初联名致信党中央，呼吁我国经济建设不仅要着眼近期效益，而且要为我国在20世纪末21世纪初的“四个现代化”建设打好基础，并提出了“要抓住当前世界新技术革命的时机，瞄准高技术的发展前沿，积极跟踪高技术”的建议。他们的信受到党中央的高度重视，1986年3月邓小平对此作了重要批示。随后，国务院主持制定了《高技术研究发展计划纲要》(即“863”计划)，这一纲要描绘了我国7个高技术领域在20世纪内的发展蓝图。杨嘉墀努力探索我国高技术产业化的道路，促进科研成果转化为生产力，为我国高技术的发展作出了重大贡献。

2000年9月的北京，秋高气爽，天高云淡。在中关村杨嘉墀寓所的客厅里，两个五彩斑斓的大花篮中，黄色的傲菊非常耀眼，书橱里有火箭和人造卫星的模型，墙上挂着的书法作品和木刻典雅别致。客厅靠窗的一角摆放着一架古老的德国钢琴。客厅的装饰不仅显现出这位科学家受到过良好的西方科学和文化教育，而且也体现出他从小受到中国传统文化的熏陶。

我和杨嘉墀院士相谈甚欢，在谈及中国科学家与“两弹一星”这一话题时，杨嘉墀深情地说，回想当年参与“两弹一星”工作的日日夜夜，往事历历在目。“两弹一星”任务的完成，不仅显示出我国在发展高尖端科学技术方面所具备的能力、水平，也反映出我们所具有的自强自立、团结协作、吃苦耐劳的奋斗精神。“两弹一星”任务的完成，不仅培养了人才、锻炼了人才，而且还带动了相应学科的发展。

杨嘉墀说，回顾历史是为了不要忘记过去，更是为了创造未来。对于当年参加“两弹一星”研制工作的科学家们自强自立、团结协作、顽强拼搏的精神，我们不能忘记，要将其化为努力建设社会主义现代化强国的动力。

能和“两弹一星”功勋奖章获得者杨嘉墀在一起谈论往事，我受到了一次深刻的教育。杨先生崇高的人格魅力永远鼓舞着我。

矢志不渝强国梦

——记“两弹一星”功勋奖章获得者周光召

1988 年对于中国人民来说是一个十分值得纪念的年份，这一年是党中央召开全国科学大会 10 周年，也是改革开放之后“科学界的第十个春天”，是邓小平以伟大的气魄和胆识，明确提出“科学技术是第一生产力”这一马克思主义重要观点、肯定我国知识分子“已经是工人阶级自己的一部分”论述发表 10 周年，是中国科学技术事业由弱到强、由衰到兴，取得伟大成就和进入崭新发展阶段的 10 年。

1991 年 1 月，周光召（左）与作者黄健（右）在北京合影

1988 年，对于我来说也是终生难忘的。这一年在北京，我见到了久负盛名的世界著名科学家、中国科学院院长周光召。当时，我在广西科学技术出版社负责《当代中华科学英才》丛书和《少年科学文库》等共

计 150 多册大型科学人物和科学普及系列读物的筹划组稿、定稿和审稿工作。组建丛书编委会和顾问班子对丛书的出版至关重要，于是我找到了新华社资深记者顾迈南，希望她介绍我认识时任中国科学院院长的周光召。顾迈南立即给周光召院长写了一封信，让我直接去中国科学院联系。时值冬天，气温骤降到零下 12 摄氏度，天空飘着洁白的鹅毛大雪，北京一片银装素裹。我乘车来到位于三里河路的中国科学院大楼，在这座雄伟、庄严的大楼里受到了中国科学院办公厅主任李云玲女士的热情接待。她把顾迈南的信函、出版社的组稿计划和拟请周光召院长担任丛书顾问并作序的计划报告给了周光召。随后，在院长办公室里，我第一次见到了周光召这位隐姓埋名近 20 年、为中国"两弹一星"作出突出贡献的杰出科学家。周院长的办公室十分整洁，书架上整齐地摆着众多中外图书，办公桌上放着 3 部电话，铃声不时响起，周院长工作十分繁忙。周院长丝毫没有架子，给人一种踏实、严谨、认真的感觉。透过眼镜，可以看到他那双眼睛闪烁着智慧的光芒。他的衣着很朴素，穿着一套已有一些年头的深蓝色中山装。

1992 年 1 月，周光召（中）、钱三强（右四）等院士出席《当代中华科学英才》丛书首发式

1990年2月，我收到了李云玲女士转来的周光召院长为《当代中华科学英才》丛书撰写的序言。周院长在序言中饱含热情地写道："新中国成立以来，在中国共产党和人民政府的培养下，我国成长起一批优秀的科学家。他们在科学的园地里辛勤耕耘，在很多科学领域里卓有建树，得到了国内外同行专家的公认，并获得了各种重大的国际国内科学奖，为祖国赢得了荣誉，为中华民族增添新的光辉。他们不愧是当代中华科学英才……"

1991年1月31日是令我难以忘怀的日子，这天北京天气十分寒冷，尽管温度在零下10多摄氏度，但周光召院长以及许多著名科学家，如钱三强、卢嘉锡、吴阶平、钱临照、朱丽兰、梁栋林、陈能宽、曾庆存、王选等，不顾严寒，从中关村驱车来到北京民族文化宫参加《当代中华科学英才》丛书出版座谈会。周院长在座谈会上充满激情地说："这套丛书以新中国成立以后成长起来的杰出科学家为典型，以世界科学发展和我国'四个现代化'建设为背景，来描述他们各自的杰出贡献、学术成就、治学经验、成长道路，熔思想性、科学性、民族性、史料性于一炉。该丛书既是进行爱国主义教育的好教材，又是我国科学史的重要组成部分……"和那么多伟大的科学家在一起，是我从孩提时代起就有的愿望，这天终于目睹了他们的风采和魅力，还能聆听他们精彩的演说，这对我而言是莫大的幸福。1992年，《当代中华科学英才》丛书获首届中共中央宣传部"五个一工程"优秀图书奖和第六届中国图书奖。

1992年，广西科学技术出版社和光明日报社、科技日报社联合举办"跨世纪的中国科技"征文活动，周光召院长欣然应邀担任了征文评委会主任，活动结束之后结集出版了《跨世纪的中国科技》一书，由周光召任主编、钱三强作序、贝时璋题写书名，共有30多位院士和100多位科学家参加了征文活动。此书获第三届桂版优秀图书一等奖。

1998年5月，时值广西科学技术出版社成立10周年，我接到时任全国人大常委会副委员长、中国科学技术协会主席周光召院士的秘书戴明华从北京打来的电话。他告诉我，周光召院士应广西科学技术出版社的约请，在百忙之中，欣然挥墨为广西科学技术出版社题写了"普及科技，服务大众"的书法作品，并直接寄给我，这是对科技出版工作者的极大鼓舞和鞭策。

1999 年 9 月 18 日，在隆重庆祝中华人民共和国成立 50 周年前夕，中共中央、国务院、中央军委决定，对当年为研制“两弹一星”作出突出贡献的 23 位科技专家予以表彰，他们是钱学森、钱三强、朱光亚、周光召……亿万人民通过电视机观看现场直播。看到国家领导人给“两弹一星”的功臣授奖，每一位国人无不为之动容，深刻地认识到，正是这些科学家的无私奉献，才大大增强了我国的国防实力，奠定了我国在国际事务中的重要地位。

弹指一挥间，20 多年过去了，掩卷沉思，每当回忆起周光召对中国科技事业的贡献，尤其是对科技出版工作的关怀，都令我十分感动，决心写一写他的生平事迹和贡献。

求学进取，成果显赫

1929 年 5 月 15 日，周光召出生在湖南长沙一个知识分子家庭。父亲周凤九曾任湖南大学教授，是杰出的公路工程专家。新中国成立后，曾任公路总局副局长。母亲陶振昭是一位善良、温和的家庭主妇，终日为全家辛勤操劳。周光召小时候，父亲长年在外修路，父子待在一起的时间不多，但父亲对待工作严肃认真的态度，给周光召留下了深刻的印象。周光召从小受到父亲的影响，对揭示大自然的奥秘产生了浓厚的兴趣。周光召学习成绩在班上一直名列前茅，深得老师喜爱和同学们尊重。1937 年抗日战争全面爆发，周光召全家迁移，经贵州来到四川。父亲前往西昌修川滇公路，周光召则留在重庆，于 1941 年进入重庆南开中学住读。家庭的熏陶和老师的教育不断开阔周光召的视野，使他养成了独立思考和踏实进取的精神。周光召在南开中学学习了将近五年，中学老师特别是数学老师唐秀颖先生的教诲使他终生难忘。唐先生的启发式教学，独辟蹊径地解开一个又一个数学难题，不仅使他特别喜爱数学课，还锻炼了他的逻辑思维能力。

1946 年初，周光召回到长沙，同年秋季考入清华大学先修班。一年后，他以优异的成绩转入清华大学物理系，1951 年 7 月毕业并成为该系研究生。周光召在旧社会目睹和经历“三座大山”的压迫后，深感国民党政府的腐败无能，更加坚定了对共产主义的信仰。1952 年 6 月，周光召加入中国共产党。大学期间，王竹溪先生严谨的学风，叶企孙先生对理论深入细致的分析，都给周光召很深的影响。1952 年秋，周光召转入北京大学研究院，师从著名理论物理学家彭桓武教授，进行基本粒子物理的研究。彭先生看问题深刻，解决问题机智灵活，对学生循循善诱、关怀备至，并有极强的爱国心和事业心。彭先生的教诲对周光召产生了重要影响。1954 年 7 月，周光召以优良的成绩通过了研究生的论文答辩。8 月，周光召走上工作岗位，在北京大学物理系任讲师。

1957 年 1 月，周光召被选派赴苏联莫斯科杜布纳联合原子核研究所从事高能物理和粒子物理等方面的基础研究工作，任中级研究员，1961 年 1 月回国。在此期间，他在基本粒子反应、对称性质及弱相互作用等研究方面发表了 30 多篇论文，2 次获得联合原子核研究所的科研奖金。尚未步入而立之年，周光召在学术领域已硕果累累。这一时期，周光召的学术成就可以归纳为五个方面：

一是他严格证明了电荷共轭宇称（CP）破坏的一个重要定理，即在电荷共轭宇称时间（CPT）联合反演不变的情况下，尽管粒子和反粒子的衰变总宽度相同，但时间（T）反演不守恒，它们到不同过程的衰变分宽度仍可以不相同。

二是他在 1960 年简明地推导出赝矢量流部分守恒定理（PCAC），这是他在强子物理的研究中获得的出色成果，对弱相互作用理论起了重大推进作用，因此世界公认他是 PCAC 的奠基人之一。

三是为了适应分析高能散射振幅的概念和当时的雷吉理论的需要，他第一次引入相对论螺旋散射振幅的概念和相应的数学描述。他在苏联杜布纳联合原子核研究所工作期间，曾在学术讨论会上提出了与苏联教授关于“相对性粒子自旋问题研究结果”相反的意见，引起了激烈的争论。然而周光召并没有向权威妥协，他用了 3 个月时间，一步一步严谨地证明了自己的观点，并将研究结果写成《相对性粒子在反应过程中自旋的表示》发表在《理论与实验物理》杂志上。过了一段时间，美国科学家在研究中也得到相似的结果。这就是著名的“相对性粒子螺旋态”理论提出的经过。

四是他最先提出用漏失质量方法寻找共振态和用核吸收方法探测弱相互作用中弱磁效应等实验的建设。

五是他用色散关系理论对非常重要的光合反应做了大量理论研究工作。

此外，周光召还在粒子物理各种现象性的理论分析方面做了大量工作，以至当时国外人士称赞“周光召的工作震动了杜布纳”。

参加“两弹一星”研制

1961 年，中苏关系已破裂，周光召在苏联杜布纳联合原子核研究所去留的问题很现实地摆在了他面前。恰在此时，著名物理学家钱三强先生赴苏联，与周光召进行了一次长谈，就我国如何发展核武器谈了自己的观点。中国为什么要搞原子弹？毛泽东指出，“原子弹，没有那个东西，人家就说你不算数”“在今天的世界上，我们要不受人家欺负，就不能没有这个东西”。这次谈话对周光召的影响很大，他认识到新中国发展核武器以加强国防建设的紧迫性和重要性。周光召决定回国，投身到“两弹一星”的研制中去。

1961 年 2 月，周光召回国从事“两弹一星”研制工作。1961 年 5 月，他被调入第二机械工业部第九研究院任理论部第一副主任，从事有关核应用的理论研究。

回国后不久，周光召聆听了周总理在核工业部一次大会上作的报告。周总理语重心长地讲了中国自己制造原子弹的重大意义。周光召深切地认识到了一名科研工作者的重任。中国有 100 多年屈辱的历史，所以中国人对主权、独立的意识非常强烈。中华人民共和国成立后，中国又面临着西方的封锁，如何维护中国的独立、主权是中国人普遍关注的问题。周光召这一代人刚从那个黑暗的时期过来，亲身经历过列强瓜分中国的痛苦，所以他想使中国尽快富裕强盛，这也是全体中华民族的共识。这一代人都有一个信念，那就是一定要靠中国人自己的力量，造出“两弹一星”。

从 1961 年开始，周光召转到核武器的理论研究工作上来，积极参加并领导了我国核武器的理论研究工作，为我国第一颗原子弹、第一颗氢弹的研制成功，我国战略核武器的设计、定型，以及此后核武器的预研和其他一系列科学试验等作出了重大贡献，并因此于1964年和彭桓武、邓稼先等8位同志共同荣获国家自然科学奖一等奖。

在第一颗原子弹的设计过程中，因受到当时世界各国都对原子弹理论高度保密的制约，设计曾一度陷入困境。当时唯一可供参考的内部资料是苏联总顾问向我国部长介绍情况时一份口授的极其简要的记录。由于这份资料上有个别错误数据，在当时引起了一场激烈的争论。一些坚决相信苏联专家的科技人员认为资料上的记载是正确的，我们之所以在理论上算不出那一数值是因为我们“不懂”。周光召以他特有的敏锐和智慧，做了一个“最大功”的计算，从而结束了这场争论，让大家认识到算不出的原因是由于资料的误记。为了扭转在“大跃进”后普遍存在科研热情高而科学性不够的情况，周光召从建立严格的科研程序，培训科研人员，提高研究工作的系统性、严密性入手，做了大量的组织工作，为核武器理论设计工作的健康发展奠定了坚实的基础。

在此后的10多年中，周光召对核武器理论各个领域的研究工作都显示出很高的造诣和很强的指导能力。他参与并领导开展了爆炸物理、辐射流体力学、高温高压物理、二维流体力学、中子物理等多个领域的研究工作，取得了许多具有实际价值的重要成果，这些成果为弄清核武器内部的运动规律，为核武器的理论设计奠定了基础。

1999年，在举国上下欢庆中华人民共和国成立50周年前夕，周光召在回忆起“两弹一星”的研制工作时深情地说，大协作和科学精神是“两弹一星”成功的关键，“两弹一星”是全国大协作的成果。我们知道，要奋斗就会有牺牲。在战争年代如此，在经济建设的发展过程中也需要有人挺身而出，牺牲个人的利益，为民族大业默默奉献。当时研制“两弹一星”，必须将全国各个领域的优秀科学家集中起来。对这些科学家所在的单位来说科研要受到影响，会造成一定损失，因为当时各单位人才都是稀缺的；对个人来说，也会影响到自己的科研进度，影响实验，有的人可能还会影响实验的突破。

但是他们都义无反顾地去了科研基地而将单位或自己的科研课题停下来。不仅中国科学院的许多研究所参与了“两弹一星”的研制，全国许多大学和科研单位也都参加了这项工作。

核武器基地是武器设计、定型、生产、试验的主阵地，但许多部件都是在全国各地企业生产后组装起来的。铀矿的勘探、开采和极为困难的铀的浓缩，以及常规炸药的爆炸过程都是研究的重点课题。爆炸是一个快速的过程，需要有每秒能拍百万张照片的照相机来记录，这样的照相机中国当时还没有，西安光学精密机械研究所承担了研制的任务。真正去做核试验的时候问题就更多了，如试验场地谁去准备；试验过程中要测量很多数据，包括试验爆炸有多大威力、产生了什么现象、它的破坏力怎样等，这些数据的收集要有大量人员去做。所以“两弹一星”的成功，实际上是全国大协作的结果。

那时能达到这样一种大协作的状态与有一个统一的指挥密切相关。在那种环境中工作，没有人会太重视个人的成果。每个人负责一个方面，每个人都是兢兢业业、忠于职守。谈到这里，周光召十分谦虚地说，他只是其中的一员，没有什么特别的地方。

周光召回忆说：“‘两弹一星’研制的开始阶段，条件是很艰苦的，但国家尽量照顾我们。三年困难时期，周总理要求各部部长保证我们西北研究基地的粮食供应。我们从青海湖里打来一些鱼，叶剑英元帅专门从军队里调来一些黄豆给我们改善生活。1961 年以后生活条件才有所好转。”

他还清楚地记得一件令他十分感动的事。由于工作条件恶劣和过分劳累，他病倒了。聂荣臻元帅听到这个消息，派人送来一篮水果，令他十分感动。

周光召说，中国人终于成功了。回顾“两弹一星”的研制过程，我们相信有着优良传统的中国科学家和聪明、勤劳的中国人民，一定能让国家发展、富强，中华民族一定能屹立于世界民族之林。

遨游粒子物理微观世界

1976 年以后，周光召转入粒子物理理论的研究。他组织领导许多中青年科研工作者开展对相互作用统一、CP破坏、非线性 σ 模型、有效拉氏量理论、超对称性破缺、量子场论的大范围拓扑性质及其与反常的联系等的研究工作，其中许多研究成果，如关于量子场论的大范围拓扑性质及其与反常的联系，引起国内外学者普遍重视。在凝聚态物理方面，周光召领导的小组发展了非平衡态统一理论中的数学形式——闭路格林函数方法，并把所发展的方法，尝试运用到激光、等离子体、临界力学、随机淬火系统等方面，不仅得到有效的具体结果，而且显示出这种方法的优越性，发展了前人提出的方法，处理了物理方面的很多理论问题，引起了国内外学术界的重视。1987年，周光召以“量子场论大范围性质”的研究获中国科学院重大科技成果奖一等奖。

1979年，周光召先后任国防部第九研究院理论研究所的副所长、所长，第二机械工业部九局总工程师。

1979年8月，周光召重返理论物理研究领域，任中国科学院理论物理研究所研究员。他在基本粒子和统计物理等方面均作出了突出的贡献。1980年9月，周光召应邀去美国弗吉尼亚大学和加州大学任客座教授，受到美国物理界的热烈欢迎，他被国外同行视为中国理论物理学界的代表人物。著名高

周光召（中）和研究生在一起

能物理学家、美国物理学会主席马夏克教授为欢迎周光召的到访，专门为他在弗吉尼亚理工学院举行了以“弱相互作用”为题的学术会议，许多国际知名物理学家前去参加会议。美国物理学界这样隆重地接待一名外国科学家是少见的，这对中国的科学家可以说是第一次。与会期间，许多科学家在讲话中表达了发展中美科学合作的强烈愿望。

1980 年，周光召当选为中国科学院学部委员（院士）。1981 年 9 月，周光召赴欧洲核子研究中心任研究员。而早在 20 世纪 60 年代，周光召就是该中心邀请的第一位中国物理学家。

1982 年 9 月，周光召回国，先后任中国科学院理论研究所副所长、所长。1984 年 4 月 8 日，周光召任中国科学院副院长。1985 年底，他兼任清华大学理学院院长。

主持中国科学院工作

1987 年 1 月，周光召任中国科学院院长、党组书记。1988 年 10 月，周光召兼任国务院学位委员会副主任委员。1992 年 4 月，周光召当选为中国科学院学部主席团执行主席。

自 1982 年中国共产党第十二次全国代表大会起，周光召先后被选为中央候补委员和中央委员。

周光召担任中国科学院院长后，表现出了非凡的管理才能，他把治院方针概括为：“奉行开拓精神，在中国科学院形成民主、团结、融洽、活泼的学术气氛，为科学家们创造一个身心舒畅的工作环境。”他认为“学术民主和自由争鸣是繁荣科学的唯一途径”，在中国科学院“决不允许用行政手段干涉学术自由”“科学研究中不存在先验的‘框框’”“真理的获得只有通过百家争鸣、百花齐放才能达到”的思想指导下，为中国科学院形成浓厚的学术气氛、出成果和出人才奠定了良好的基础。他为推进科技体制改革，做了若干项重大的工作。

第一，在科研与生产结合方面，他继续坚持原有的“面向”和“依靠”

的办院方向，即科学技术必须面向经济建设，经济建设必须依靠科学技术，并进一步提出了“把主要科技力量动员和组织用到为国民经济服务的主战场上，同时保持一支精干力量进行基础研究和高技术创新”的方针。根据这个方针和科学院的实际情况，他组织制定了对科技力量的科学配置方案，对基础、应用、开发三类工作按不同的激励机制分类管理实施。这一方针的贯彻，使中国科学院围绕国家攻关任务，组成了许多与企业紧密联合的研究与发展中心或中试基地，在科学院形成了若干个能合作、善攻坚的队伍，让科技的发展与国民经济的发展紧密结合起来，为形成科技与经济相互促进的良性循环建立了新的机制。

第二，在科研成果如何转化为生产力的问题上，他创造性地提出了中国科学院要实行“一院两种运行机制”的办院方针，旨在既要有一批引入了“开放、流动、联合”竞争机制的具有国际水平的研究所，还要形成一批在国际上有影响、其产品有国际竞争力、技术密集型的外向型企业和公司。这一方针的推行，使中国科学院在打破僵化的、自我封闭的旧体制中，向前迈进了决定性的一步。在他的主持下，中国科学院的基础研究领域，已建立了 100 多个开放实验室、研究所和野外台站；在技术开发领域已陆续成立了 400 多家各种类型的科技开发公司和经济实体，其中与国外企业联合的有 50 多家，既增强了科技发展的活力，又有效地实现了科研成果向生产力迅速转化。

第三，在科研和教学的结合与培养人才方面，他针对我国长期存在科研与教育脱节，部门所有制的观念限制了学术思想的交流，造成研究课题的重复以及人、财、物的浪费等不适应经济发展需要的不良状况，会同有关高校领导联合给中央写信，积极倡导中国科学院的科研工作与高等学校之间的联合，使中国科学院与北京大学、清华大学逐步建立了若干个联合实验室，为加速改变科研机构与高校分离的体制做了不少创造性的工作。

担任中国科学技术协会主席

1996 年 5 月，周光召担任中国科学技术协会主席。在此期间，周光召以邓小平同志关于倡导科学的论述为指导，充分发挥协会作为党和政府联系科技工作者的桥梁和纽带作用，反映科技工作者的呼声和建议，维护科学工作者的合法权益，努力为科技工作者服务，并建设“科技工作者之家”，调动和发挥科技工作者的积极性、主动性和创造性，完成当时国家提出的“团结广大科技工作者献身于科教兴国的伟大事业”这项光荣的任务，在学术交流、科学普及和国际民间科技交流与合作等工作中发挥了重要的作用。

周光召还就国家科技创新体系、中国科学技术的发展趋势与战略、重大科技创新产业的外部条件、现代科学技术发展的历史启迪等重大问题提出了独到的见解。他指出，21 世纪初叶，是中华民族以坚定的步伐走向世界、屹立于世界民族之林的关键时期。中华民族的复兴要求科技先行，要求涌现出有世界领先水平的重大科技创新。我国当前迫切要求解决的问题是科技和经济的紧密结合，将科技创新成果迅速有效地转化为现实生产力。同时，我国的进一步发展，也需要更多更好的自主知识产权，需要振奋民族的自信心，实现以弱胜强、后来居上。

现在，是一个需要在中国大地上出现伟大科学家，也一定能出现伟大科学家的时代，是有使命感和责任心的中国青年科学家建功立业的大好时机。只要充分发挥我们的智慧和主观能动性，选好发展战略的领头人，团结协作，艰苦奋斗，做到以弱胜强，后来居上是完全可能的。

1998 年 3 月，周光召当选为全国人大常委会副委员长。

2000 年 10 月，深秋的北京处处呈现出五彩斑斓的景象，这是北京最美丽的季节。10 月 23 日上午，我在中国科学院办公大楼里再次见到了中国科学院办公厅主任李云玲女士，此时的办公大楼已修葺一新，更加庄严、雄伟。在这座神圣的科学殿堂里，我们一起回忆了当年周光召院长、钱三强院士对科技出版工作的支持和关怀，李主任还介绍我认识科学院学部联合办公室的负责同志，希望我能多接触、多了解一些院士，多宣传科学家，以弘扬科学精神和传播科学知识。

在人类即将跨入 21 世纪的最后一个秋天的一个晚上，我决心要写这篇文章。在写作的过程中，我参阅了大量的文献资料，心情一直激动不已。当将写完时，已是凌晨 2 点 30 分，但我仍没有倦意，我仍在沉思，眼前浮现的是伟大的科学家，是他们的科学精神、科学思想、科学方法和科学成就，这些珍贵的财富是人类历史发展的推动力。

最后，我引用路甬祥院士的一段震撼人心的话作为本文的结语："请历史记住他们！请读者记住他们！记住那些为中国第一颗原子弹的诞生、第一枚导弹的成功发射、第一颗人造卫星的上天立下不朽功勋的科学家、指挥家以及他们所代表的全体科技工作者和管理工作者。"

星海寻踪

——记“两弹一星”功勋奖章获得者陈芳允

我是通过王大珩院士和杨嘉墀院士认识陈芳允院士的，因为他们都是中国著名“863”计划的发起人。1992年为“国际空间年”，中国科学院等单位组成了一个空间筹委会，举行了一系列活动，出版科普图书是其中一项。经中国科学院空间中心主任潘厚任介绍，我先后到过这几位院士的家，并邀请他们撰写《太空·地球·人类》一书，其中陈芳允撰写了该书的第三篇。院士写科普文章是对科普工作和出版工作的最大支持，回忆此事，陈芳允的事迹在我脑海里浮现。

爱国情怀

1916年4月3日，陈芳允出生于浙江黄岩。陈芳允十分热爱自己的家乡，对家乡自古以来光荣的斗争历史引以为豪，敬佩家乡保家卫国的英雄。他从小就努力学习，立志长大要为自己的祖国作出贡献。

早在20世纪30年代，陈芳允在上海浦东中学读高中时，就参加了抵制日货、请愿抗日等活动。

1934年夏，陈芳允考入清华大学机械系，后转入物理系学习。在学习期间，他积极参加了震惊中外的一二·九运动和学生会组织的抗日宣传队。他目睹自己的国家遭受帝国主义肆意蹂躏，明白了“落后就要挨打”这个道理，从而更加坚定了科学救国、振兴民族的理想抱负。

七七事变后，陈芳允随学校迁往长沙，转入昆明西南联大物理系学习，他对无线电科学产生了浓厚的兴趣，动手实验能力很强。1938 年毕业时，因任之恭老师挽留，他成为清华无线电研究所助教，在任之恭老师的指导下从事通信和晶体滤波器的研究工作。

1941 年，陈芳允抱着为抗战做点事的想法，到航空委员会成都无线电厂研究室工作，从事飞机定向仪和导航设备的研制，并研制出我国第一架导航仪。不料国民党在重庆建立了一个导航台，调陈芳允去安装调试，却把导航仪的方向指向西安。陈芳允觉得这分明是在对付共产党而不是打日本，因而毅然离开了成都无线电厂。

1943 年，陈芳允和沈淑敏结婚。1944 年夏天，陈芳允通过了英国工业联合会招收中国留学生的考试。1945 年初，他告别妻子和刚出生的儿子，来到英国一家无线电厂研究室从事电视接收机线路改进和海洋雷达的研制与实测工作。他身在海外，却心系祖国。工作期满后，他谢绝了工厂的挽留，启程回国。

1948 年，陈芳允带着世界第一流的电子工程技术成果回到了祖国，希望一展宏图。他到国民党航空委员会报到后，被派往上海空军机场工作。他发现当时的机场主要是为打内战服务的，不愿为国民党出力，便带着妻儿回到了黄岩老家。

1948 年秋，航空委员会打电话叫他赶快到南京做无线电指挥联络的技术工作。陈芳允坚决不帮国民党打共产党，他不惜自残脚趾，躲过了去南京的调令。

上海解放前夕，经友人介绍，陈芳允进入中央研究院设在上海的生化研究所工作。1949 年 5 月，陈芳允参加了革命。他一边制作神经电脉冲测量设备，一边在地下党的领导下，参加组织维持秩序革委会，等待着解放全中国的炮声。

中华人民共和国的成立，使陈芳允看到了民族振兴的希望，也使他拥有了报效祖国、施展才华的广阔天地。

开拓创新

中华人民共和国成立后，陈芳允开始了在几近空白的条件下开拓中国电子学的艰难历程。后来陈芳允成功地研制了神经生理学方面的电子仪器，包括刺激器、放大器和显示器等。

1956年“十二年科学技术规划”制订后，中国科学院成立了电子学所，陈芳允担任该所脉冲技术实验室主任，较全面地开展了对毫微秒脉冲的产生、放大、显示等技术的研究。他领导研制成功用于原子弹爆炸试验的纳秒脉冲和甚高频连续波采样示波器，成为世界首创，参加了国际展览。他研制的单脉冲扫描体制，用以提高歼击机机载雷达抗干扰能力，投入了批量生产，为航天测控创造了条件。

1957年苏联发射第一颗人造地球卫星以后，陈芳允敏锐地抓住这个世界前沿科学的新动向，开始从事空间电子学的研究工作。他和研究室的几位同志一起做了一台无线电信号接收装置，对卫星进行了无线电多普勒测量，计算出了卫星的入轨参数。这项技术不仅成为我国天文台对人造卫星无线电观测的基础，也成为此后我国发射人造卫星所采用的跟踪测轨的主要技术。

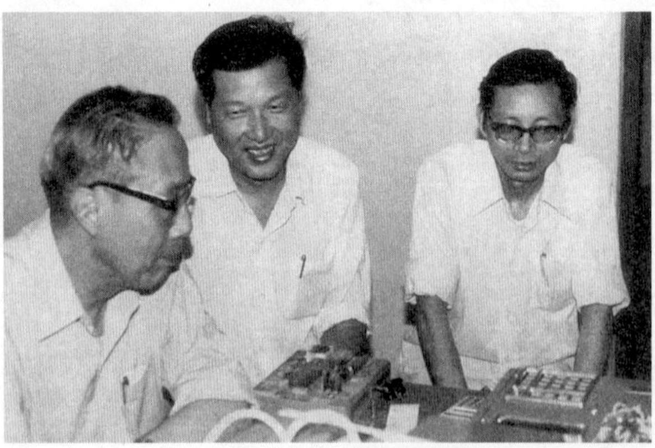

陈芳允（右一）与同事在实验室讨论技术方案

1965年，我国第一颗人造地球卫星研制工作正式启动，陈芳允担任了卫星测量总体技术负责人。他主持了测控系统的方案论证和总体设计，为测控站的布局和建设制定了切实可行的技术方案，并组织研制和革新了多种测控设备。1970 年 4 月 24 日，我国第一颗人造卫星“东方红一号”发射升空，地面观测系统很快抓住目标，进行持续跟踪、测量与计算，及时预报了卫星飞经世界各地的时刻。我国第一颗卫星测量任务的圆满完成，为我国卫星测控网的建立奠定了基础。

为适应航天测控技术发展的需要，1977 年我国建造了“远望一号”航天远洋测量船，成为继美、苏、法之后第四个拥有航天测量船的国家。由于船上测控与通信设备之间电磁干扰严重，常常不能正常工作，陈芳允又开始了航天测控领域新的技术攻关。他先提出关键是解决测量船上众多设备之间的电磁兼容问题。为此，他和科研单位的技术人员在“远望一号”上实地考察，深入研究，利用频率分配的方法，设计出一套频率分配方案，从而避免了互相干扰，一举解决了测量船上众多设备间电磁兼容这一重大技术难题，为成功发射地球同步通信卫星和远程火箭作出了重大贡献。

1983 年，陈芳允针对国外卫星定位系统使用卫星多而且没有通信功能等弊端，在国际上首次提出了“双星定位通信系统”的设想，并于 1989 年进行了系统的成功演示。这项利用双星将快速定位、通信和定时一体化的尖端技术，快速定位精度已达到世界先进水平，在我国测绘、航天、航空、航海、抢险救灾和国防建设等方面得到广泛应用，发挥了不可估量的重要作用。

陈芳允始终以战略家的眼光密切关注世界科学技术的发展趋势，分析提出值得我国借鉴的意见。1983 年，美国宣布实施“星球大战”计划，试图以此带动科技和经济的全面振兴，抢占 21 世纪的战略制高点。陈芳允以强烈的政治责任感和敏锐的科学意识，首先提议并与光学专家王大珩、核物理学家王淦昌、空间自动控制专家杨嘉墀一起，于 1986 年 3 月联名向党中央提出《关于跟踪研究外国战略性高技术发展的建议》，得到了邓小平等中央领导的高度重视，从而形成了举世瞩目的“863 计划”。“863 计划”成为我国新时期发展高科技的行动纲领，并在中国高科技领域结出了丰硕的成果。

20 世纪 80 年代末，年逾古稀的陈芳允退居二线，担任国防科工委科技委顾问，但他仍然在航天领域不懈地耕耘着，活跃在通信和空间电子学的科研阵地上。他先后提出“自然灾害检测、控制系统”和“多个小行星空间对地观测”等几种重要的新系统，并指导和培养了一大批测控技术人才。

人格魅力

陈芳允是一位功勋卓著的科学家、品质高尚的共产党员、勇攀高峰的中国人民解放军军人。

几十年来，陈芳允始终发扬艰苦奋斗、忘我工作的精神。他常说：“我国底子薄，经济条件有限，在科研上，一定要用最少的钱，办最大的事。”为了建好测控站，他带领年轻的科研人员查阅资料、精心计算，提出了投资少、见效快、一次成型的布站和建站方案。为实地勘测卫星跟踪测量点，年过半百的他奔边疆，下海岛，跋山涉水，风餐露宿……深山峡谷、大漠荒原到处都留下了他的足迹。他这种艰苦奋斗的工作作风，深深地感染了身边的科技人员，大家在艰苦的环境下以苦为荣、以苦为乐，共同协作，取得了令人瞩目的成就。

陈芳允（右）与原中国科学技术大学校长、物理学家严济慈（左）

即使在生命的最后时刻，陈芳允还在思考着在我国财力十分有限的情况下如何解决卫星移动通信系统和卫星导航定位系统相结合的问题。去世前两天，他与一位搞卫星轨道设计的同志进行了深入探讨，并约了一位从事导航定位研究的专家想进一步商谈，然而他还没来得及与这位专家交流，就带着遗憾走了。

陈芳允对工作是高标准，对于生活他却能简则简，非常俭朴。1997 年，陈芳允参加在意大利召开的第48届国际宇航联大会，会议方面已给他安排了高档房间，可他为了省钱，偏要和随同工作人员住普通房间。他自己很节俭，但对需要帮助的人却慷慨解囊，如为家乡的母校设立学生奖励基金，捐助1万元给清华大学一名需要帮助的学生……

陈芳允在无线电电子学领域奋斗了50年，为我国科技事业和国防现代化事业献出了毕生精力。祖国和人民没有忘记他。1999年9月18日，中共中央、国务院、中央军委在人民大会堂召开大会，隆重表彰为我国“两弹一星”事业作出突出贡献的科技专家，陈芳允是受表彰的23位科技专家之一。

陈芳允为中国的“两弹一星”作出的贡献将永远记载在中华民族的光辉史册上。

天空紫烟

——记"两弹一星"功勋奖章获得者陈能宽

2016年5月27日，我国核武器事业的奠基人之一、"两弹一星"功勋奖章获得者陈能宽院士，平静地走完了他为国家富强、民族振兴不懈奋斗的一生。20世纪50年代，面对超级大国的核威胁，党和国家领导人做出了"发展中国核事业"的战略决策。1960年6月，37岁的陈能宽由中央选调到二机部北京九所（中国工程物理研究院前身），担任爆轰物理研究室主任。他这一生，为我国核武器事业发展而"隐身"戈壁荒原、深山峡谷，以身许国，俯仰无愧。从出国求学、扬名海外到毅然回国科技报国，从青年科技栋梁到铸造核盾的核心人物，他是中国一个多世纪以来传统爱国知识分子的典范。看到新华社发布的新闻通稿，我陷入了深深的回忆。

1991年春节前夕，北京民族文化宫春意浓浓，卢嘉锡、钱三强、周光召、王选、吴阶平、陈能宽、梁栋材等著名科学家欢聚一堂，座谈《当代中华科学英才》丛书出版并与首批入选丛书的中青年科学家见面。作为会议的组织者之一，我有幸坐在陈能宽院士和钱三强院士旁边，中午还与他们同桌共进午餐，席间与陈能宽院士亲切交谈，聆听他描述当年参加核武器试验的情景和献身国防事业的事迹。

灵台无计逃神矢

1923 年 4 月 28 日，陈能宽出生在湖南省慈利县江垭镇。他的祖父陈吉甫是清末慈利五举人之一，父亲陈秉一是一位颇有见解的教育家，母亲吴寿年是贤惠淳朴的土家族妇女。在这样一个良好的家庭环境中，陈能宽从小养成了勤奋好学的习惯。陈能宽有三兄一妹，由于家道中落，他一直靠以优异成绩争取奖学金来维持学业。初中毕业时，他以第一名的成绩获得奖学金，进入由长沙内迁沅陵的雅礼高级中学读书。经过三年寒窗苦读，他的英语和各门自然科学成绩都十分优异，获保送到唐山交通大学矿冶系读书。

1946 年，陈能宽从唐山交通大学毕业后，到资源委员会下属的天津炼钢厂从事钢的化学分析工作。同年，他与大学同学、土木工程系的裴明丽结婚。

天津炼钢厂是一家从日本侵略者手中收回的有名气的炼钢大厂，陈能宽报到后才发现工厂的烟囱已不再冒烟，全靠从东北买来的铁丝加工成各种钉子维持经营。面对这样萧条落后的工业，陈能宽无力回天，不免黯然神伤。

正当陈能宽彷徨不定时，留学考试制度恢复了。陈能宽与妻子裴明丽通过了留学考试。陈能宽当时考取了美国的科罗拉多大学、华盛顿大学、耶鲁大学，他最终选择了在中国影响较大的耶鲁大学，立志攻读物理冶金专业。

1947 年 8 月，陈能宽与妻子一起启程赴美。当陈能宽和妻子在美国洛杉矶海关大楼办理入境手续，正准备在证件上签字时，美国警察忽然摇头，轻蔑地晃着手指说："请按手印！""为什么这样呢？他们都是签字的呀！"陈能宽表示不解。"你是你，他们是他们！明白吗？你们中国人没有这个条件！"陈能宽立刻明白了。一个贫弱的民族，在世界上至多只能是个"二等公民"！民族的屈辱感深深地刺痛了他的心，更激发了他的强国之志。

在耶鲁大学，陈能宽靠着在国内打下的坚实的自然科学基础，仅用了一年时间就取得了硕士学位，两年后，他又取得了博士学位。他研究的课题是金属单晶体的结构和力学行为。

陈能宽之所以能在三年之内连续取得硕士和博士学位，一方面是由于他的勤奋和天资，另一方面也与他急于学成回国报效国家有关。中华人民共和国的成立，极大地鼓舞了海外学子。正当陈能宽学成准备回国时，美国发动了侵朝战争。中美之间的战争状态使他有国难回，他只得静观其变，做返回祖国的长远打算。

1950 年毕业后，陈能宽接受了约翰·霍普金斯大学的聘书，前往该大学进行金属物理和冶金物理的基础研究。1954 年，他又在葛庭燧先生的推荐下，来到西屋电器公司任研究员，直到 1955 年回国。

留在美国工作的 5 年，陈能宽一共写了 20 多篇论文，在学术上逐步成熟起来，从一位博士成长为一位万众瞩目的年轻科学家。他有良好的科研环境，有一个有着三个孩子的温暖的家。在许多人看来，这足以让陈能宽扎根美国。

然而，陈能宽却忘不了求学报国的志向，更忘不了民族的屈辱和对祖国

1998 年，陈能宽（前排左一）、李政道（前排左二）、王淦昌（前排中）与核工业总公司同事们合影

许下的诺言。1955 年秋，中美两国在日内瓦达成交换平民及留学人员的协议。陈能宽与妻子担心夜长梦多，决定立刻回国。

星期五下班后，陈能宽直奔匹兹堡火车站登上去纽约的火车，买了回国的船票。有些美国朋友对他急于回到贫穷落后的中国大惑不解，他坚定地回答道："中国是我的祖国，我不能不爱她。这种诚挚的爱，就像是被爱神之箭射中了一样，是非爱不可的。正如鲁迅的诗句所说，我是'灵台无计逃神矢'呀!"

1955 年冬，陈能宽携妻子及三个孩子乘开禁后的第二班轮船"威尔逊总统号"，回到了阔别 8 年的祖国。

回国后，陈能宽在中国科学院应用物理研究所从事我国单晶开创性的科学研究，他深深地感受到了"给自己做事的幸福"。

甘献年华逐紫烟

1960 年夏季的一天，陈能宽奉调来到了二机部。

"陈能宽同志，调你到二机部来是想请你参加一件国家重要的机密工作，我们国家要研制一种'新产品'，我们想让你负责爆轰物理工作……"二机部副部长钱三强和九局局长李觉将军首次召见陈能宽的一席话，使陈能宽这位聪慧的科学家立刻猜中了"新产品"的含义。

"是不是让我参加原子弹的研制工作?"陈能宽疑惑地问道，"你们是不是调错人了？我是搞金属物理的，我搞过单晶体，可从来没有搞过原子弹。"

在场的人都笑了起来："调你来没有弄错。我们中国人谁也没有研制过原子弹。人家说离开外国人的帮助，我们中国人十年、二十年也休想把原子弹造出来，我们应当有志气。"

为了新生的中华人民共和国的安危，陈能宽毅然放弃了自己原来的科研专题，走进了一个全新的神秘世界。从此他隐姓埋名、销声匿迹达四分之一个世纪。

在新中国向原子王国艰难而悲壮的进军中，陈能宽任二机部核武器研究所第二研究室主任，率领100多人的攻关队伍开始了最危险、最艰辛的原子弹爆轰物理的探索。

当时，苏联专家已撤走，陈能宽摸着石头过河，一步一个脚印地前进。为了获得研制原子弹所需的爆轰技术，在风沙呼啸、人烟稀少的工地，他们在一些废弃的旧桶中，像当年居里夫人搅拌含镭沥青一样，一次次地改变配方，一次次地试爆。陈能宽和平均年龄只有20多岁的攻关队伍日夜奋战，用当时手头仅有的计算尺、手摇计算机、算盘这类计算工具，进行艰苦卓绝的攻坚战。

当时，正值三年困难时期。陈能宽和大家一样，主动向党组织请求："为了与全国人民共渡难关，我们诚恳地希望降低粮食定量，减少工资收入，并保证不影响科技攻关步伐。"他同广大职工一样，喝稀面片汤，勒紧裤腰带，不论酷暑严寒，奋战"沙场"，白天做爆轰试验，晚上分析、处理数据。

经过一年多上千次试验，陈能宽和他的攻关队伍终于在1962年9月初步完成了任务：原子弹的起爆元件获得重大突破，基本上验证了研制原子弹爆轰的"内爆法"的可行性。

1963年初，为开展大规模试验，陈能宽又奉命率领一支更大的攻关队伍第一批进军青海高原崛起的原子城。此时，他已担任实验委员会副主任委员（主任委员是王淦昌）。

临行前一天的晚上，陈能宽回到家里，对妻子裴明丽说："我要走了。"

"你到哪里去？"妻子关切地问。

"你看过《昆仑山上一棵草》这部电影吗？我要到那里去，那里有美丽的蓝天和草原。"

沉吟片刻，他又试探着对妻子说道："如果我要到一个你找不到我，我也不能和外面联系的地方工作，你有什么想法吗？"

裴明丽能有什么想法呢？她太了解丈夫了。她毫不犹豫地回答道："如果国家需要你这样做，你就按国家的要求去做吧！我没有问题。"

由于他严守保密条例，以至妻子对他的工作性质和具体地址一无所知。直到第一颗原子弹成功爆炸的公报发表后，才有人悄悄地告诉他的妻子："你知道吗？能宽也参加试验了。”

裴明丽听了十分惊讶，心里仍是半信半疑。

世界屋脊，海拔三四千米的高原，空气稀薄，高寒缺氧，使人胸闷气短……一切困难都不能阻挡这支执着的科研大军。在陈能宽的领导下，他们头顶蓝天，脚踏草原，进行原子弹爆炸前的大型爆轰试验，并于 1963 年 11 月 20 日和 1964 年 6 月 6 日相继取得了我国第一颗原子弹爆轰试验具有决定性意义的胜利。

1964 年 2 月，陈能宽被任命为二机部九院副院长，这是组织对他工作成就的肯定，也意味着他身上的担子更重了。

1964 年 10 月 16 日，陈能宽参加了中国第一颗原子弹爆炸的试验，他对原子弹的安全及技术状况做了最后的检查，并最后离开。

第一颗原子弹爆炸成功后，陈能宽马上又投身于原子弹的武器化和氢弹的研制中。中国第一颗氢弹试验时，陈能宽仍是试验现场的总负责人之一。

整整 20 多年，陈能宽一直是核装置技术负责人之一，他参加了中国大部分核试验的方案论证和实施。1982 年，由王淦昌和陈能宽领导进行的“聚合爆轰波人工热核反应研究”获得国家自然科学奖一等奖，陈能宽是主要获奖人之一。1986 年，陈能宽同邓稼先一起，作为国家科技进步奖特等奖的领奖代表，登上主席台，接受国家的最高奖励。

自从进行高度机密的核计划研究后，陈能宽一直隐姓埋名。他经常说的一句话是：“我们要共同写一篇大文章。”是的，作为科学家的他，已经把自己的科研生命全部投入到这篇“大文章”的写作之中。他在 1984 年纪念中国第一颗原子弹爆炸成功 20 周年时即兴赋诗，其中“不辞沉默铸金甲，甘献年华逐紫烟”两句，正是他和他的同事们献身国防科技事业的共同写照！

东方巨响壮神州

1964 年 10 月 16 日，中国爆炸了第一颗原子弹，全世界为之震惊，海内外中华儿女为之欢呼。陈能宽在现场参加试验，看到急剧升腾的蘑菇云，听到春雷般的巨响，情不自禁地拿出怀中的笔记本，写下“东方巨响”和“神州日月增光”这几个字。陈能宽想，这一举世瞩目的事件究竟给了中国人民什么启示呢？有一段时间曾听人说：“国防科研花了那么多钱，没有搞出什么东西。”似乎中国有没有原子弹，关系不大，“它不能吃，不能穿，不能用，还拖了国民经济的后腿”。这些话使陈能宽在回忆过去时，不能只是抒发怀旧之情，而是思考更多问题了。

中国为什么下决心搞原子弹？陈能宽认为最根本的是中国的国家利益，特别是国家安全利益的需要。虽然新中国在政治上站起来了，但军事上还受人欺侮，经济上被人封锁，外交上不被某些大国承认，甚至有人以核讹诈威胁我们，中国面临的形势是异常严峻的。为了立于世界民族之林，我们不得不研制原子弹。

中国为什么能很快地搞出原子弹？陈能宽认为，一是目标选择对了。一方面是国家需要，另一方面是实际上有可能。说需要，中国需要和平，但和平不能没有武器。说可能，美、俄、英、法先走了一步，证明原子弹的“可行性”已经解决。中国卓有远见的领导人同德才兼备的科技专家共同制订的发展科学技术和研制核武器规划，加上已探明的铀矿资源，人才的储备，以及一定的工业与技术基础，都表明我们完全有可能很快搞出原子弹。

1992年，陈能宽（右一）在903厂检查材料研究工作

二是组织领导集中。当时各级领导都具有权威，事事有人“拍板”。中央专委以周恩来为首，更是一个具有高度权威的权力机构。全国为此事“开绿灯”，全国“一盘棋”。

三是自力更生为

主。原子弹的研制技术高度保密，因而掌握技术诀窍必须靠自力更生。理论与实验相结合，一步一个脚印，对国外走过的路力求知其所以然，敢于攻关探险。注意在基础预研、单项技术和元件上下功夫，能够做出自己的发明创造来，而所花的人力、物力却比国外少得多。

四是全国大力协同。毛泽东为了推动原子弹的研制工作，写过一句话："要大力协同做好这件工作。"当时，全国各个单位都以承担国防任务为荣，努力协同作战。例如，高速转镜相机和高能炸药就是中国科学院等单位协同完成的。

此外，我们的科研组织没有"内耗"，攻关人员有献身精神和集体主义精神，他们夜以继日地在草原、山沟、戈壁滩上奋战。

中国搞出来原子弹究竟有什么效益？陈能宽认为，原子弹确实是一种能用但用不得，确有国家安全后效但不应多搞的"特殊商品"。这些后效可以概括为：

第一，军事上不怕核讹诈了。中国原子弹起到了遏制大国核威胁的作用，哪怕只有一颗原子弹，也不应该小看这一颗原子弹所谓"非线性"威慑效应所起到的自卫作用。所以，中国原子弹的研制成功对和平的贡献是不可低估的。

第二，外交上更加独立自主了。时至今天，世界形势发生了很大变化，转向缓和，开始以对话代替对抗，同时也进入了裁军和核禁试的征途，尖端技术走上了外交舞台。有了原子弹的中国，能更有底气地执行独立自主的和平外交政策。

第三，国际地位提高了。泱泱大国不再被排挤在联合国大门之外，就是明证。中华民族更加自信、自尊、自豪了，并能够在安定、和平的环境中从事社会主义建设。在这"桃符万户更新"的时候，全国各族人民是不会忘记"爆竹一声除旧"的。

陈能宽认为，今天还要强调两点"后效"：一是由于早先掌握了世界前沿的尖端技术，在新的历史时期，它使国防科技在转变为国家整个四化服务时具有优势，这包括核能、核技术的和平应用。二是它使中国对于 20 世纪

70 年代以来兴起的世界新技术革命，以至最近更加引人注目的高技术竞争，在若干方面有了一个较高的起点。今后国防的根本出路，应放在提高国防科学技术水平上，国防科技水平的提高同国家科学技术整体水平的提高是密不可分的。

第四，是培养了一支精干队伍，他们是宝贵的国家财富，是无名英雄。

研制第一颗原子弹时，全国先后有 26 个部委、20 个省（区、市）的 900 多家单位参加攻关会战。陈能宽说道：“我们的科研组织没有‘内耗’，攻关人员有献身精神和集体主义精神。我们的理论、实验、设计和生产四个部门的结合是成功的，有效地体现了不同学科、不同专业和任务的结合。”所以，“为了很快地搞好尖端科研与大型经济建设，必须提倡集体主义精神”。

在陈能宽看来，“万般科技皆高新，四海潮流唯人才”，既要抓科研也要培育人才。他重视给年轻科研人员搭建平台，为他们指出增进修养和努力的方向，引导他们养成良好的学习习惯，鼓励他们从应用研究中提炼出基础问题深入研究，支持他们进行新方向、新思想和新方案的探索。还常常叮嘱他们，要与同事搞好团结协作，倡导技术民主、协同创新。在陈能宽等老一辈科学家的言传身教下，一批批核武器科技人才历练成长起来，为我国核武器科技事业实现新的跨越积蓄起强大的发展后劲。

陈能宽说，第一颗原子弹研制成功以后，又有第二步棋和第三步棋的成功，对中国国防科技工业战线所取得的重大成就，党中央、国务院、中央军委多次给予高度评价，他十分有幸和国家需要的这项工作联系在一起。

陈能宽希望国家和社会继续理解、关心和支持这支精干的队伍，充分发挥这支队伍潜在的光和热。这样，可以稳定和培养人才，对国防和国家未来的科技事业均具有长远的意义。

直挂云帆济沧海

陈能宽虚怀若谷，有的发明创造和科技成果在报奖时，大家公认陈能宽应该排名第一，他却把自己的名字画掉，谦逊地让给一起攻关的年轻人。最后公布名单时，他甚至比列名的人感到更欣慰和欢悦。

1980 年，陈能宽当选为中国科学院学部委员（院士）。1986 年，陈能宽被任命为核工业部科技委员会副主任，并出任国家“863”高科技计划强激光技术的首席科学家，为国家再开拓一个新的领域、组织研究队伍、确定研究方向、培养年轻一代科技工作者作出了重要贡献。1988 年，他兼任国防科工委科技委副主任。1996 年，他当选为中国科学院学部主席团成员。

陈能宽年逾七旬后，仍然严谨、认真、一丝不苟地完成国家交给的各项任务，他还经常和年轻同志一起为新的课题加班到深夜。

别看陈能宽是一位科学家，他对体育运动也样样在行，排球、乒乓球、爬山、游泳……他的书法遒劲豪放，他常常兴趣盎然地临摹古人的碑帖，抄录古人的诗句借以抒情言志。最值得一提的是他的文学造诣，他非常喜欢中国古典文学，读过不少中国古典名著，能背诵不少古诗词中的名篇。他在写诗和填词上也颇见功力，一生写下了不少诗词，抒发着一位核科学家高尚而博大的情怀。

箭击长空

——记“两弹一星”功勋奖章获得者王希季

1990年，为编辑出版《太空·地球·人类》一书，中国科学院空间中心主任潘厚任介绍我认识了王希季。《太空·地球·人类》一书共有5章内容，由王大珩、王希季、陈述彭、林兰英、陈芳允、杨嘉墀等14位中国科学院和中国工程院院士参加编写，规格很高，阵容也强大。为编辑出版好这本书，我曾多次见到这些院士，聆听他们的意见。《太空·地球·人类》一书1994年获第八届中国图书奖。1999年9月18日，在庆祝中华人民共和国成立50周年前夕，中共中央隆重表彰“两弹一星”功勋，王希季受到表彰。当晚，我撰写了此文，以作纪念。

爱国情怀

1921年7月26日，王希季出生在云南昆明一个有文化的商贾家庭。父亲虽然为了生意上的事情经常出门在外，可是只要在家，总会带着孩子们到公园玩或到戏院听戏。母亲虽然没有什么文化，却会讲很多好听的故事，令王希季百听不厌。家庭的富裕，让他衣食无忧，他过着单纯而快乐的童年生活。听京剧、看小说、上数学课是王希季童年最感兴趣的事。

王希季从小天资聪颖，读小学时很喜欢上数学课，从来不觉得数学枯燥无味。上数学课时，他的头脑始终处于高度活跃的状态，同学们左思右想弄不明白的题目，他总能迅速而又顺利地写出答案。在小学四五年级时他开始对小说着迷，《三国演义》《水浒传》《说唐》《爱的教育》等，每拿到一本小说，他就恨不得一口气读完。读书拓展了他的视野，让他见识到更广阔的天地和更丰富的生活。

王希季 10 岁那年，家道中落，盛载着孩子们童年欢乐的大房子被贴上封条抵债，一家人从阔绰的商人住宅区搬出来，租住在狭窄的矮房中靠典当度日。初识愁滋味的王希季，似乎一下子长大了，一改往日视学习为游戏的轻率态度，变得认真而努力，成绩也有了显著提高。

王希季小学毕业那年，获得昆明市小学生会考第一名，却因家境贫寒面临辍学的危险。父母为孩子考了全市第一名感到欣慰，却又因负债累累而感觉为难。王希季清楚家计的艰难，但又不甘放弃上学读书。正在他两难之时，大表哥提议让他考昆华高级工业职业学校附属中学，只要成绩好就能拿到奖学金，这样学费就不成问题了。于是王希季以高居榜首的优异成绩到该所学校就读，靠奖学金完成了初中学业。为了将来学有所长，安身立命，他又以第一名的成绩考进昆华高级工业职业学校土木科，靠奖学金读完了高中一年级。

一个偶然的机会改变了王希季的命运。

1938 年暑假的一天，王希季在家看书，一位同学约他去报考西南联大。原来，为了能在战争的非常时期为国家多培养人才，教育部决定打破常规允许青年以同等学力报考大学。王希季只想尝试一下报考名牌大学，结果竟被西南联大机械系录取了。

虽然多年来一直学业优秀，但如此轻而易举的成功还是令王希季大喜过望——毕竟高中的课程只学了一小部分，何况进入的又是顶尖的高等学府，这让王希季一下子成为众人关注的焦点。

为了弥补连跳两级带来的知识空白，王希季在大一时几乎放弃了所有的课外活动，将全部的精力都投入到学业中。学校经常停电，而图书馆和附近的茶馆用的是汽灯照明，抢座便成了王希季晚饭后的第一件事。在人来客往的茶馆里，尽管清唱声、吆喝声、叫好声嘈杂无比，但他都能专心致志地看书，常至深夜。在大三年级时，王希季的学习成绩已经赶上同班同学了。

王希季在读大二时，一次小小的疏忽令他难忘。教机械学的刘仙洲先生是中国现代机械学先驱，他对学生十分负责，非常重视培养这些未来工程师一丝不苟的精神。一次考试，他出题后特别写了一项要求：计算的数字要准确到小数点后面第三位。从小学起计算就是强项的王希季，根本没留意这个要求就自信地做起题来。当时唯一的计算工具是一把小小的计算尺，细小的刻度根本不可能精确地显示出小数点后面第三位数字。如果王希季认真领会先生的要求，自然不难明白为了得出要求的答案只能用笔算。可他却摆弄着计算尺，很顺利地解出了题，并按估计填了小数点后面的第三位数。考试成绩一出来，王希季傻眼了：所有的题都答对了，可因为没按要求计算准确小数点后面的第三位数字，本该得满分的考卷居然被判为零分！

这件事让王希季一连数日都无法摆脱深深的自责，却让他足足受用了一辈子。以后的几十年中，他时常会想起这件事，不但工作上一直以此为鉴，而且越发深切地领悟了当年刘仙洲先生的良苦用心——做一件事情，首先要把目标和要求搞清楚，否则会导致离题千里的结果。

随着学习的日渐深入，王希季越发认识到能源在技术发展中的重要作用。当时昆明电力匮乏，家乡大理还没有电灯，因此，到高年级选择专业时，王希季决定主攻动力工程，将来当一名电力工程师，给家乡带来光明。

1942 年，王希季从西南联大机械工程系毕业了。几年来，他目睹了日本侵略者在中国大地上肆意妄行，因此，找工作时，他毅然放弃去向往已久的热电厂，而选择去 21 兵工厂安宁分厂。虽然他并不清楚兵工厂里都做些什么，但有一点却可以肯定，兵工厂生产的产品是用来打日军的。

兵工厂的生产条件非常优越，全部设备均是从德国进口的。刚入职的王希季成了工程师室的一名小技术员。一腔家仇国恨化为高亢的工作热情，再加上有很好的理论基础，在实际工作中又肯钻研肯干，王希季很快就崭露头角被提升为主管技术员，随后又晋升为工程师。一个才二十出头、走出校门不足三年的青年，这样的际遇是不多的，但王希季却没有感到满足。

抗战胜利后，兵工厂要迁回南京，那里肯定会比留在闭塞的西南边陲更有发展，但他此时却递上了一纸辞呈。原来，本以为抗战结束，便可国泰民安地共建国家，不想内战的烽火又被点燃。当初王希季选择兵工厂是想要通过改善军队装备来为抗日救国贡献自己的一份力量，现在战争既已转为内战，与其留在厂里，还不如投入到改善云南能源状况这项有意义的事业中。于是，他不顾同事们的挽留，毅然舍弃了令许多人羡慕的稳定收入，转而进入昆明耀龙电力公司发电厂，渴望用自己的和才智大干一场。

但现实并没有让王希季如愿以偿。一方面，发电厂小得可怜，根本无法满足工业发展的需要；另一方面，真要设计建设一个大型动力厂，他还不具备这样的能力，需要学的东西还很多。而且，他在厂里干得并不顺心：在兵工厂他就已经是工程师了，发电厂却只肯以助理工程师相聘，待遇低不说，工作中也很难实现自己的想法。

干了一阵子后，得不到重用的王希季在同学们的鼓励下，跳槽去了重工程机械修理厂。人虽离开了发电厂，但他却依然放不下对理想的那份追求。他认为，扩建电厂是迟早的事，因为发展能源是国力强盛的基本保障。一旦战乱结束，具备了成熟的条件，自己有责任使云南的能源得到改善。

为此，他萌发了出国深造、到发达国家进一步研修动力工程的念头，于是他参加了当时教育部组织的公费留学考试，考上了美国弗吉尼亚理工学院。

1948 年春，王希季抱着科学救国的一腔热血，赴美国弗吉尼亚理工学院研究生院学习动力和燃料专业。这是一个很特别的专业，专为建设发电厂培养所需的各种专业人才。在美国，燃料及动力专业的毕业生非常受发电厂欢迎。王希季还没有毕业，在华投资建设上海电厂的美国老板就向他发出了邀请，希望他毕业后能到这家中国最大的发电厂去工作，但他拒绝了。

有着在西南联大打下的扎实基础，王希季的学习进展得很顺利。他清楚地知道国家民族工业基础薄弱的现状，学成回国后一切都要自己动手，要想有所作为就必须掌握全面的知识。因此，在完成课题的过程中，他总是尽可能多地发现问题、提出问题，为的是能够尽量从导师那里多得教益，更好地充实和提高自己。

1949 年，王希季和与潘良儒合作完成了一篇题为《分散态煤粒的燃烧研究》的论文，以优异的成绩顺利获得了硕士学位。

就在王希季准备进一步攻读博士学位时，刊登在《纽约时报》上的两张照片令他彻底改变了计划：一张是上海解放时人民解放军露宿街头的照片，一张是祖国人民兴高采烈地欢庆中华人民共和国成立的照片。王希季是在军阀混战、日军侵略的环境中长大的，旧中国在他眼中是山河破碎，民不聊生的。在海外，他第一次从照片中看到中国人民解放军，看到焕然一新的中华人民共和国，不禁激情满怀：灾难深重的中华民族结束了暗淡的历史，开始迈向光明的前程，正是百废待兴之际，此时不为国家效力更待何时！

为了早日投身于新中国的建设中，王希季决定放弃攻读博士学位，争取尽快回国。当时，美国政府为了留住中国的留学生，给予他们许多优厚待遇：汽车、房子、高薪……而在国内，归国留学生每月只有能购买 300 公斤小米左右的报酬。朋友们劝王希季读完博士再回去，还有人劝他在美国定居，但“回祖国去！投身新中国的建设事业！”已经成了王希季不可动摇的决心。

1950 年 3 月，归心似箭的王希季不顾导师和同学们的挽留，毅然放弃了获取博士学位的机会，怀着无限憧憬和一腔热情，在留美科学工作者协会的帮助下坐上了驶向祖国的海轮。

欣欣向荣的新中国给了王希季施展才华的新天地。他根据国家的需要先后在大连工学院（今大连理工大学）、上海交通大学、上海科技大学任教，为新中国培养了一大批科技人才。

探空火箭

1957 年 10 月 4 日，苏联成功发射了世界上第一颗人造地球卫星，开创了人类进入太空的新纪元。

1958 年，在竺可桢、钱学森、赵九章等科学家的建议下，毛主席在党的八大二次会议上铿锵有力地发出了高瞻远瞩的伟大号召：“我们也要搞人造卫星！”

就在这时，王希季被调到中国科学院上海机电设计院，担任运载火箭研制的技术负责人。报到之前，他根本不知道要去做什么事。工作后才知道上海机电设计院是由中国科学院与上海市共同领导的一个搞运载火箭和人造地球卫星的研究设计单位，他要做的，是一项开创性的、十分艰巨又需要严格保密的工作，既不能对家人说，更不能对外介绍。高度机密就意味着对个人来说，不仅会有许多方面的限制，而且与许多可能获得的掌声相比，这无疑是一条寂寞而艰难的路。

王希季毫无怨言地投入了工作中。他知道，与亲手翻开共和国航天史册这一伟大的事业相比，个人的一切是微不足道的，即使面对的是深不可测的宇宙黑洞，自己也应毫不犹豫地勇往直前，何况这也是自己实现少年时代飞天梦的开始啊！

王希季率领的是一支非常年轻的队伍，技术人员平均只有 21 岁。身为技术负责人的王希季，也不过才 37 岁。而且，谁也没有见过火箭、卫星。不懂就学，边学边干，边干边学，不懂再学……他们艰难地迈出了开创事业的第一步。

由于没有任何经验，他们首次设计的第一级为 T-3、第二级为 T-4 的卫星运载火箭，在推进剂的选用上没有考虑到我国的工业基础，盲目采用了液氟、甲醇等以往还没有人用过的高能推进剂，结果设计工作完成后，就遇到了不可克服的材料和工艺等困难，使研制工作无法继续进行下去，集众多尖端技术于一身的 T-3 就这样胎死腹中。

在重重障碍面前，王希季带领科研人员着手研制一枚比 T-3 火箭小得多的 T-5 火箭，作为试验先行，并通过试验掌握火箭技术。研制工作进行得非常艰苦，他们千方百计攻克了当时难度相当大的一些技术问题，终于完成了 T-5 火箭的设计、制作和总装工作。然而，难以逾越的障碍像拦路虎又一次挡住了前进的道路：火箭没有试车台，发动机没法试车，火箭上用的柔性低温管到总装时还没有得到……这枚相当现代化的火箭，最终成了一枚漂亮的展览品。

从 T-3 到 T-5 火箭受挫的严酷现实，使王希季认识到技术发展必须从实际出发，循序渐进，才能达到预定目标。于是他们根据当时的客观条件，暂时抑制住向太空腾飞的渴望，一步一个脚印地从陆地上走起，改成研制简单而较小的无控制的型号为 T-7M 的气象模型火箭。

当时国家没有钱，给 T-7M 的钱非常少，研制条件非常简陋：搞设计没有电子计算机，搞试验没有试验场。且当时又是三年困难时期，生活十分艰苦。尽管如此，大家的工作热情仍十分高涨。他们把试验设备安装在设计院一个用厕所隔出的不足 5 平方米的小天井里，进行推进剂液流试验。为了进行发动机试车，他们当起“泥瓦匠”，把上海江湾机场日军遗弃的一个废碉堡改造成试车台。他们用辘轳绞车代替吊车，把火箭吊上发射架；用自行车的打气筒给燃料加压设备加压；用手势或口令进行现场联络；靠几个人用手转动天线跟踪火箭；用电动和手摇计算器 24 小时不间歇地进行计算，每计算一条弹道，计算纸就摞得半人高。

他们就这样夜以继日地钻研，仅用了 3 个月的时间，T-7M 模型火箭就竖立在 20 米高的发射架上。1960 年 2 月 19 日，这枚由液体主火箭和固体助推器串联起来的两极无控火箭点火后，滑过发射导轨直冲云霄，发射试验成功了！

虽然 T-7M 的飞行高度只有 8 公里，但它在中国的航天史上却有着里程碑式的重大意义，它标志着中国在走出地球、奔向太空的征程迈上了第一步。

1960 年 5 月 28 日，毛泽东主席来到上海新技术展览会尖端技术展览室，参观了 T-7M 火箭模型。当他听说火箭是在没有苏联专家、没有现成资料的条件下，由平均年龄不到 25 岁的大中专学生研制出来的时候，连声说“好！好！”。

毛主席上上下下巡视了好一会儿模型火箭，然后指着它问道：“这家伙能飞多高?”

“能飞 8 公里。”

毛主席高兴地说：“8 公里，那也了不起！”他鼓励大家：“应该 8 公里、20 公里、200 公里地搞上去！”

领袖的亲切关怀和热情勉励，使全体研制人员备受鼓舞。在王希季的主持下，T-7M模型火箭上天不到7个月，中国第一枚真正意义的探空火箭T-7发射成功了。T-7火箭装载着中国科学院研制的气象和探空仪器，成功地发射了11发，成为中国第一个探空火箭的正式型号。

随后在王希季的主持下又对T-7火箭进行了重要改进，改进型号是T-7A。

T-7A最初是作为气象火箭研制的，后来发展成为高空技术试验火箭，先后共发射了23次。它曾被用来探测电离层，使我国首次能直接获取电子浓度等相关的数据；用来测量宇宙线和磁场强度；用来试验固体发动机高空点火；用来试验卫星仪器、设备的高空性能，为返回式卫星进行高空摄影和进行红外地球敏感器的试验……

一系列用于取样和技术试验的探空火箭穿越蓝天，为我国发展空间科学、进行核试验取样和运载火箭、人造卫星研制过程中进行高空探测及试验等作出了极为重要的贡献。

运载火箭

1965年，“东方红一号”卫星工程正式启动，已担任七机部第八设计院总工程师的王希季承担起了研制我国第一枚卫星运载火箭的重任。

尽管我国已成功地研制出了中程火箭，但将173公斤重的卫星送入预定轨道的运载能力还不具备。从接受这个光荣而又艰巨的任务伊始，王希季就有一个十分明确的想法：一定要提出一个适合中国国情的、切实可行的技术方案，这是他从研制探空火箭中得出的深刻经验教训。他研究了大量的资料，分析了我国第一颗卫星对运载火箭的要求和我国导弹及探空火箭技术的发展情况，从国情出发，创造性地提出将大型火箭与探空火箭进行技术结合，液体与固体推进剂火箭组合，充分利用现有工业和技术基础的运载火箭方案，该火箭后来取名为“长征一号”。

王希季主持了总体方案和初样阶段的研制工作。为了验证运载火箭高空点火的可靠性，他在 T–7A 火箭上加了一级试验固体火箭，在箭头上装设了“长征一号”第三级火箭的点火装置，组成了一枚技术试验火箭。这枚火箭的发射和试验成功，解决了“长征一号”火箭发射卫星的一个关键技术问题，保证了“长征一号”第三级火箭的点火装置在几十公里到 320 公里的高度均能可靠点火。

1967 年“长征一号”的研制工作已从方案阶段转入初样阶段。在初样阶段即将结束时，七机部第八设计院的任务由研制运载火箭总体改为研制航天器（卫星、飞船）总体，因此，1968 年“长征一号”总体任务移交给了七机部第一设计院。两年后由第一设计院最后研制完成的“长征一号”于 1970 年 4 月 24 日在酒泉发射场首次发射成功，把中国第一颗人造地球卫星“东方红一号”送入太空。

王希季（中）与当年的同事一起在中国第一枚液体火箭纪念碑前合影

返回式卫星

七机部八院的任务由运载火箭总体改为航天器总体后，王希季负责研制我国第一枚返回式卫星。

卫星回收是一项难度很高的技术。王希季首先要做的就是提出设计方案。他从我国国情的宏观角度，经过可行性和经济性分析，提出了充分利用“长征二号”运载火箭能力、采用弹道式返回方式的大返回舱方案。这个方案在我国的技术和工业基础上进行创新，并考虑到将来技术发展，达到了国际先进水平，是一个具有前瞻性、可行性、可持续发展的方案，此后30多年来一直是返回式卫星系列的基本方案。回顾曲折发展的研制历程，王希季也为自己在20世纪60年代能负责提出这样考虑比较周全、论证比较充分、被实践证明确实是可行的和可持续发展的技术方案而感到由衷高兴。

掌握卫星返回技术的过程是一场攻坚战，每往前走一步都很艰难。王希季和研制人员摸索着前进，突破了调试关、制动关、防热关、软着陆关、标位及寻找关……

用空投试验方法试验、检验和验证气动力减速器（一般称为降落伞）回收系统，是研制中必不可少的工作。由于空投试验当时处于研制过程，试验时可能成功，也可能失败，为避免造成人员伤亡和财产损失，空投场地都选择在空旷无人的荒原或大漠，回收人员必须跋山涉水亲历其境，才能掌握第一手材料，确保万无一失。

一次，在酒泉发射场发射的两枚技术试验火箭的箭头落到了巴丹吉林沙漠中，箭头中装有返回式卫星用的高空摄影机和红外地平仪等试验仪器。当初步探明箭头的落点后，王希季跟随回收队走进一望无际的沙漠。他们一早就出发，从戈壁走进了沙漠里，风吹沙动，难辨东南西北，凶险莫测。回收队队长林华宝为了王希季的安全，无论如何不让他再前进一步，命令他原地等待。王希季从早上等到深夜，不见一个人影。隔一段时间他就发一颗信号弹，起初还有信号可见，快到晚上时就音信全无。他在焦急、恐慌和担心中度日如年，不断按时发信号弹，目不转睛地凝视着远方的天空，脖子仰酸了也不肯低下头来转动一下，唯恐错过了同伴们发出的信号。

第二天快黎明时，发出的信号弹终于得到了回应。在黎明的曙光中，沙丘脊上出现了缓慢移动的一行影子。王希季迫不及待地大步迎上去，只见队员们背着回收物，满身黄沙，踉踉跄跄地走来。王希季和队员们紧紧地拥抱在一起，含着热泪听着他们讲述出生入死的曲折经历。

回到基地，在70千米高空拍摄的胶片冲洗出来后非常清晰，试验取得了圆满成功，王希季非常高兴。没有条件为试验队员们设庆功宴，他自掏腰包在基地唯一的一家冷饮店中买来汽水和冰激凌来犒劳这些可爱的年轻人。

为了返回式卫星早日研制成功，王希季带领试验队不顾个人安危，一次又一次艰辛地跋涉着。在内蒙古的黄旗海空投时，正值隆冬时节，他们住的是四面透风的小屋，十几个人挤睡在铺着稻草的地铺上，吃的是又粗又黑的“钢丝面”；在天津靠海的芦苇塘空投时，他们在水深齐腰的芦苇丛中蹚水寻找空投模型，从上午找到下午……

经过前后58次空投试验和反复改进，返回式卫星的回收系统终于完成了正样研制。

1975年，我国第一颗返回式卫星首发成功并安全返回地面，我国成为继美国、苏联之后世界上第三个掌握卫星返回技术的国家。

返回式卫星是一种非常复杂的高技术产品，有数万个元件和零件，只要有一个环节出现问题，就可能导致整个试验失败。美国是经过多次失败后才获得回收成功的。我国第一次回收就获得基本成功，以较小的代价取得了令人瞩目的成就，令国际宇航界刮目相看。

毫无疑问，王希季是创造这个奇迹的功勋人物之一。由于在“东方红一号”卫星和返回式卫星研制中作出了突出贡献，他两次荣获国家科学进步特等奖，获得一次一等奖。

发展战略

最早提出火箭运动公式的宇航理论奠基人、苏联科学院院士齐奥尔科夫斯基曾说过："地球是人类理想的摇篮，但人类不能永远生活在摇篮里……在寻求光和空间的过程中，起初是怯生生地探索大气层的极限，其后就会把它的控制延伸到整个太阳系！"王希季很欣赏这句几十年来激励着人们不断深入探索太空的名言。

几十年来，让王希季魂牵梦萦的就是无垠的宇宙。当他把一枚枚火箭、一颗颗卫星送入太空，见证着祖国航天事业的腾飞时，他逐渐认识到：进入太空固然十分重要，但更重要的是进入之后的发展。广阔无垠的太空不仅有取之不尽、用之不竭的宝贵资源，且它与领土、领海、领空不同，它没有疆界，谁有本事谁就能够去占领，谁有能力谁就可以去开发。事实上，各个国家之所以不惜为航天事业斥巨资，目的并不在于空间竞赛，而是为了参与空间竞争和空间占领。

"发展航天技术的意义不等同于发展一般高技术，这是一项开拓天疆，造福中华民族和全人类的宏伟事业。"基于这样的认识，王希季争分夺秒地进行空间"软科学"的研究，思考着国家空间发展的大战略。他向国家决策部门提出《建设中国空间基础设施》的报告，建议国家把发展空间基础设施作为国家空间发展战略来考虑。他根据我国国情提出近中远期、平危战时、军民商用等一系列具体设想。

王希季是一个一天也闲不住的人。继提出《建设中国空间基础设施》的报告之后，他又提出《建立我国空间轨道基础设施的建议》，还与王景泉研究员合作，完成了《发展我国的空间基础设施的研究报告》。

为了迎接世界高科技的挑战，王希季除以新的思路进行课题研究、进行我国空间技术发展的总体规划工作外，还致力于倡导和研制小卫星的工作，以创造建立空间基础设施的条件。

不服老、不畏老的他，又担当起研制小卫星首席专家的重任。他的想法就是要快、好、省地建设中国的空间基础设施。现代小卫星（质量在 100—800 公斤的卫星）具有功能密度高、重量尺寸小的特点，可以节减研制和发射费用，能较快地出产品。由多颗小卫星组成星座以适应需求，实现起来比用同样功能的大卫星要容易、省钱、省时得多，且发展小微型卫星是空间技

中华人民共和国成立50周年大庆之日，王希季（左）与杨家墀（右）在天安门观礼台上

术的一个发展趋势。

王希季说："我们有长征系列运载火箭，有太原、酒泉和西昌三个发射基地，有星罗棋布的测控网，可以发射各种轨道的卫星。我们完全有能力扩展中国的天疆。"

1999年9月18日，中共中央、国务院、中央军委联合召开表彰为研制"两弹一星"作出突出贡献的科技专家大会在庄严雄伟的人民大会堂隆重举行。作为23位"两弹一星"功勋奖章获得者之一，王希季心情非常激动。表彰活动使长期默默工作的功勋们成为热点人物，但王希季不愿多谈自己，只希望大家关注航天事业的发展。

21世纪来临之际，也是王希季步入人生第80个年头之际，他毫不在意自己的年龄，依旧不辞辛劳、充满激情地工作着……

点亮汉字激光照排灯塔

——忆国家最高科学技术奖获得者王选

2006年2月13日，我从南宁去北京开会，中午12时到达北京机场。当我乘车行驶到中关村时，手机收到新华网的新闻短信：中国科学院院士、中国工程院院士、北京大学教授王选今日11时许在北京病逝。这一突如其来的消息让我十分震惊。到达宾馆以后，我立即给王选老师的学生——北大方正集团春元公司总经理丁绍连打电话，询问有关情况和吊唁王选的地点及时间等安排。在北京大学读书的女儿告诉我，在北京大学百年讲堂设有王选的灵堂供人们悼念和瞻仰。这一天北京的天阴沉沉的，北京大学的未名湖仍结着厚厚的冰，路边是一片白茫茫的雪，整个北京沉浸在一片阴郁的寒冷之中。夜里，北京的室外温度很低，达零下10摄氏度。我绕着北京大学的未名湖、红四楼、图书馆、博雅塔走了一圈，望着星空，再看着北京师范大学东门外中关村大街上雄伟的方正大厦，对王选的怀念之情涌上心头。来到北京大学百年讲堂，已经是深夜12时多了。我进入大厅，看到高10米、长30米的黑色挽幛立在讲堂大厅的正中，30多名工作人员正在紧张地忙碌着。14日下午，我写了一封《深切怀念王选老师》的唁电，通过电子邮件发给王选的秘书丛中笑并转王选的夫人陈堃銶老师。

2月15日上午10时，我来到北京大学百年讲堂的王选灵堂吊唁王选。吊唁大厅摆满了路甬祥、周光召、陈佳洱、许智宏等科学家以及教育部、中国科学院、中国科学技术协会、北京大学、清华大学等单位送的花圈。在低沉的哀乐中，社会各界人士和北京大学师生列队缓缓走过王选的遗像之前，默哀、鞠躬。一位白发苍苍的老教授抑制不住心中的悲伤，一面流泪一面在留言簿上留言："一代字师仙逝，两院院士魄存。"悲痛弥漫着整个大厅。在百年讲堂外，不少北京大学青年学子在接受新闻记者采访时纷纷表示，要学习王选老师的科学品质和治学精神，努力学习，勤奋工作。

我在王选的遗像前默哀、鞠躬，并在留言簿上写下了表达缅怀之情的一段文字："王选老师是中国电子计算机汉字激光照排之父，现代中国的毕昇，国家最高科学技术奖获得者。从 20 世纪 70 年代开始，您领导并主持研发的电子计算机汉字激光照排系统获得成功，使中国报刊图书的编辑出版告别了'铅与火'，迈入了'光与电'的时代，为解放生产力，提高数字化编辑出版水平，弘扬中华民族优秀文化作出了极其卓越的贡献。您永远活在每一个中国人的心中，并每时每刻都在陪伴着人们！您点亮了熔化铅字的灯塔，开启了汉字印刷的新时代，让汉字在信息时代重新流光溢彩，您将中国人'自主创新'四个大字刻在了民族复兴的里程碑上。"

编辑之友，平凡伟大

作为《王选传》一书的责任编辑，我有幸认识了王选。从 20 世纪 80 年代开始，我与王选的书信往来有 10 多封，并多次在北京和南宁当面聆听王选的教诲，每次都获益匪浅，令我记忆犹新。

1992 年《王选传》获首届中共中央宣传部"五个一工程"入选作品图书奖，在中国科学院和教育部举办的出版座谈会上，王选代表当代科学家作精彩发言。

1993 年 11 月，王选应广西壮族自治区党委和政府的邀请到南宁讲学。我接到王选的电话，让我陪同他出席在广西南宁明园饭店举行的晚宴。其间，我们聊起了很多往事，至今仍历历在目。

1996 年 12 月，我到北京大学参观，王选百忙之中在计算机研究所接待我并与我亲切交谈，中午还请北大方正集团的蒋必金副总裁和我吃饭。

2000 年，我的报告文学集《走近科学家》即将付梓，我给王选写信，请他题词和提供照片，半个月之后我就收到了王选的题词和很多珍贵的照片。王选为《走近科学家》一书的题词是："献身科学就没有权利再像普通人那样活法，必然会失掉常人所能享受的不少乐趣，也会得到常人享受不到的很多乐趣。"这是王选人生的座右铭，也是一位伟大科学家的至理名言。

2002 年春节，我又一次收到王选寄来的新春贺卡，他在上面写着："黄健先生：谢谢你的关心，祝新年进步!"这张贺卡至今我仍珍藏着。

这一切，都成了历史和回忆。

几天来，我看到成千上万的人怀着感激和不舍的心情，来到设在北京大学百年讲堂的王选灵堂，送别这位"中国现代印刷之父""当代毕昇"。人们感激王选，如果没有他领导发明的汉字激光照排技术，今天的文化传播就不会这样方便快捷，而知识的获取也许会艰难得多。在吊唁现场，我还看到新华社、经济日报、解放军报、中国青年报、新民文汇联合报业集团、广州日报、羊城晚报、黑龙江晚报、宁波日报、深圳日报、西安日报等很多重要媒体和一些印刷机构发来的唁电及送来的花圈。

2 月 15 日下午，我收到王选的秘书丛中笑发来的电子邮件，说已收到我发送的唁电，并通知我到方正集团领取讣告，因为要凭讣告才能参加王选院士的遗体告别仪式。16 日中午，我正在北京国谊宾馆开会，接到北大方正集团的通知，说王选院士的遗体告别仪式于 19 日上

1993 年 11 月，王选（左）与作者黄健（右）在广西南宁

午9时在北京八宝山革命公墓举行，请我于上午8时在北京大学百年讲堂乘专车前往北京八宝山革命公墓。后来，北大方正集团春元公司总经理丁绍连同我一道前往北京八宝山革命公墓为王选送行。

很多人怀着对王选的人格魅力、科学精神和杰出成就的崇敬自发地来向王选作最后告别，共同送别这位为社会、为国家、为全人类文明进步作出卓越贡献的杰出科学家。虽然王选已逝世，但他留下了足以泽被后世的成果，留下了很多感人至深的事迹。

告别“铅与火”，迈入“光与电”

20世纪80年代，人们都有过买书难的经历。那个年代，出版社出版一本书可能要花上几年时间。原因就在于印刷厂仍在使用沿袭了上百年的铅字印刷工艺，仍是以火熔铅，以铅铸字，以铅字排版，以版印刷。有关资料统计，当时铸字耗用的铅合金达20万吨、铜模200万副，时值人民币60亿元。一个捡字工人工作一天相当于走14公里，每隔一段时间就要排一次铅毒。铅字出版印刷效率极低，一般图书从发稿到出书要在出版社压上一年左右，有的要拖两三年，很多科技著作、学术论文积压未能及时出版，等到出版发行时知识内容已显得陈旧。报刊的数量和品种也十分贫乏，落后的排版印刷技术已经严重地影响了我国文化的传播和科学技术的发展。

而在当时，西方国家已经率先结束了活字印刷时代，采用电子照排技术进行印刷。正是看到了我国与西方在印刷技术上的巨大差距，当时还是北京大学一个默默无闻的助教且因为身患重病而长期休假的王选，主动请缨担负起研制汉字激光照排技术的重任。

20世纪初，国外出现了一种利用照相原理来代替铅活字的排版技术——“西文打字机”加“照相机”。20世纪70年代，国外印刷业发展到了激光照排机第四代，而中国印刷业却还停留在汉字的“铅与火”时代。

1974年，电子工业部等五单位发起汉字信息处理技术的研究，被列入国家重点科研项目“748工程”。北京大学数学系讲师、王选的夫人陈堃銶得知这个信息，立即告诉在家养病的王选，听到消息的王选再也躺不住了。当时，国内已有5家院校和科研单位申报承担汉字精密照排系统任务，王选决定参加这场竞争，“因为它的难度和价值吸引了我”。

汉字字形信息量太大，是中文信息处理系统最大的难题。要把汉字信息存储进计算机，就要把汉字变成点阵来表示。一个5号的正文字，至少需要100×100点阵，大号字体甚至需要1000×1000以上点阵。汉字的常用字在3000个以上，印刷用的汉字达2万多个，加上每个字各有50多种不同风格的字体和50多种大小不一的字号，如果都用点阵来表示，信息量高达上千亿字节。那些日子，王选满脑子都是汉字的横竖弯钩，连做梦也尽是笔画。终于，他想出了用数学方法计算汉字轮廓曲率，经过几个月的工作，他让庞大的汉字字模减少至原来的2%，扫清了研制汉字精密照排系统的最大障碍。

当时，王选几乎放弃所有的节假日，努力使自己的方案完善并具体化，一步步解决高倍率汉字压缩和高速不失真还原汉字轮廓等难题。电子工业部“748工程”办公室得知王选的方案后，组织专家进行了全面考核。1976年6月，王选的方案完成了模拟实验，获得了一致好评。同年9月，“748工程”中的汉字精密照排系统研制任务正式下达给王选所在的北京大学。

当时，英国蒙纳公司凭借着雄厚资金和先进技术，也正在加紧研制汉字激光照排机，想率先占领中国市场。面对双重压力，王选加快了自己的工作进度，带领一群年轻人夜以继日地勤奋工作。1979年7月27日，汉字精密照排系统的第一台样机调试完毕。大家围在样机旁紧张地注视着，机房里只有敲击计算机键盘发出的嗒嗒声。过了一会儿，从激光照排机上输出了一张8开报纸的胶片，王选既兴奋又紧张地接下这张可以直接印刷的胶片。1980年，支持这套系统的电脑软件，包括具有编辑、校对功能的软件也先后研制成功，并排印出第一本样书《伍豪之剑》。

1000多年前，毕昇发明了活字印刷术，用泥做了些小字模来印刷，但在中国并未得到推广应用。约400年后，德国的谷登堡发展了活字印刷技术，用来大规模印刷图书。有学者认为正是活字印刷术的发展，推动了文化的发展，才有文艺复兴和工业革命。

毕昇的活字印刷术之所以在中国被束之高阁，除封建制度的束缚和生产力落后等原因外，还有一个重要原因是中国汉字数量庞大，这也是中文印刷业自动化的困难所在。西方的文字只有20多个字母，加上各种大小字体，印刷字模也不过100多个，而汉字有5万多个，1个字就需要1个字模，还有各种字体和大小不一的字号。

王选的贡献突破了汉字激光照排技术，更重要的是，这个技术的普及有效地保护和传承了中华文化。

1984年底，在一个论证中国的汉字精密照排系统是否需要引进的国专家论证会上，除新华社的一位技术人员外，其余的专家都认为必须引进，就连一贯相当支持北京大学的电子工业部资深专家也说，北京大学的系统是落后的，必须要引进国外的系统来促进自己的发展。但王选的信心一直没有动摇，他坚信自己设计的先进性，坚信只要改善硬件设备，提高系统的可靠性，完全可以在竞争中取胜。1989年底，来华研制和销售照排系统的英国蒙纳公司、美国王安公司先后放弃竞争，退出了中国市场。

王选和他的同事又研究起了实用的激光照排机。在山东潍坊计算机公司的支持下，寓意为“中华之光”的华光电子排版系统生产出来了。1985年，新华社第一次采用华光机排出了《新华社新闻稿》日刊；1986年，《经济日报》在华光机的支持下，成为全世界第一家采用屏幕组版、激光照排的中文日报，并于1987年出版了国内第一张激光照排、整版输出的中文报纸。

工作中的王选

在王选的努力下，汉字激光照排技术占领了国内报业99%和书刊（黑白）出版业90%的市场，方正日文和韩文出版系统早在2001年就已经开始进入日本、韩国市场，汉字出版系统后来也打入了欧美市场，占领了80%的海外华文报业市场，创造了巨大的经济效益和社会效益。有95位中国工程院院士和中国科学院院士参与推荐和评选、2001年底揭晓的“20世纪我国重大工程技术成就”榜单中，“汉字信息处理与印刷革命”排在第二位，与另外24项成就一起作为20世纪我国重大工程技术成就的代表被载入史册。王选曾荣获第14届日内瓦国际发明展金奖、国家科技进步奖一等奖、首届毕昇奖、国家重大技术装备研制特等奖、联合国教科文组织科学奖、2001年度国家最高科学技术奖等科技大奖。

王选曾经说：“我对国家的前途充满信心，21世纪中叶的中国必将成为世界强国。我能够在有生之年为此作了一点贡献，已死而无憾了。”话语中充满了对祖国的热爱，对国家未来的信心。但在王选的心里还是有点遗憾，他说：“我的一生中有10个梦想，5个已经成为现实，另外5个需要我与年轻人共同实现。”他的10个梦想都与自己为之奋斗数十载的事业息息相关，前5个梦想为发展激光照排系统，告别“铅与火”；发展基于页面描述语言的远程传版，告别报纸传真机；发展开放式彩色桌面出版系统，告别传统的电子分色机；发展新闻采编和资料检索系统，告别纸和笔；开拓海外华文报业市场。这些梦想已经成真，还有5个也正在变成现实。但他遗憾的是，自己没有将这些梦想都变成现实。为此，他把殷切期望全都寄托在年轻人身上。

假如没有王选发明的精密汉字激光照排系统，以及后来的电子出版系统的研究开发，我国的出版行业不但要花费巨资购买国外的技术和设备，还要被迫让出巨大的市场以换取高端技术，中国书报刊出版技术和应用水平也不可能像今天这样处于世界前列。

北京大学教授董士海说：“王选作了一项对国家非常重要的贡献!”

北大方正，半生苦累

王选是北大方正的创始人。说起公司名字的由来，知情者说是源自《汉书·晁错传》里的一段话：“察身而不敢诬，奉法令不容私，尽心力不敢矜，遭患难不避死，见贤不居其上，受禄不过其量，不以亡能居尊显之位。自行若此，可谓方正之士矣。”对于此段话所说的，王选做到了。他虽然离我们远去了，但他生前不追名逐利，一心为人类作贡献的言行，值得人们敬仰、学习。许多熟悉王选的人都说：“他心中总是考虑别人，唯独没有自己。”以住房为例，王选曾住过北京大学佟府园丙八号，在只有 11 平方米的平房里，一住就是十几年。1988 年 6 月，王选搬到北京大学承泽园 101 楼 206 室，建筑面积只有 70 平方米。到了 1998 年，北京大学开始分配蓝旗营每套 145 平方米的院士楼，但王选始终不愿搬入院士楼，北京大学的一位教授对此大惑不解，禁不住探问个中原因，王选回答说：“我已退居二线，住这个房子就行了。若有可能，应尽量改善在一线工作的年轻人的居住条件，现在都是在靠他们出成果。”直至离世，王选还是住在那套只有 70 平方米的房子里。

王选认为：“计算机这类新兴学科，年轻人具有明显的优势，我们应该重点支持尚未成名的、有才华、有潜力的小人物。”“为他们创造平等、和谐、有利于他们发展的好环境。”王选 55 岁时，建议“国家的重大项目、‘863’计划、学术带头人年龄要小于或等于 55 岁”。

当年，王选在上海南洋模范中学读书期间正值中华人民共和国成立初期，他是班上第一个加入共青团的，经常参加各种社会活动。从小学五年级直至大学毕业，王选当了 12 年学生干部。王选说，当学生干部要懂得团结人，为别人考虑，为别人服务。长期的学生干部经历，提高了王选的组织能力和表达能力。他认为，个人只有融入集体，才能体现完整的自我价值。这是一个人能够做出成绩的不可缺少的素质，尤其是学术带头人必备的素质。以至后来招研究生和为方正招人时，王选也很看重他们是否曾当过学生干部。

王选曾写过一篇文章，主题是“最可怕的是错过一个时代”。他说，在人类历史上还没有一项技术像互联网那样，在那么短的时间内影响如此多的人。而网络出版正是继电子出版之后出版业所面对的划时代的技术革命。他曾在许多场合饱含热情地说：“我的一生有 10 个梦想，有些梦想是由我自己提出来并亲自带领我的同事们去实现的；有些梦想是由今天的年轻一代提出并正在亲身实践的，特别是 eBook 这一新事业、新梦想，年轻一代已经做出可喜的成绩……”。进入网络出版时代的出版社，能在出版发行纸书的同时在网络上出版发行电子书，通过网络让更多的读者享受到阅读的乐趣。

谦逊风范，一生心安

王选不仅给我们留下了宝贵的科研成果，而且给我们留下了弥足珍贵的精神财富。张海棠和宋均营在《王选印象：中关村精神领袖的自谦》一文中指出：“王选的谦逊是出了名的，或许从他自谦的话语中，我们会更多地认识到他‘精神领袖’的风范。”

爱因斯坦在悼念居里夫人时说过这样的话：“一个人对于时代和历史进程的意义，在其道德品质方面，也许比单纯的才智成就方面更为重要。”

《左传》有言：“太上有立德，其次有立功，其次有立言。”这“三立”，王选院士都做到了：立德，他一辈子做好人，有益于社会，有益于他人；立功，他发明的汉字激光照排技术曾占领国内报业 99% 和书刊（黑白）出版业 90% 的市场，以及 80% 的海外华文报业市场；立言，他对人生的深刻见解，对青年的谆谆教诲，意味深长，发人深省。如今，斯人已逝，但功业长在，精神长存，永远值得人们怀念和效法。

王选无疑是个大名人，但他从不以名人自居，不摆名人架子，低调处世，过普通人的生活。不仅如此，他还十分警惕“名人”头衔带来的负效应，时时检点自己。当有人对他说：“我在电视上看到你了。”他幽默地回答说：“你什么时候看到一个真正有才能、正在创高峰的科学家频繁在电视上露脸？上电视说明我的科学生涯快要结束了，一个处在创造高峰期的科学家是没有时间频繁上电视露脸的。”

2006 年 2 月，全国人大常委会副委员长、中国科学技术协会主席、九三学社中央主席韩启德在学习王选同志座谈会上指出：“大家都知道，1995 年王选同志当选九三学社中央副主席，是准备接吴阶平的班，这也是众望所归。但是后来他生了重病，他与吴老等极力推荐我，最终由我担起了重任。

开始我真的是心里没底，但是王选同志多次鼓励我、勉励我。他说：‘你一定能做好。’有的会议他没有参加，但是他将我的讲话稿拿去看，很认真地阅读，并多次专门来鼓励我，肯定地表示我讲得不错。2003年3月，他担任全国政协副主席，我担任全国人大常委会副委员长。我记得非常清楚，那天我们在政协大会九三学社界别驻地开常委会，会前，他把我拉到一旁，对我说：‘有一件事情我要跟你沟通一下，现在我们都担任了国家领导人的职务，据我所知，我们出去的时候，都要布置警力，包括交通。以后我们要遵守时间，如果我们晚一点，就会给整个系统造成很多麻烦，所以我们说好的时间就一定不要轻易改变。’3年过去了，在参加每一次活动时，我都会想到王选同志的叮嘱，并按照他的话去做。王选同志就是这样细心，他甚至考虑到每一个细节。因为他不是考虑自己，而是考虑到社会，考虑到别人，也是考虑到我们九三学社的形象。”

王选（左）与韩启德（右）在九三学社中央主席会议上

2006年3月5日，是第七个“中国青年志愿者服务日”。当天，北京大学青年志愿者协会携手全校师生组织了“追忆王选先生，祝福陈堃銶老师”的祝福语征集活动。同学们纷纷在卡片上写下对王选的怀念和对陈堃銶老师的祝愿，并贴在精心准备的相册中。随后，青年志愿者协会将这本祝福册和同学们制作的千纸鹤一起送给陈堃銶老师，带去了广大同学们的心意，其中一则祝福语是这样写的：

敬爱的陈老师：

早春阳光下，我们仰望天空，为您和先生祈祷……我们，用无数纸鹤祝福您，用深深景仰怀念先生，用一生奋斗追随先生永垂的精神。祝您幸福！

2006年4月，中共中央宣传部、中共中央统战部、教育部发出通知，号召向王选同志学习，并成立了王选先进事迹宣讲团进行全国巡回宣讲。2006年5月17日，王选同志先进事迹报告会在北京人民大会堂举行。报告会前，中共中央政治局常委、全国政协主席贾庆林亲切会见了报告团全体成员，转达了胡锦涛总书记的诚挚问候。2006年6月5日，胡锦涛在中国科学院第十三次大会和中国工程院第八次大会上指出："前不久过世的王选院士就是我国院士的杰出代表，他献身科学、敢为人先，提携后学、甘为人梯，为我国广大知识分子树立了光辉的榜样。"

2006年10月17日下午，应王选的秘书丛中笑的邀请，我和在北京大学读大三的女儿到方正集团王选的办公室访问并参观王选纪念室的筹备处，我们认真地观看了王选生前工作和科研的地方，翻阅了他看过的书籍和文献资料。初秋的夕阳从窗外透过幔帘照到办公桌上，仿佛是王选点燃的汉字激光照排的一缕亮光。我们坐在王选办公室的沙发上，缅怀王选为实现国家知识创新和技术创新的伟大功绩，展望21世纪数字出版的前景，憧憬中国eBook产业的发展趋势，我们坚信中国新闻出版事业在多媒体技术的推动下，一定会更加繁荣和辉煌。

黄土情缘

——记国家最高科学技术奖获得者刘东生

1990年我曾组织编辑出版过大型科普丛书《新编十万个为什么》，当时与《科技日报》副刊部主任陈恂清一起，到北京中关村中国科学院邀请刘东生院士担任《新编十万个为什么》的顾问并向他汇报编辑宗旨。刘东生对出版这套科普丛书充分肯定，他说：要大力宣传科普知识，传播科学精神，通过《新编十万个为什么》这样的科普读物，加强对青少年的科学教育。刘东生的充分支持和肯定，使我们信心倍增。他还欣然答应担任顾问，并对《新编十万个为什么》的编辑提出了指导意见。这对我来说，是终生难忘的。2003年2月，我看到《人民日报》的头版报道刘东生获国家科学技术最高奖，有感于这位杰出科学家，特撰此文。

时间回到2002年4月12日下午，美国南加州大学报告厅，2002年度"泰勒环境成就奖"的颁奖仪式在这里举行。评审委员科恩教授用颇有诗意的语言描述了中国黄土沉积这一独特的地质现象："正如人类文明的兴衰更替为我们留下了浩如烟海的历史遗痕，自然界沧海桑田的环境变化也在地球上刻下了三本完整的历史大书：一本是完整保存古环境变化信息的深海沉积，一本是系统反映气候变化的极地冰川，而第三本书就是中国的黄土沉积。这三本书是我们认识地球上自然历史、气候、生物变迁的最佳文献档案。""泰勒环境成就奖"是世界环境科学领域的最高奖，有"环境科学的诺贝尔奖”之称，刘东生成为获此殊荣的首位中国大陆科学家。

在颁奖典礼上，身材微瘦、身着黑色礼服的刘东生在接受“泰勒环境成就奖”时，老泪纵横地说：“70 年来，中国的地质学研究成果终于登上国际舞台的制高点了。”

见证民族危难

1917 年 11 月 22 日，刘东生出生在沈阳皇姑屯。他的父亲是一名铁路职员，在皇姑屯车站任副站长。小时候，刘东生爱到乡下玩耍，每每看见色彩斑斓的昆虫，总喜欢把它们抓住，仔细看一下。刘东生回忆说：“我把这些好不容易捉来的昆虫放在一个铁盒子里。夏天天气热，有一回我早晨采集的昆虫，经太阳一晒，到晚上都闷死了，心里特别难受。”一天晚上，附近的一个村放电影，刘东生随父亲去看电影。电影的内容有关西藏，白雪皑皑的山、成群的山羊、奔驰的骏马、辽阔的牧场，无不新奇，似有一种磁性的力量在吸引着刘东生。

在刘东生的孩提时代，最难以抹去的记忆是震惊中外的皇姑屯事件。由于张作霖没有满足日本帝国主义在辽宁开矿、设厂、移民等要求，被日本关东军视为死敌。日军在皇姑屯车站附近预埋炸弹，于 1928 年 6 月 4 日将张作霖炸死。事件发生的那天，刘东生的父亲正好值班。被炸毁的火车，被就近运到皇姑屯机车修理厂。怀着好奇心，当时 11 岁的刘东生还和小伙伴们去看了看。

小学时代，刘东生是在奉天省立第二小学度过的。后来，他的父亲调到天津铁路局工作，他于是随父亲来到天津。1930 年，他到南开中学念书，一念就是 7 年。中学毕业后，他想继续求学。1937 年 7 月 7 日，他从天津登上火车，去北京求学。谁知这天发生了卢沟桥事变，火车到卢沟桥附近后停了十多个小时，半夜才赶到北京。

七七事变，进一步暴露了日本帝国主义的侵华野心，也标志着中国全面抗战的开始。“平津危急！中华民族危急！”事变发生的第二天，中国共产党向全国发表的抗战宣言中如是说。刘东生一些南开的同学打听到：迫于形势紧张而迁往湖南的南开大学、北京大学、清华大学，已在长沙成立了临时大学，后又搬到云南昆明，组成西南联合大学。他们便结伴前往昆明，欲往西南联大求学。

就读西南联大

刘东生历尽艰辛终于到达昆明。由于他是南开中学毕业的，按学校的规定，可以直接进入西南联大学习，学籍属于南开大学。到他 1942 年毕业时，他在南开整整读了 11 年书。

刘东生认为，他在南开所受的教益是多方面的，不仅限于扎实的文化知识基础。南开当时的校训是“允公允能”。“公”，就是培养学生将来报效祖国；“能”，就是让学生掌握多方面知识。受此校训影响，在南开的悉心栽培下，刘东生不少南开的同学成了人才，例如著名地质学家涂光炽、著名内科专家方圻等。

日本帝国主义在中国的所作所为，让刘东生倍感痛心，他暗下决心一定要为中华民族的崛起而努力奋斗。

在西南联大，刘东生学了近一年的机械专业。一天，他无意中在《益世报》上看到一篇《论抗战和乡土的研究》的文章，这篇文章改变了他对自己专业的定位。文章的作者是刘东生后来的老师、中国古脊椎动物学家杨钟健。文章讲到只有了解自己的家乡，才能谈得上热爱自己的家乡，才能有抗战热情。这篇文章给刘东生很大的启发，他想，自己从沦陷区跑到大后方，就是出于爱国，爱自己的家乡。必须认识家乡的山山水水，通过了解山是怎么形成的，水是怎么变化的，更容易认识家乡的美好。于是，他放弃学机械学，改学地质学。他说：“大自然不但美丽，而且有许多追求不尽的奥秘，促使我不断探索。直到现在，我还常感觉到有很多新东西在等待挖掘。”

中国构造地质学奠基人黄汲清教授也是对刘东生一生学术研究影响较大

的人。黄汲清的野外工作能力特别强，山有什么断层，他都能一一勾画出来，并能解释矿在什么地方。黄汲清老师渊博的学识与工作劲头潜移默化地影响了刘东生，他无法忘怀那段在“中央地质调查所”做技佐的日子。他常说：“黄汲清老师爱与山打交道，与山似有一种特别的感情，起早贪黑，天很晚了还没有返回的意思。而今，我这么大岁数了，爬山也从不觉得累，这或许是当初与黄老师一块在重庆工作养成的职业习惯。”

名师教诲

1946 年，刘东生回到南京珠江路“中央地质调查所”，随杨钟健先生学习古脊椎动物学，每天晚上都要到陈列馆二楼的实验室看书。阅读那些著名古生物学家的巨著，刘东生觉得自己仿佛在和科学巨人居维叶、达尔文、欧文、寇甫、马修等对话和交流，并沿着他们的足迹在寻找自我、发现自我。多年以后刘东生深情地回忆说：“南京珠江路地质调查所是令人怀念的，在那里我曾有过许许多多的梦……”

在一个寒冷的夜晚，刘东生像往常一样，在实验室里阅读难啃的齐特尔的古生物学教科书，忽然他听到嚓嚓的脚步声，原来是杨钟健老师从外面看到楼上的灯光就上来看看。他看见刘东生在读齐特尔的书，感慨地说：“你可真是和裴文中一样了！”原来当年裴文中先生在周口店发掘的时候，就是在一天劳累之后利用晚上的时间，在煤油灯下苦读齐特尔的古生物学教科书而学有所成的。刘东生那时也是白天整理从重庆运来的 80 多箱标本，晚上才有时间看书。杨钟健坐在刘东生的座位上，把书翻了翻说：“这本书像本字典，难读，但很有用处。”然后，他开始给刘东生讲起书来了。从鱼讲起，讲了一段后说：“明天再讲吧！”就这样，有时在下午，有时在晚上，杨钟健用一段时间扼要地讲完了这本教科书。多年后，每当刘东生回忆起那些晚上杨钟健的讲课，心里仍充满了温暖。

刘东生很欣赏这句话：“人类幸福与否取决于他对先辈、同行和后代能否心心相印。”从 1946 年杨钟健给刘东生启蒙，到 1979 年杨钟健逝世，在 30

多年的时间里，他们师生之间有过很多难忘的交往。无论是对古生物学、第四纪地质学的探讨还是在生活工作中，刘东生都深深地感受到了杨钟健对他的热心关怀。

由于有名师指点加上自身的努力，不久刘东生在古生物学方面取得了突出成绩，1947 年他获得马以思奖，这是以年仅 25 岁的马以思烈士命名的纪念奖。马以思 1919 年生于黑龙江，1943 年毕业于重庆“中央大学”理学院地质学系，随即以第一名的成绩考入“中央地质调查所”，从师尹赞勋、许德佑研究古生物学，兼通英、德、法、俄、日等国语言，聪慧过人，是位出类拔萃的才女。不幸的是，1944 年 4 月她随“中央地质调查所”技正许德佑先生、技佐陈康先生一起赴贵州西部进行野外地质调查，至晋安境界遇匪被戕，三人均为科学牺牲。为纪念他们为科学献身的精神，特以他们的名字设立了纪念奖。马以思奖多授予成绩卓著的女科学家，如侯佑堂、池际尚、郝诒纯等，唯刘东生作为男士也获此殊荣。这是刘东生从事地质工作以来获得的第一个重要奖项。

黄土学说

黄土高原位于秦岭及渭河平原以北、长城以南、太行山以西、北河及乌鞘岭以东，大部分为厚层黄土覆盖，层厚为 50—80 米。在生产力不发达的古代，地质条件对当地文明的发展有重要影响。早在 6000 多年前的仰韶文化期间，我国人民就在黄土高原上创造了与两河流域、印度河和尼罗河流域等地不同的旱作农业；在距今 8000 多年前的新石器时代，人们就利用黄土质地细、湿时可塑性良好的特点，制造出各种陶器；此后还利用黄土干时具有相当高的凝聚力、可形成直立陡壁同时又疏松易挖的特征，在黄土区建造了冬暖夏凉的窑洞。然而，黄土结构松软，易被侵蚀。千年风雨的冲刷和不合理的开垦及利用方式，使如今的黄土高原千沟万壑。发源于青海的黄河在黄土高原的脊背上绵延。作为中华民族的母亲河，黄河滋润了无垠的土地，培育了中华民族悠久的历史和灿烂的文化，但黄河每年要带走约 16 亿吨的泥沙，除流入渤海外，大约有4亿吨的泥沙沉积在中下游河床上，形成河床高悬的地上河，使黄河洪灾频繁、水患深重。

1954年，国家开始兴建三门峡水库，面临的一个重大问题就是黄河泥沙。当时，周恩来总理在国务院专门组织会议讨论了这个问题，中国科学院副院长、气象和地理学家竺可桢提出，由科学院组织一个黄河中游水土保持综合考察队，对黄土进行研究。刘东生在中国科学院地质所侯德封的带领下参加了这次考察。在这次考察中，37岁的刘东生第一次接触到黄土。

虽然不是自己的兴趣所在，但那时的刘东生深知研究黄土是国家的需求。他参加的是一个由多名地质学家和生物学家组成的综合考察小组。一天，考察组来到河南省三门峡市。傍晚，考察队歇息散步时，刘东生发现不远处有一排水平而整齐的灯光。对于一个黄土高坡上的小镇来说，不可能是楼房，那会是什么呢？第二天刘东生便顺着昨晚看见灯光的方向找了过去。来到跟前，刘东生发现那整齐的灯光是老乡住的窑洞里透出的。进入窑洞，刘东生看到窑洞顶上的淀积层水平延伸得很长，黄、红相间，三层窑洞都是以料姜石做天花板，黄土做墙，红色的土做地板。这样的结构引起了刘东生的极大兴趣，回到驻地，刘东生便请教土壤学家朱显谟。朱显谟院士告诉他，这种土被杨钟健先生称为“红色的土”，这部分其实也属于古土壤层。自此，刘东生便展开了对黄土的研究。

在最早对中国黄土进行研究的科学家中，德国地理学家、地质学家李希霍芬最为有名，他是中国现代地质学理论推广的奠基人之一，在他之前中国没有现代地质学。李希霍芬提出，中国黄土是风吹来的沙尘形成的。1868年至1872年，李希霍芬应德国一个商团的邀请对中国资源进行调查。在近4年里，他走遍了大半个中国，回到德国后发表了5卷带附图的巨著《中国——亲身旅行的成果和以之为根据的研究》。在该书第一卷，他专门论述了中国的黄土。

中国地质学家于1920年起开展黄土研究。1930年，中国地质古生物学家杨钟健和法国地质学家德日进开展黄土地层与古生物的研究，他们第一次把中国黄土高原的黄土划分为马兰黄土以及红色土A、B、C等四层，并按其中所含古脊椎动物化石定为现在仍延续使用的第四纪的早、中、晚期。刘东生说“这是一个突破”。但20世纪50年代苏联专家葛拉西莫夫院士、帕甫林诺夫教授等考察后，认为中国黄土不是风成的，而是由山洪暴发导致的，提出了黄土的“水成”说。由此，中国黄土研究出现“风成”与“水成”的讨论。

黄土是中国分布最广的第四纪沉积物，黄土高原是我国独有的黄土地貌景观。20世纪50年代，地学界对中国黄土的认识尚很肤浅，刘东生经过多年野外调查，研究了黄土中埋藏的哺乳动物化石，于1963年提出将中国黄土层划分为午城黄土、离石黄土、马兰黄土，这一划分方案被广泛采用。

1957年后，刘东生带队在黄土高原做了10条大路线剖面的调查，东西5条，南北5条，每条线约1500公里，每条线有几个人，边走边看。因为坐车，刘东生和彭会走了好几条线路，一天走50多公里路，一个多月就做完了调查。“当时没有先进的工具，就是用眼睛或显微镜来看。”结果发现，黄土高原的地层、地质和岩性在广大范围内具有相似性和一致性，因此提出了黄土高原“新风成”学说，将风成沉积作用从黄土高原的顶部黄土拓展到整个黄土序列。这一观点肯定并发展了李希霍芬等的“风成”学说，平息了黄土高原“风成”与“水成”的学说之争。

刘东生说，如果将黄土高原比喻成一幢6层的高楼，那么李希霍芬等认为最上层的黄土是风成的，他们的调查则认为从顶楼直到底楼整个黄土高原都是风成的。这说明上层的形成如果是10万年，那么整个黄土高原就形成于200多万年前或更早，这是通过观察地质方法得出的经验数据。

1957年的这次考察还有一个重大收获，就是发现黄土高原记录了当时全球气候的变化。刘东生在巨厚的黄土剖面中观察到黄土与红土像多层夹心面包般交错堆叠。在土壤学家的帮助下，他认识到黄土代表了寒冷干旱气候环境的古土壤，红土则代表了暖湿气候时期的古土壤。黄土高原剖面35层的黄土与34层的红土代表了过去250万年间气候冷暖干湿交替出现，为第四纪气候的“多旋回理论”提供了重要的陆相证据。250万年前，黄土高原还是一片美丽的草原，不时有暖风轻轻拂过。如果当时有人类的话，这里肯

刘东生

定是一片很好的栖息地。然而，几乎是一夜之间，一场接一场的风沙天气把远至中亚、近到中国新疆的沙漠和戈壁上的细尘全都吹了过来。最初的时候，草原上的草还能拦住一些尘土，可尘土越积越厚，再加上持续的干旱、半干旱，到后来，有时候一场大的风沙甚至能把整头牛羊埋住。刘东生曾经在1980年作了一项粗略估算，假如一次沙尘暴能够沉积0.01毫米的尘土，以每年10次的沙尘暴发生量来估算，一年就可沉积0.1毫米，10年沉积1毫米，100百年沉积1厘米，1000年沉积10厘米，1万年沉积1米。按这个计算粗略估计，现在黄土高原最厚处有250米，也就是说黄土已经形成250万年了。利用现在的先进手段，我们可以算出来哪一段时间沉积了多厚，沉积的速率有多大。现在全世界都认同历史上有4次大冰期，可通过研究深海和黄土我们知道，冰期和间冰期不止4次，而是多次，这也是我们认识上的一个进步。

刘东生和同事们在1985年以这些成果为内容用中英文出版了《黄土与环境》一书。德国科学家对这本书进行修订后以《中国黄土》为名在欧洲重新出版，引起了国际同行的极大关注。

刘东生利用黄土—古土壤序列250万年磁化率曲线与深海沉积氧同位素曲线的比较研究，建立了250万年来最完整的陆相古气候，根据黄土与古土壤的多旋回特点，发现第四纪气候冷暖交替远不止4次，发展了传统的4次冰期学说，这是全球环境变化研究的一个重大转折。他提出古气候奠基了环境变化的“多旋回学说”，使黄土与深海沉积、极地冰芯并列成为全球环境变化研究的三大支柱，为国际科学界所折服。

考察青藏高原

有世界屋脊之称的青藏高原是世界最大的高原，位于中国西部和西南部，包括西藏、青海、四川省西部、甘肃省西南部等地区，面积约250万平方公里，平均海拔4000米以上，山岭海拔多在6000米以上，峰顶终年积雪。

刘东生说："只有在青藏高原工作过的人，才能面对喜马拉雅山而发出一览众山高的惊叹！这种环境刺激了我们征服自然、战胜自然的欲望。"刘东生曾任中国探险协会主席。早在20世纪60年代，刘东生参加以冰川学家施雅风为首组织的科学考察队，对希夏邦马峰和川藏公路进行考察。据悉，希夏邦马峰是当时全世界14座海拔8000米以上高峰中唯一尚未被人类涉足过的处女峰。一天晚上，一名考察队员拿着一块捡到的石头来找刘东生，告诉他是在海拔5900米冰川旁的岩石里捡到的。

这块石头引起了刘东生的注意，结束考察后，他在北京找到中科院北京植物研究所对化石进行了鉴定，结果证明：这块化石是高山栎化石，年龄只有200多万年！高山栎在藏东南海拔3000米处生长已是上限，而这块化石却出现在高于上限3000米处。这说明了什么呢？这说明，如果它是几千万年前的化石就不足为奇了，因为当时国际地学界认为青藏高原的高度久已存在，它的隆升时间并没有作为问题提出。但如果这块化石出现在较为晚近的年代里呢？这就意味着青藏高原的强烈隆升是晚近的事件，而且在200万年中强烈地上升了3000米！由此，引发了一个重要课题"青藏高原隆起时间、幅度和阶段"的探讨。这次科考也由于其超强的阵容、格外丰硕的业绩，至今仍为中国地学界所称道。

刘东生在这次考察后，又6次到青藏高原考察。都说高海拔的青藏高原让人难以适应，刘东生却淡淡地说，若真的置身于青藏高原的秘境之中，看咆哮的雅鲁藏布江奔向印度洋，艳丽的杜鹃花竞放于喜马拉雅南坡，冰塔林玲珑剔透，白云缭绕于巍巍珠峰，这壮丽奇伟的景观，会让人忘却一切疲劳与艰险。有一次，刘东生来到希夏邦马峰考察。宿营时，用的是外层涂有橡胶的不透气的帐篷。这种帐篷固然保暖性好，但第二天早上起来，他却一头栽倒在雪地上。此地处于海拔 6000 米以上的高度，队友们以为他有高山反应，赶紧把他抬到海拔 5000 米的地方。很快，他就恢复了正常。后来才发现，这并非高山反应所致，而是因为帐篷内的氧气被吸光后，导致他严重缺氧。这次有惊无险的经历，使刘东生意外地发现了自己身体的潜能。后来，他几次登上海拔 6000 米以上的高度，最高达 6500 米。

开创中国的环境地质学

中国环境地质学的奠基人是刘东生，这门学科的出现与克山病有关。克山病是一种流行于荒僻的山岳、高原及草原地带的以心肌病为主的疾病，患者主要表现有心脏增大、急性或慢性心功能不全和各种类型的心律失常，急重病人可发生猝死。该病 1935 年第一次发现于黑龙江省克山县，故名克山病。中华人民共和国成立后，中央政府为此成立了地方病防治办公室。克山病研究是中国科研人员的一项重要科学研究任务。克山病是地方病，这种疾病的发生应该与当地的地质、水质有关，因此需要地质学家参与调查研究。刘东生因此奉命到黑龙江克山县进行调查，这个机会不仅让他了解了引发克山病的关键原因，而且让他得以开创中国的环境地质学。

1969 年，刘东生在陕西等地发现，在黄土高原一些地势较为平坦、水土流失轻微的地区基本没有克山病，但在沟壑纵横、水土流失严重的地区克山病就比较多，因此他和一起调查的同志认为克山病与水土中的微量元素有关。他们通过深入研究，进一步发现正是水土中微量元素硒的缺乏导致了克山病，并提出通过补充硒来防治这种疾病。1970 年，周恩来总理请一位日本记者在人民大会堂作世界环境的报告，环境污染带来克山病等地方性疾病的问题引起了周总理及中央的重视。刘东生在克山县听说周总理对环境问题的重视后，用了一个星期的时间将自己调查研究的结果写成一篇 5000 多字的论文《环境地质学的出现》，这篇文章随即油印了上百份送给有关部门和领导，随后发表在中科院贵阳地球化学研究所的内部刊物

《环境与健康》上。

情系南极

尽管刘东生早已功成名就，无意再去开创中国自然科学考察之最，但近些年来，他却用实际行动默默地写下令人吃惊的纪录。1991 年 11 月，在他 74 岁高龄时，他前往南极的南设得兰群岛中的乔治王岛，以中国南极长城站为基地，进行了为期一个月的科学考察；1996 年 8 月，在他年近 79 岁时，又赴地处北极的斯瓦巴德群岛考察，并不畏险阻，登上一座冰川。

南北极强烈的对比，使刘东生看到了两地悬殊的差异。尽管他去地处南纬 62° 12′ 的南极乔治王岛的时候，选择了南极的暖季，但眺望纳尔逊冰盖，仍然是冰封一片。此时，无非气温高些，湖冰融解了，山岩上有耐寒的苔藓在生长。而地处北纬 78° 13′ 的斯瓦巴德群岛，地面上却长着绿油油的小草，艳丽的野花在微风中摇曳。究其原因，是因为斯瓦巴德群岛接近格陵兰岛，附近的海中有寒流与暖流交汇，于是便形成了冬季极度寒冷，夏季又温暖如春的气候特征。刘东生作为古环境研究学者，更为关心美欧冰川学家刚刚完成的在格陵兰冰盖上钻取冰岩芯的情况。古气候信息储存是多种方式的，南北极的积冰便是储存信息的载体之一。为此，科学家在格陵兰冰盖钻取了深达 3000 米的冰岩芯。他认为，这个科研成就是巨大的，人们由此可以追溯 20 余万年的气候状况，从中找出演化规律，推导今后的气候变化。

刘东生没有想到的是，地处北冰洋中的斯瓦巴德群岛居然早就同中国有着特殊的关系。一个世纪前，挪威人、荷兰人钦慕伟大的中国，想到中国来。他们不愿意追随哥伦布寻找新大陆的那条航线，想越过北极另辟新航线来中国。结果，另辟新航线的愿望没有实现，他们在进军北极时，却意外发现了斯瓦巴德群岛最大的岛——斯匹次卑尔根岛。巧的是，刘东生来到这个岛上时，岛上一所学校正举办发现斯瓦巴德群岛 150 周年展览。他饶有兴趣地看了展览，感慨万千，觉得今日中国人应在重振中华大国雄风上作出卓有成效的努力，以此告慰关心中国的友人。

最高荣誉

1987年，刘东生率领中国第四纪研究代表团参加在加拿大渥太华举行的第十二届国际第四纪研究联合会大会。他代表中国第四纪研究委员会提出申请在中国举办第十三届国际第四纪研究联合会大会，经投票表决，获得大会通过。这是第一次在亚洲举办该联合会大会。刘东生担任大会组织委员会主席，自1987年底开始，组织全国有关第四纪研究单位和人员积极开展筹备工作。1991年8月，第十三届国际第四纪研究联合会大会在北京举行，刘东生当选国际第四纪研究联合会主席，这是亚洲人第一次担任该联合会主席。

2002年，刘东生获得了世界环境科学领域的最高奖“泰勒环境成就奖”，以表彰他在“认识和应用陆地沉积物来理解全球环境变化方面作出的开创性贡献”。颁奖词中说：“刘东生被认为是中国黄土序列的古环境研究之父。”但是刘东生却明确表示自己不是中国黄土研究之父，因为他的老师杨钟健等研究者从20世纪30年代即开始了中国黄土的研究。在“泰勒环境成就奖”的颁奖演讲中，刘东生特别提到了安芷生、丁仲礼、郭正堂等优秀的中青年学者，称赞他们坚持不懈，作出了出色成绩。

因为卓越的研究贡献，刘东生获得2003年度国家最高科学技术奖。

2004年10月31日上午，在中国科学院成立55周年前夕，时任中共中央政治局常委、国务院总理温家宝专程来到刘东生家中。刘东生先生家中窗明几净，客厅里摆放着温家宝总理敬献的花篮。“您是我一直尊敬的老师，是我们的老前辈。”握着刘东生的双手，温家宝总理向这位86岁的老人关切地问候。曾长期从事地质工作的温家宝，对这一领域充满感情，说起来如数家珍：“您研究的学科，我非常关注。您对黄土高原的‘风成说’结论，我十分信服。”

刘东生拿出2004年赴罗布泊考察带回的钾盐矿石标本，兴致勃勃地向温家宝总理介绍考察的情况。温家宝总理关切地说："您是世界上首屈一指的专家，去过南极、北极和青藏高原这三极，这样的科学家不多。弄清极地冰芯、深海沉积岩芯和黄土沉积序列这三件事，是了不起的成就。我国有丰富的黄土资源，黄土学研究得天独厚，有学术积累，有一批人才，应当成为在世界上占有一席之地的先进领域。"

中篇

著名的文化大师

天行健，君子以自强不息

——记中国现代语言学的奠基人王力

王力先生是我国当代杰出的语言学家和中国现代语言学的奠基人之一，是当之无愧的学术大师。他学贯古今，汇通中外，在继承我国2000多年语言学优良传统的基础上吸收现代语言学的理论和方法，为建立中国现代语言学的科学体系作出了卓越的贡献。王力是第一个以西方诗律学为参照系，用技术定量分析手段总结现代汉语诗歌写作的人，他为中国现代汉语诗歌的写作提供了比较宽泛的基本范式。

王力先生（左二）在北京大学

2014年，广西政协建立广西政协文史馆并设立永久性的大型综合性展览——广西政协发展历程展，作为总审稿人，我对每一个部分的重要人物都作了深入的研究，其中第八个单元展出了广西籍的政协委员，包括中国语言学大师、北京大学教授王力先生。说到王力先生，从读小学开始，我就很崇拜这位自强不息的语言大师。为筹建展览，收集王力先生的相关资料和照片，2014 年 12 月，我专程到王力先生工作了 30 多年的中国高等学府北京大学走访。

说起来，我与王力的家人有过几次接触。回想起来，那是在 1983 年，我在广西大学工作时，就住在王力的长子秦似（原名王缉和）家前面的一栋楼。秦似是著名作家，曾任广西文化局副局长、广西政协副主席。当时我在大学校园里遇到秦似，并曾在一起散步，后来我到秦似家里做客，他给我题写了两幅书法，一幅是王之涣的《登鹳雀楼》，还有一幅是李白的《黄鹤楼送孟浩然之广陵》，我装裱好后挂在家里的客厅，不少同学看到后很羡慕。

更为巧合的是，2004 年，我女儿到北京大学国际关系学院读本科，院长就是王力的儿子王缉思教授，他是我国著名的美国问题学者，中国社会科学院美国所原所长。在女儿本科的毕业典礼上，我还帮女儿与王缉思院长拍摄了一张合影。后来女儿又考上了北京大学国际关系学院的硕士研究生，从事美国方面的研究，有机会与王缉思院长学习。

我在北京大学拜访王缉思教授，他说，父亲家里的资料收集、保存都是哥哥王缉志统一负责。之后，他把哥哥王缉志的联系方式和家庭住址给了我，通过电话后，我来到王缉志教授家中，获得了很多关于王力先生的鲜为人知的资料。交谈中，王缉志教授非常热情，聊起了很多关于王力、关于家乡的往事。王力的家庭教育和家风，给我留下难忘的印象，感悟良多。

少年发奋

1900 年 8 月 10 日，一条小生命在广西博白县岐山坡村降生了，这就是后来我国著名的语言学家王力。王力的故乡岐山坡村是个普通的小村落，村子周围十多里是一片平原，村庄稠密，人多田少，村人多以务农为主，家庭多较清寒。

王力幼受庭训，五六岁时，他父亲就教他读书认字。祖父写得一手好字，死后留下一本手抄唐诗，父亲就将它给王力当作字帖。王力因此便能背诵李白等唐代诗人的一些诗句，这使他从小便对古诗产生了浓厚兴趣。王力

7 岁破蒙，11 岁考上县里唯一的一所高小。王力原名王祥瑛，高小快毕业时自己改名王力。

王力从小是个勤奋的孩子，学习起来总是全神贯注，废寝忘食。有一年端午节，王力母亲给儿子送来了几个小凉粽、小半碗蜜糖到书房，特地摆在书桌的砚台旁，母亲告诉他不要忘记吃，王力全神贯注地看书，过了一会儿，他想起要吃粽子了，便边看书边用手去拿粽子，竟把粽子蘸到了砚台上。

自学成才

王力刚满 16 岁，就由父母包办，和一个同龄的农村姑娘结了婚。17 岁就生下了大儿子王缉和，王力开始挑起养家的担子。这时他父亲到一个边远的县份当小科员。王力最小的弟弟比他小 10 岁，村里没有私塾，王力就一面理家，一面当弟弟的小先生。王力因此在家中办起了小私塾。不久，有个乡绅名叫李荫田的，听说王力教书教得很好，特地去听王力讲课。他听后，很欣赏王力的才华，邀请王力去他的村子教书，后来，王力到李荫田的家乡大车坪当家塾教师。

王力在大车坪前教私塾都是自己选的教材，到了大车坪后他又继续丰富原来教材的内容，选了杜甫的《石壕吏》、白居易的《凌霄花》等。他在讲到《礼记》的“苛政猛如虎”，杜甫的“有吏夜捉人”时，都绘声绘色，剖析入微，学生听得津津有味。

一天，他到学生家，偶然发现这家的一个空房里堆了 14 箱书，箱子表面有厚厚的灰尘。他好奇地打开了 2 箱，见箱内的书都是他没有见过的。箱中经史子集齐全，天文地理医卜星相并陈，还有很好的注疏本和书主人的读书笔记。王力迫不及待地开口向学生家长李子初借书。得到同意后，几天后他就请挑夫把书运回了岐山坡村。

后来，大平坡李氏家族办起了一所李氏开国学校，请王力去当教师。王力在李氏开国学校教了 3 年书，仍一边教书一边坚持自学。校长李慎西是个爱才的人，他送给王力 100 元小洋做路费，到上海去考大学，李春馨老师也资助了20元小洋。王力得了这笔钱，来到上海考大学。

如愿清华

王力风尘仆仆地来到上海，经打听，凡是考大学本科的，都必须考数理化和外语。王力是高小生，自然不能报考。听说私立南方大学要招一个国学专修班，他只好去报考这个专修班。他失学10年，但也读书10年，最终考上了。

这个专修班开有英语课。王力没学过英语，晚上宿舍灯灭了，同学睡熟了，他就到路灯下背英语单词，学英语语法。期终考试，他竟考了100分。

在南方大学刚读满一年，王力便转到国民大学读本科。在国民大学读满一年，清华国学研究院在上海招生，王力跃跃欲试，但清华国学院的招生简章规定，考生必须具备3个条件之一方能报考：在中学任教5年的教学人员、大学本科毕业生、从名师研究有心得者。这3个条件王力均不具备。他想了又想，便想起了章太炎。章太炎是国民大学的挂名校长，王力并不认识他，只是在学校刚创办时的一次开学典礼上远远地见过他一次。王力便以从名师章太炎研究为由，果然获准报考。

清华国学研究院入学考试的试题出得很奇特，要答好就必须博古通今，具有丰富的汉语知识。王力因为用借来的14箱书，自学了4年多，终于交了一份好答卷，在录取的32名研究生中名列第26名。

在金色的秋天，王力如愿来到了北京。3年间，他从一个高小毕业生，一跃成了大学生；大学未毕业，再跃成了研究生。王力是研究院的第二届学生，研究院的任课老师有梁启超、王国维、赵元任、陈寅恪四大名教授，对王力影响最深的是赵元任。赵元任是中国现代语言学的主要奠基人，他精通英、法、日、德等多种外语，国学根底深厚。王力选学语言学，师从赵元任，是全班人中跟赵元任学语言学的唯一学生。王力笃学勤钻，甚得赵元任喜爱。

1927年，王力从清华国学研究院毕业了。赵元任鼓励王力去法国留学，王力于是决心自费到巴黎留学。

巴黎留学

王力向一个在银行工作的同乡借了40英镑，到巴黎后住到了法国人聚居的地方，拥有学法语的好环境。王力在巴黎读书的头2年，费用全由父亲供给，每月寄100盾荷币。2年后，父亲就不能按时如数给他寄钱了，还为他欠了债。正好，他上海的老师李石岑教授来到巴黎，建议他翻译些法国文学名著寄给上商务印书馆的叶圣陶，由他负责推荐。叶圣陶收到了王力的第一部译著，给王力去信说："信达二字，钧不敢言，雅之一字，实无遗憾。"王力留法期间翻译了20多种法国文学名著，叶圣陶总是及时出版他的译著或预支稿费，使王力依靠自己的劳动完成了留学生涯。

王力在巴黎大学学的是实验语言学，这是当时语言学的发端学科，涉及自然科学、社会科学的许多领域。他还听了著名语言学家房特里耶斯讲的普通语言学，系统学习了西方现代语言学理论，进一步掌握了历史比较的科学方法，为他在语言学的研究中继承、发展中国传统语言学，建立现代中国语言学提供了有利条件。

留法4年，王力身在异邦，心系祖国。他写信给清华大学，表示愿回清华大学任教，清华大学很快就给他寄去聘书和路费。

学术巅峰

王力回到清华大学，任中文系的专任讲师（相当于副教授），同时受聘于燕京大学，讲授中国音韵学、汉语诗法和逻辑概论，他讲得很好，深受学生欢迎。

卢沟桥事变后，北京沦陷。这时清华大学、北京大学、南开大学等3所大学迁到了长沙，联合成立长沙临时大学，此时王力开始动笔撰写《中国现代语法》。

1937年12月，南京沦陷，长沙告急，长沙临时大学决定迁往昆明，预计于1938年秋复课。这时，广西建设研究会常务委员李任仁特地派人到长沙请王力来广西大学任教。王力考虑到搬迁期间临时大学无法正常上课，于是向清华大学请了半天假，带着妻子回到广西，在当时的省会桂林，任教于广西大学。在桂林任教期间，王力就完成了《中国现代语法》初稿，闻一多劝他将讲义整理成两部专著，一部是《中国语法理论》，一部是《中国现代语法》。他接受了闻一多的建议，三易其稿，这两部著作于1943年11月、1944年8月先后在上海商务印书馆出版。完成上述两部专著后，王力又写了《中国语法纲要》。这三部语法著作相辅相成，脱离了三四十年来汉语语法硬套西语语法的窠臼，建立了自己的语法体系，揭开了我国语法史上新的一页。

王力先生（右一）在西南联大

抗战胜利后，王力接到中山大学的邀请，希望他在清华复课前到中山大学讲学两个月，王力回信表示同意。中山大学校长王星拱和孔德一块来找王力，聘请王力担任中山大学文学院院长。

1954年，王力从广州中山大学奉调北京大学。他先住在北大朗润园，2年后迁居燕南园60号，一住就是30年。小楼前后有隙地，环境清幽，很适宜做学问。步入王力的家，一楼是宽敞的客厅，他在此曾接待过无数来访的中外学者。楼上是王力和家人的起居室。一楼客厅右侧是王力的书房，面积不过六七平方米，堆满了他从事语言学教学和研究所需的古今中外典籍。30年来，王力的课余时间几乎都是在这间书房里度过。他在此先后写作了《汉语史稿》《中国语言学史》《同源字典》《诗词格律》《诗律余论》等大量著作和论文。1954年后，王力任中国文字改革委员会委员、副主任，在文字改革方面花了许多心血，一直是文字改革的主将。

精神感召

1985年8月，王力85岁生日，山东教育出版社与北京大学一些领导、专家、教授为王力祝寿。与会的教授、专家等纷纷发言庆祝《王力文集》的出版和王力的寿辰。王力在会上宣布，《王力文集》的全部稿费捐给北京大学作为王力语言学奖金。

王力愉快地度过了85岁生日，又将精力投入了编写《古代汉语字典》上。头几个月，他每天工作七八个小时，写两三千字。

1986年5月3日上午9时，王力与世长辞。他的夫人夏蔚霞按照他生前的嘱咐，将他4000多册古今中外的语言藏书捐给北京大学中文系。经历了20世纪的风风雨雨，王力走完了他的人生旅程。他的一生，是为弘扬祖国文化而奋斗的一生。他承先启后，融合中西，龙虫并雕，著作等身，桃李三千，无私奉献，风范永传。他虽与世长辞，但他的学术和人品却有无穷的精神感召。

香港著名作家梁羽生回忆王力说："曾来香港讲学的语言学家王力教授，1949年前曾任广州岭南大学文学院院长，当时我在岭南大学读书，但没有上过他的课，不过因为性喜文学，也常到他的家中向他请教。他有一门'绝技'，和新来的学生谈了几分钟，往往就能一口说出那个学生是哪个地方的人，可知其对语言学的造诣之深。

"他是广西博白人，法国留学生。他有一部语言学方面的著作是用法文写的，研究的专题就是'博白方音'，书名《博白方音实验录》（1931年巴黎出版）。广西的一个小县的方言，由于他的著作而为国际学术界所知，也可说是罕有的佳话了。

"他对乡土感情甚深，桂林发现芦笛岩时（20世纪50年代中期），他是首批游客之一，曾有《游桂林芦笛岩》七律一首：喜从地下得天宫，洞府幽深曲径通。玉柱雕楹资鬼矛，碧文圆顶是神工。天教名胜装新国，地以灵奇饷健翁。出洞其嗟人境热，披襟犹可捉雄风。"

我伫立在北大燕南园60号前，沉思片刻，脑际中即浮现出一个只有小学文化程度的少年，靠着十载刻苦自学终于走出了山村，走出了中国，走向了世界，成为世纪学人。王力先生走过的是一条光荣的荆棘路，从中我们感受到的是他自强不息、自尊自重的精神。

天行健，君子以自强不息；地势坤，君子以厚德载物。我想，这就是王力先生对于我们的一个有益启示。

一介书生，一生如是

——记国学大师、北京大学教授汤一介

2014 年 9 月 9 日深夜时分，我躺在床上刷微信看新闻，突然从微信群里得知汤一介先生仙逝的消息，享年 87 岁。学子们说，还有一天就是第三十个教师节，先生没等到这一天，就离开了他钟情一生的北京大学，离开了朗润园，离开了他坚持编撰了十年的《儒藏》，微信群里满是回忆和哀伤。

灵堂吊唁，缅怀大师

为了悼念汤一介先生，北京大学在人文学院 1 号楼 108 室设置了灵堂。从 9 月 11 日上午 10 时开始，就有不少人陆续前来吊唁。灵堂现场摆满了鲜花，汤先生的遗像摆放在正中间，两旁悬挂着北京大学哲学系主任王博写的挽联“阐旧邦出入佛道修儒典三教人物各有乐地”“辅新命会通中西立人极四方圣贤皆同此心”，两侧摆满了党和国家领导人以及社会各界人士送来的花圈。

9 月 12 日下午，我与在北京大学工作的女儿专程去吊唁汤一介先生。凭吊完汤一介，我的思绪回到三年前，在北京参加中国出版政府奖颁奖仪式上，汤一介为获奖者颁奖并讲话，当时我为他拍摄了照片，他的事迹此时也浮现在我的脑海中。

书香门第，终身学问

汤一介于1927年2月16日生于天津，是湖北省黄梅人。汤一介出身于书香门第，祖父汤霖是清光绪十六年（1890年）进士，父亲汤用彤是久负盛名的国学大师，一生致力于中国哲学史和中国佛教史的研究。汤一介从小深受父亲的影响，对传统文化接触很早，并有着比较深入的思考。20世纪40年代，中国灾难深重，人民颠沛流离，饱受战乱之苦。面对这样的现实，年轻的汤一介深感痛心和困惑。1943年，汤一介曾针对当时的社会现象写过一篇针砭时弊的文章，并愤激骂世，因此获得了"汤八蛋"的绰号。

1946年夏，汤一介全家搬回北京，这一年汤一介参加了大学入学考试，却不幸落榜，只好进入北京大学先修班学习。1947年夏天，汤一介再次参加大学考试，这一回他终于如愿以偿考入了北京大学哲学系。进入大学后的汤一介，心无旁骛，专心致力于哲学。

1951年，汤一介毕业后，曾任北京大学哲学系教授、博士生导师，中国哲学与文化研究所所长，《儒藏》编撰中心主任，兼任中国文化书院院长、中国东方文化研究会副理事长、中国炎黄文化研究会副会长、中华孔子学会副会长等。1983年任美国哈佛大学访问学者，1986年任纽约州立大学宗教研究院研究员，1990年获加拿大麦克玛斯特大学荣誉博士学位，2006年获日本关西大学荣誉博士学位。他曾先后在美国俄勒冈大学（1986年）、麦克玛斯特大学（1986年、1990年）、香港科技大学（1992年）、澳大利亚墨尔本大学（1995年）等校任客座教授。1996年任荷兰莱顿大学汉学院胡适讲座主讲教授，1997年任香港中文大学钱宾四学术讲座主讲教授。

良好家风，受益匪浅

汤一介回忆父亲汤用彤时曾写道，1943年他们全家都在昆明，汤一介只身到重庆的南开中学读书。父亲一生给汤一介写过三封信，都是汤一介在南开中学的一年半期间写的。当时在南开中学读书非常艰苦，吃饭的时候是八个人一桌，菜很快就被抢吃一空，然后只能吃白饭。其他学生家在重庆的居多，他们可以从家中带东西来吃，而汤一介家在昆明，没有办法带东西吃，于是就给家里写信抱怨生活太苦。父亲很快给汤一介写了一封信，信的大意说：现在是抗日战争时期，前方的战士都在流血牺牲，你受的这一点苦跟前方的战士比起来算不了什么。你应该安心学习，不应该把生活的困苦看得太重，生活的困苦对于你的锻炼会有好处。但是在私下里，父亲让母亲弄了一些猪油，在里面加了一些盐带到学校，让汤一介在没有菜的时候可以用猪油拌饭吃。

汤一介曾有个比他小一岁的妹妹，比汤一介小一岁。在他离开昆明的时候她得了肾炎，他到重庆之后她就去世了，但父母没有告诉汤一介。后来汤一介从堂姐那里知道了这个消息，就写信责怪家里不告诉他这个消息。汤用彤又给汤一介写了一封信，说当时之所以没有告诉汤一介是希望汤一介能够安心读书。

汤一介在西南联大附中读完初二之后，就直接到南开中学读高中，因为没有读初三，高一时在功课上感到很紧张，有点跟不上。汤一介就给父亲写信诉说学习上的困难和苦恼。父亲就写信给汤一介，说做学问就跟爬山一样，爬得越高才能看得越远。你现在在学习上虽然有很多困难，但是你不要松懈。你的知识越多，对于许多道理就可以弄得越清楚。汤用彤之所以给汤一介取名为“一介”，正是取“一介书生”之意，希望他能坚守书斋，“视读书为本分”。

一本好书，影响一生

汤一介爱书，有三本书对他的一生产生了深刻影响。其中一本书，不仅使他找到了理想、找到了理想化的生活，而且还成就了他和妻子乐黛云的美好爱情。汤一介曾这样回忆道：在我读了《绞索套着脖子时的报告》后，似乎精神境界有一个升华，可以说我有了一个信念，我应做个热爱生活、热爱人类的人。由于是乐黛云让我读这本书的，因而加深了我对她的了解，以后我们经恋爱而结婚了。在这几十年的生活中，我犯了不少错误，对这些我都自责过、反省过。但我在内心里，那种伏契克式的热爱生活、热爱人类的情感仍然影响着我。人不应没有理想，人不能不热爱生活。

汤一介（左）、乐黛云（右）在澳门出席“中西会通与文化创新”会议

1949年前，汤一介学习哲学，除家学的影响外，更多的是想去寻找真理、探讨人生的意义。19岁时汤一介曾写出了《论善》《论死》《论人为什么活着》等文章，表达了自己的思想观点，显露了作为哲学家的才华。从此他没有停止过思考，想当一名哲学家的梦想始终不曾改变。在1947年写的《月亮的颂歌》一文中他曾许下这样的愿望：“去看那些看不见的事物，去听那些听不到的声音，把灵魂呈现给不存在的东西吧。”

1949年后，汤一介认为真理并不是很遥远，他完全接受了马克思列宁主义。1949年5月，汤一介加入了新民主主义青年团，同年11月加入了中国共产党。那时他的愿望是“自己能像伏契克那样，热爱生活、热爱人类、热爱自己的理想事业”。

追回时光，著作丰厚

“文革”时，汤一介曾受批判，直到1978年他才被彻底平反，而此时他已经51岁了。

1980年，汤一介终于恢复了在北大讲课的资格。他致力于教学研究，并力求提出一套新的观点来。他率先把中国传统哲学作为认识史来思考，并以真善美概念为基础，综合各家所言，建构出一套中国哲学理论体系。20世纪90年代，汤一介提出了“和而不同”“普遍和谐”“内在超越”“中国解释学”“新轴心时代”等一系列新问题，推动文化界对传统哲学的大讨论。其中，他提出的传统哲学应“走出中西古今之争”，促进了中国传统哲学与现代相结合。

汤一介先生著作丰厚，学术专著有《郭象与魏晋玄学》《早期道教史》《魏晋南北朝时期的道教》《中国传统文化中的儒道释》《儒道释与内在超越问题》《儒教、佛教、道教、基督教与中国文化》等，在国内外哲学界产生很大影响。他的学术随笔《在非有非无之间》《汤一介学术文化随笔》《非实非虚集》《昔不至今》《郭象》《当代学者自选文库：汤一介卷》《佛教与中国文化》《生死》《和而不同》《我的哲学之路》等，笔墨清新隽永。他主编《20世纪西方哲学东渐史》丛书，第一次系统、完整地展示了20世纪西方哲学东渐的百年历程，被张岱年先生称为是“一项贯通中西哲学视野的难得的学术工程”。2003年，76岁的汤一介发起并主持《儒藏》工程。一年间组织20多所高校两三百位学者投入此项工程。工程第一部分是包括500本9700多卷1.5亿字儒家典籍的《儒藏》精华本，第二部分《儒藏》大全本将收入5000部10亿字儒家典籍。此外汤一介还撰写有学术论文200余篇。

哲人远去，风范永存

从20世纪80年代创建中华文化书院推动“文化热”，到90年代最早提倡“国学”，再到发起《儒藏》编纂工程，再到2008年担任北京奥运会文化总顾问，汤一介做事一直秉承着其祖父汤霖留下的训示：“事不避难，义不逃责。”

2003年，汤一介提出启动国内最大的儒学古籍文献整理工程——《儒藏》编纂工程。《儒藏》收录中国历史上重要的儒学文献3000余种，约10亿字，计划于2025年完成，规模超过《四库全书》。2014年5月4日，在纪念五四运动95周年前夕，习近平总书记来到北京大学人文学院看望87岁高龄的汤一介，并牵着他的手，慢步走进文学院2号楼汤一介先生的研究室，了解《儒藏》的编纂情况。

2014年6月底，《儒藏》精华编的前100册在北京大学举行了发布会，此时的汤一介已病重在身，他在家人的搀扶下坐轮椅出席了发布会。中央电视台过后还转播了《儒藏》的发布会。汤一介在会上说，医生要求他尽量少外出活动，少在会议上讲话，但他坚定表示将继续写文章，“将自己的感受，对人类社会的理解和思考，提出问题来供大家参考”。当我看到这段视频时，十分感动。

汤一介为《儒藏》呕心沥血

从编纂《儒藏》那天起，汤一介常对身边的人说：“中华文明之所以没有中断，就是因为有经典存世。编纂《儒藏》，关系到中国人的文化自强、文化自信。将中华文化发扬光大，是知识分子应有的对国家、民族的担当与职责。”

汤一介先生的离去，不仅是北京大学的损失、哲学界的损失，也是整个中国思想界与社会科学界的损失。

文人的风骨，知识分子的品格，这两句话可谓是对汤一介先生十分贴切的评价。

芳馨沁人间，巨笔绣中华

——忆艺术家阎肃

2016年2月12日凌晨3点，我刷微博时，突然看到中国空军微博发布消息："著名艺术家、空政文工团创作员阎肃同志因病在北京逝世，享年86岁。一代艺术大师忠魂陨落，12个大字敬挽这位德艺双馨的老人：一片丹心、一腔热血、一身正气。他给世人留下1000多部有筋骨、有道德、有温度的文艺精品佳作，鼓舞和激励了一代代中国人。"这是中国空军官方微博在阎肃老人逝世后第一时间作出的深切缅怀和沉痛哀悼，触动了大家的心灵，引发了人们的追思。斯人已逝，音容犹在。每一位与阎肃老师有过接触的人都有着说不尽的缅怀和道不尽的想念。

回忆往事，凝思良久

阎肃老师是我们50后这代人心中的"男神"。从小到大，我们听过、唱过他无数的歌，可以说我们是唱着阎肃老师的歌曲在红旗下成长的一代人。他的歌曲引领着我们一步步走向广阔的世界。20世纪60年代至70年代的中国，出版和公演的文艺作品不多。1962年，小说《红岩》刚刚出版，我们争相阅读。这部作品描绘了惊心动魄的斗争画面和崇高的革命精神，深深地震撼了我们年轻一代的心，它被称为具有共产主义精神和革命气节的教科书。

歌剧《江姐》是阎肃老师根据小说《红岩》的人物原型创作的。1965 年我读初一时，观看了歌剧《江姐》。在学校的文艺演出中，由阎肃老师填词的歌剧《江姐》的主题曲《红梅赞》和《绣红旗》是经典的演出节目，歌曲风靡并感动了无数少男少女。那时，校园里到处都是“红岩上红梅开”的歌声。阎肃老师的作品给我们的心灵打下了深深的烙印，我们这代人受这些文艺作品的鼓舞，树立了纯朴的革命精神和远大理想。1966 年 11 月“大串联”活动，我们选择的第一站就是重庆，乘坐两天两夜的火车，我来到慕名已久的历史名城重庆，怀着崇敬的心情，参观红岩村、白公馆和渣滓洞，受到了深深的震撼，脑海中浮现了歌剧《江姐》的情节。

阎肃

歌剧《江姐》讲述的是从三大战役的胜利到重庆解放前夕这段历史，当时节节败退的国民党不甘心失败，还在做最后的挣扎。歌剧《江姐》的编剧阎肃是重庆大学的学生，他经历了这段黑暗的时期。那时作为进步的大学生，他在学校曾排演了许多进步歌剧，揭露国民党反动统治的黑暗。有了这段生活经历，阎肃创作歌剧《江姐》时可以说是得心应手。由于对四川的时代背景和四川诸多戏剧的熟悉，再加上对小说《红岩》的成功借鉴，阎肃才思喷涌，仅用 18 天就完成歌剧《江姐》的初稿。1962 年，空军政治部的领导看过剧本后，非常重视。在剧本得到认可后，作曲任务便落到了年轻的作曲家羊鸣、姜春阳、金砂身上。当时的总参谋长罗瑞卿和空军司令刘亚楼多次看过歌剧《江姐》并提出修改意见，经过两年的打磨，1964 年空军政治部文工团将小说《红岩》中有关江姐的故事以歌剧《江姐》的形式搬上舞台并正式演出。歌剧《江姐》既有强烈的戏剧性和鲜明的民族风格，又有优美流畅的歌唱性段落，刻画了英雄人物的形象，上演后立即引起轰动，一举成名。阎肃也受到毛主席的接见。

20 世纪 60 年代末，我们响应党的号召到农村插队时，我从家里带了一本《革命歌曲大家唱》。其中那首由阎肃作词的《我爱祖国的蓝天》中“我爱祖国的蓝天，晴空万里阳光灿烂”的歌词，为我拨开了当时漫天的阴霾，让我充满了对未来的信心和希望。当时知青最爱唱的歌曲之一就是这首歌，这首歌也是文艺演出中的必备节目。这些文艺作品成为那个时代人们重要的精神食粮。

阎肃老师创作的歌词意境深邃，主题突出，韵味浓烈，富有哲理。他的歌词不仅是作者心境的表达，也是作者心底之音的释放。而那豪迈之情、豪侠之意、豪爽之品，至今还在感染着人们，激励着人们，敦促着人们披荆斩棘，昂扬登攀。比如，由阎肃作词的 1986 版电视连续剧《西游记》的主题歌《敢问路在何方》，一经推出便广为流传，1988 年该歌曲荣获首届中国十佳影视金曲奖；2001 年美国纽约评选最受华人喜爱的歌曲，该歌曲名列榜首。

阎肃的文艺作品传播的世界观、人生观、价值观影响了我们这一代人的一生，他点燃的激情至今仍在我们的胸怀澎湃。正如阎肃获评 2015 年度“感动中国人物”时给他的颁奖词所言：“铁马秋风，战地黄花，楼船夜雪，边关冷月，这是一个战士的风花雪月。唱红岩，唱蓝天，你一生都在唱，你的心一直和人民相连。是一滴水，你要把自己融入大海；是一树梅，你要让自己开在悬崖。一个兵，一条路，一颗心，一面旗。”从这个意义上说，阎肃的一生是战士的一生，是“严肃”的一生。

阎肃是文学家、剧作家、词作家，他身跨各界，策划、撰稿、作词，他样样在行，在舞蹈、曲艺等领域他也是专家。

青歌相遇，终生难忘

我和家人特别喜爱看 CCTV 青年歌手电视大奖赛（简称青歌赛），青歌赛于 1984 年开始举办，每两年一届，青歌赛经过多年的实践和创新，已成为弘扬民族艺术，普及音乐知识，发现和推出声乐人才，引领和推动中国声乐事业发展繁荣的重要平台，为中国演唱界输送了许多优秀的音乐人才。青歌赛历届优秀选手不少成为中国的著名歌唱家。青歌赛因此也被公认为国内声乐界的一大权威赛事，在全国观众中已有较高知名度。

2010 年 1 月 18—19 日，第十四届 CCTV 青歌赛广西赛区决赛在南宁举行。阎肃、金铁霖、吴雁泽、徐沛东、陆在易、王晓锋、任卫新、付林、孟卫东、张千一、田青、姚峰等 13 位我国著名的词、曲作家，也有美声、民族、流行唱法的歌唱家到场作为评委。经广西音乐家引荐，我在广西电视台与崇拜了几十年的阎肃相遇。我酷爱音乐与摄影，当时我提议给艺术家们拍照，徐沛东指着坐在休息室一侧的阎肃对我说，应该先给阎肃老师拍照，他德高望重，还是将军呢！我快步走到阎肃面前说，阎老师我帮您拍一张照。身穿褐色唐装的阎肃一脸和蔼，一点架子没有，笑眯眯地从沙发上站起来，让我多角度拍摄。之后，我帮每一位艺术家都拍了照。离开幕式还有一会儿，我就坐在阎肃旁边和他聊了起来。阎肃说，他对青歌赛有着特殊的情感，从第三届青歌赛开始就一直参与其中，他是看着青歌赛成长的，他感叹青歌赛“幼苗已成参天大树”。

2010 年 1 月，阎肃（左）与作者黄健（右）在南宁的 CCTV 青歌赛广西赛区

阎肃说这是他第一次到广西南宁参加青歌赛，广西是“歌海”，创作了《刘三姐》这部优秀的文艺作品。广西的民歌资源丰富，他对此次青歌赛歌手的歌声充满期待，渴望听到来自广西民间最美丽的歌声。

阎肃说，此次来广西参加青歌赛，广西的民族唱法中应该还会涌现出一些好的歌唱苗子，声音、形象、艺术整体水平应该有所提升，但民族唱法属学院派演唱方式，全国高水平歌手主要集中在北京几大院校和部队，面对全国民族唱法高手如林的现状，广西歌手要想冲出重围，还得在特色方面狠下功夫。

阎肃还说，青歌赛的特色在于没有过度的娱乐化炒作和包装，更强调比赛的权威性和专业性，对于参赛歌手而言，无须费力去挖掘所谓“背后的故事”，选手只需专注于展示自己的演唱水平和声乐素养。成名需要靠勤学苦练，而不是靠煽情、八卦等所谓捷径。他还以军旅歌唱家刘斌为例，说其8年参加了4届青歌赛，才最终获得金奖，《当兵的人》是其代表作。

在青歌赛实况转播的现场，评委对所有参赛对象进行认真的评审，每当一位选手表演结束之后，阎肃都会用洪亮的声音和抑扬顿挫的语调对选手进行点评，让观众和选手听得热血沸腾。

责任担当，理想追求

放眼当下文艺界，浮躁之风盛行。一些文艺家不潜心打磨作品，反而醉心于用各种手段谋利，被金钱遮蔽了双眼。光想要成绩，却不愿沉下心来，这是阎老生前所痛心疾首的问题。

在物欲横流、文化多元、诱惑繁多的当下，阎肃的作品不是喊口号、比声高，而是流淌于心、发乎于情。他的作品旋律优美、气韵充沛、激越昂扬、便于传唱，是思想性与艺术性高度统一、深度融合的佳作，为亿万人民所喜爱。这些作品传唱了几十年，凝聚了强大的正能量，经受了历史的检验，体现了阎肃的责任担当和理想追求。

2014年10月15日，习近平总书记在北京主持召开文艺工作座谈会。阎肃在座谈会上讲道：“我称得上是中国人民解放军文艺战线的一名老兵，到现在依然在心里经常哼唱着‘追上去，追上去，不让敌人喘气’那些歌。我们也有风花雪月，但那风是‘铁马秋风’、花是‘战地黄花’、雪是‘楼船夜雪’、月是‘边关冷月’。就是这种肝胆、这种魂魄教会我跟着走、往前行，我愿意为兵服务一辈子！所以，我们心中常念叨的就是6个字：‘正能量、接地气’，在部队来说就是有兵味战味！”阎肃还饶有兴趣地说：“我觉得，我们每一位以文艺为终身职业的从业者，我的同行们，都应该做到‘四有’，那就是胸有大业，腹有诗书，肩有担当，术有专攻。”“正能量、接地气”“四有”，这就是阎肃拥有德艺双馨的美誉和一生永葆艺术青春的原因所在。一生不脱军装，一生一尘不染，一生笑口常开，这就是阎肃人民艺术家的本色。

文艺创作要俯下身子接地气，说百姓听得懂、喜欢听的“大实话”。“我艺术的根和魂，只有深深扎进军营这片沃土，扎进老百姓的喜怒哀乐，才能写出真情、唱出大爱。”阎肃是这么说的，也是这么做的。为创作京剧《红岩》，他曾到渣滓洞牢房里“坐牢”7天；唱响军营内外六十载的《我爱祖国的蓝天》，是基于他深入部队与士兵们同吃同住同工作才创作出来的。

这种接地气的方法是阎肃一生文艺创作的方式。分享完打假主题歌曲《雾里看花》的创作故事后，阎肃意犹未尽地感叹：“如今我每天依旧坚持读数小时书，现在很多年轻人已经放弃阅读了，成天对着手机、电脑。如果我书没看够，是想不出这些词来的。艺术创作，要做个有心人。”

有数量缺质量，有“高原”缺“高峰”，抄袭模仿、千篇一律，是当下文艺创作存在的一些问题。反观阎肃65年的创作生涯，从红歌军歌到流行歌曲，他不断出新出彩，精品力作层出不穷，几乎在每个时代都留下了代表作。阎肃说其中的窍门，一是学习，二是认真。

阎肃践行“以人民为中心”的创作宗旨，他把对党对军队和对人民的忠诚，化作了他身后的千百部作品。他总是能在革命、主旋律、主流价值中挖掘出感人的内容。阎肃就像一座高峰，令世人高山仰止；阎肃就似一面旗帜，引领后辈迈步前进；阎肃就如一面明镜，留与后人观照内心。

以中国文化为灵魂

——访中国画大师黄永玉

我听说黄永玉主要是缘于几件事。一是“猴票”，1980年我国邮电部发行了第一枚《庚申年》特种邮票，这枚邮票的图案是一只昂头凝视前方的金丝猴，设计者既注意了题材的民族性和传统特色，又特别着意于出新和体现时代特点，这枚邮票的作者就是“猴票宗师”黄永玉。二是20世纪80至90年代新华社主办的《瞭望》周刊每期都有黄永玉的一幅国画发表。三是到湘西张家界旅游时，当地导游和解说都说，黄永玉为宣传这美丽的仙境作出了很大的贡献。打开《中国名画博物馆》一书，有黄永玉的介绍。黄永玉是土家族，湖南凤凰人，生于1924年。黄永玉自幼喜爱绘画，少年时期就以出色的木刻作品蜚声画坛，被誉为“中国三神童”之一。中华人民共和国成立前他曾任木刻协会常务理事，曾在香港从事木刻创作，造诣颇深，卓有成就，并出任香港《新晚报》画页编辑。1952年黄永玉偕同夫人张梅溪由香港回北京，被安排在中央美术学院工作，他先后担任副教授、教授。1956年他出版了《黄永玉木刻集》，其代表作《春潮》《阿诗玛》曾轰动中国画坛。他画的荷花在形态、风韵、色彩上独具一格。

2007年春日的一个下午，北京气候温和，杨柳吐青、万象更新，我与《当代中国画》主编陈履生（陈履生是黄永玉的兼职学术秘书，多年来一直帮助黄永玉整理资料。2006年出版《黄永玉八十》时，他负责筹备在各地举行画展和记者招待会）开车前往黄永玉居住的京郊的四合院万荷堂参加《当代中国画》创刊号首发式的新闻发布会。

我们沿着京通高速公路向北转入徐辛庄路，走了大约5公里路，路左边有一个江南园林式的亭子，亭子旁边矗立着一块米黄色的石头，石头上镌刻着青色的“荷亭”二字，这是黄永玉于2006年春题写的，同时也成为徐辛庄路转入万荷堂四合院的地理标志。沿着马路左转，绕过亭子，便是一条10多米宽专门修往万荷堂的马路，路边种植了松柏，周围是一片宽阔的草坪，向前走50多米便是一座北京传统青灰色大四合院的围墙，这便是万荷堂了。这四合院大约占地5亩，围墙有3米多高，种满了爬墙虎等植物，按照传统的四合院建造，正门在围墙的中间，入内后便是一个巨大的屏风，上面刻有黄永玉的书法。

冬天时节，黄永玉在万荷堂思考

新闻发布会时间定于下午3点开始，我们到达万荷堂时是2点半，于是我们在围墙外面散步并稍作休息。待陈履生和黄永玉家中的工作人员联系好之后，满堂的大铁门打开，一下子有10多条大大小小各种犬冲出来，围着我们一行摇尾抬头，表示欢迎，同行的媒体记者拿起相机拍下了不少照片。我们沿着院内的路向万荷堂大殿走去，大殿门前院子有一个小花园，院内种植了梅花、桃花、杏花、松柏等植物，在树丛中还有10多座黄永玉的雕塑作品，惟妙惟肖。吸引人的是他的自画像式的雕塑——赤着上身，一手拿着烟斗，一手拉着遮羞布，一对招风大耳，嘴笑得一直咧到耳根。

进入万荷堂大殿，呈现在眼前的是由6根直径50多厘米、高3米多的巨型原木做成的屏风，上面是中国著名书画家黄苗子用小篆书写的《诗经》

中的一段话："诞寘之隘巷，牛羊腓字之。诞寘之平林，会伐平林。诞寘之寒冰，鸟覆翼之。"意思是说周人的祖先后稷出生后受到来自各方面的帮助。屏风上用苗子老人写的这段话，意指在万荷堂的建造过程中得到许多人帮助，如同后稷一样。从这里我们可以看出黄永玉非凡的人格魅力。

大殿是黄永玉的画室和会客室。大殿西侧的墙壁有一面巨大的钢铁板，将宣纸挂在墙上，用磁力纸将宣纸四角压住即可作画。墙上的斑斑墨迹是黄永玉创作的见证，他一生都在勤奋工作。

大殿的左侧是黄永玉的画室，这是他平日创作的地方。这里有一幅刚完成的长 3 米、高 1.5 米的巨型书法作品贴在墙壁的宣纸上，上书"像我这样一个八十有四的人，身体又好，脑子又清醒，如果不是老奸巨猾的话，那就有点太不谦虚了"。这是一幅自成一体的狂草书法，下笔凝重脱洒，反映了黄永玉的性格和艺术特征。

万荷堂大殿的右侧是黄永玉自行设计的墙炉，上方悬挂着动物标本，后边墙壁上是一些唐、宋、元、明、清等朝代出土的人物雕塑和器皿，大殿右侧中央是一台立式三角钢琴，钢琴上面摆放了一套刚出版的装帧相当精美的《黄永玉书画集》。

我与陈履生一起从万荷堂的大殿后门走出来，穿过一个种满了桃树的庭院，来到黄永玉的起居屋——老子居。陈履生说，之所以取名老子居，还有一个故事。黄永玉年轻的时候曾在福建泉州待过一段时间，住的地方有座寺庙，里面的玉兰花正好盛开，他就忍不住进去上树采摘。一个老和尚出来让他下来，黄永玉开始并不知道这个老和尚就是弘一法师，他跟弘一法师谈话的时候还满口"老子"自称。后来在为他的起居室取名时，吕正操将军就把这段往事说了出来，说干脆叫作做老子居，老子居由此得名。

通往老子居客厅的过道里，有几只欧洲绿色鹦鹉鸣叫，对我们表示欢迎。在老子居的会客厅里，84 岁的黄永玉坐在摇椅上，他身穿深蓝色的套头厚绒运动衣，外加一件咖啡色马夹，穿着蓝色牛仔裤和黑色厚底皮鞋，说话声音像钟一样洪亮。他笑容满面地向我们说"欢迎欢迎"，随后与我们作了深入的交流。

1989年，已经在北京生活了30多年的黄永玉移居香港，但时间久了便产生迁回北京的想法。毕竟北京相对于香港来说，历史文化积淀要厚得多。黄永玉在北京住了几十年，对北京的人文环境、文化氛围有认同感，而且他的许多老朋友也在北京，回到北京对他而言无论是在情感上还是在创作上都相对香港要好，所以当时他想在北京郊区找一块地，建一座传统的四合院。

1997年春节刚过，黄永玉开始张罗筹建万荷堂。选看了几个地点后，他决定在通州徐辛庄的一片果园里营建他的画室。建筑的样式和布局由他设计，建筑外观设计图画在一张一尺大小的宣纸上，而万荷堂的中心是大殿，建成后的万荷堂有东西二院，东院是一个仿古的、江南园林式的建筑群。院中间有一方2亩的荷塘，亭台楼阁环绕其外，荷塘里种有荷花。春日“鱼戏新荷动”，夏日“芙蓉散其华”，秋日“园中观采莲”，冬日“楼阁望雪飞”。

在万荷堂，我看到了十几条品种、体型不一的狗，分别在不同的园子各司其职，另外还有一只断尾的黑猫，黄永玉介绍说那是他收养的一只被人砍

黄永玉（右）与作者黄健（左）在老子居

断尾巴后遗弃的流浪猫，如今已经有几年了。在院子里没有看到猴，也没有看到那只被人们传得神乎其神的猴子——画在中国集邮史上升值最多的猴年的邮票。关于那只猴子，黄永玉是这样说的：“当年我养了一只很可爱的猴，不久就死了。正好邮政局请我设计庚申年特种邮票，我就设计了那枚猴票，让全世界都来纪念它。”黄永玉送给我《黄永玉八十》一书并签上名字，我后来一直珍藏在书柜里。

下午3点，我们陪黄永玉从老子居走到万荷堂大殿，参加《当代中国画》首发式新闻发布会。

黄永玉首先介绍了对中国画发展历史的看法，说到了他的艺术经历和中国画当代历史上的一些著名人物和事件。他说起20世纪中国美术界的精神领袖、著名的中国画大师林风眠先生。林风眠是广东梅县人，1900年出生，他的祖父是雕刻石匠，父亲是画师。1919年他到法国勤工俭学，在欧洲期间深受马蒂斯、毕加索、莫得里阿尼等西方画家的影响。1925年回国后他任国立北平艺术专科学校校长，1928年在杭州创立国立艺术学院并任校长。他在“文革”期间遭受迫害，于1977年出国探亲后定居香港。黄永玉说，林风眠的绘画是以西方印象主义、表现主义、立体主义的结构与中国的古典艺术相结合创新而成。他的艺术追求不仅体现在绘画形式上，而且在精神上也力求使作品更具深度和艺术感染力。他有两位忠诚的弟子，即我国著名的画家李可染和李苦禅。林风眠生病在香港医院治疗时，两位弟子轮流到医院去陪护老师。

黄永玉还谈到张大千、潘天寿、刘海粟、黄宾虹等国画大师艺术的成就。他还说到1971至1974年他在五七干校劳动时的岁月，那时他只有40多岁，在干校一起劳动的还有刘开渠等。在以阶级斗争为纲的日子里，这批艺术家每天列队拿着锄头和镰刀到田里干活，在路上相伴的是公社的羊群，他们一边走一边唱革命歌曲，羊群与他们呼应发出“咩咩”的叫声。

黄永玉说，小时候由于家境贫苦，他13岁时便外出当学徒谋生，浪迹福建、安徽等地，受尽人间辛酸，但他自幼性格倔强，在颠沛流离的生涯中艰苦读书、习文作画，后在香港为报纸做版画插图，从此进入了美术的宫殿。黄永玉初中没毕业就主动退学，开始了一生中最为漫长的流浪。当时，在我国抗战大后方，很多美术青年都是揣着木刻板、刻刀、几本书、一点钱和几件换洗的衣服荡迹于学校、报社、出版社。漂泊的生活使黄永玉结识了许多朋友，并不断得到朋友的帮助。1947 年，他在香港举办了首次画展，一举成名。

黄永玉勤奋好学，孜孜不倦地追求艺术的高超技巧。他原来主攻版画，后又攻国画。他喜画梅与荷，有一个时期，他天天带着望远镜去圆明园画人民公社的荷花，日积月累，竟画得 8000 多幅墨荷。他画的荷花亭亭玉立，出淤泥而不染，蜻蜓静立叶上，生意盎然。

黄永玉作画奇特，作画除用各种画笔外，还常用树枝、手指、丝瓜瓤等当笔。他作画神速，无论画幅大小，往往是成竹在胸，一挥而就。他的画题材广泛，松竹梅菊、花鸟草虫、飞禽走兽、山水人物乃至神话、典故等，凡经他手，皆寒暑生于笔端，风云变于腕底，景物神形兼备，成为奇异佳作，令人赞叹不已。

1980 年，邮电部打破了以往每年发行当年生肖邮票的惯例，历时 5 年精心筹划、力邀 100 名民俗专家进行论证，第一次开始集体发行十二生肖邮票，这是我国邮票史上一件里程碑式的大事，在世界邮票史上也是第一次。黄永玉当年创作的猴票，创造了集邮史上 20 年升值 2 万倍的神话。在"庚申猴"发行后的 20 多年时间里，价值扶摇直上，当时 8 分钱面值的猴票一路飙升，最高曾达到价值 1600 元左右，足足上涨了 2 万倍；全张 80 枚猴票更是从当时的面值 6.4 元暴升至最高价值 10 多万元，而且往往是有价无货，一版难求。"金猴情结"也成了中国邮人一种特有的情感。不少邮人把拥有猴票作为自己的追求目标以及荣耀，而黄永玉也被尊称为"生肖邮票鼻祖"。

黄永玉为宣传鬼斧神工的联合国自然遗产、旅游胜地张家界也贡献了不少力量。那个峰峦争雄、气象万千的地方，使人如痴如醉。我在 1997 年第一次踏上那块土地时，惊叹于武陵源的神奇，惊叹于猛洞河的飞瀑和黄石寨的雄伟之际，想起黄永玉，他再次令我震撼。那块土地的美，是他用他的文字、用他的画作介绍给人们的。黄石寨、金鞭溪、索溪峪…… 三千六百峰和潺潺的流水，慧眼识珠的他发现了大自然的美丽奇观，并通过自己的画作进一步呈现给世人。

“别人说我的粗口话多，不对！我的著作、作品和在今天的座谈会上没有一句粗口话，我只对不讲道理的人才讲粗口话。别人称我是‘老顽童’，不对！我从来没有用玩的态度对待人生，我是严肃地对待人生的。无论是在道义上，还是其他方面，我都很严肃，我这一辈子的的确确没有认真玩过。只要有一点点时间，我就抓紧工作。手头总有一个小本本，想起什么了，就记在小本本上。”黄永玉说。

在谈到环保问题时，黄永玉说以前湘西凤凰的山水森林和历史建筑保护得很好，后来为大力发展工业经济，加速 GDP 的提升，县里建了一家化工厂，这家化工厂把废料倒入喀斯特地貌的溶洞中，通过地下河流入地表河流中，污染了环境和水质，群众反映此事多年却没有得到解决。那时他刚好住在凤凰玉氏山房里，听到此事后，就约了当地的几个老先生一起，组织了一些人，准备到化工厂找厂长理论算账。黄永玉说，大不了他们几个老头和那个厂长上法庭，也要把那个污染环境的厂告倒。汽车正准备开走，县长突然赶到，大声说：“黄老先生，问题已经解决了，不用您老人家亲自到工厂去，请放心吧。”果然不久这家工厂就关闭了。

关于读书，黄永玉说读书人有两种，一种是做学问的读书人，读了以后要记读书的心得和书的精华内容、重要的观点和史实。第二种是艺术家读书，注重的是读书以后的感受、体验和共鸣，为日后的艺术创作打下牢固的基础。

关于快乐，黄永玉强调内心世界的快乐，指出无论在什么环境都要快乐。无论身处何种逆境，他从不郁闷，没有放弃创作思考，也不会自暴自弃，这是黄永玉健康长寿和心态年轻的原因。

黄永玉平时十分喜欢看电视，尤其是中央电视台的电视节目。他说中央电视台播出的《鉴宝》栏目很好，内容很多很充实，但主持人的面部表情太严肃、太紧张了，这种节目可以轻松一些。

黄永玉十分喜欢大自然，他在家乡湖南湘西凤凰建有玉氏山房。他喜欢荷花，在万荷堂东面的荷塘种植了 2 亩荷花，每年 7 月，红花绿荷映衬出这位老人喜欢的“出污泥而不染”的精神追求。他喜欢动物，家中养有 20 多只犬，品种繁多。他就是这样，每天与动物和植物亲密无间，体现了一种人与环境的和谐。

黄永玉喜欢跟艺术家和新闻媒体朋友聊天，畅谈他对艺术、人生、科学、文学、历史的看法。他没有什么大艺术家的架子，为人亲切，他爱吃辣椒，但从不喝酒。

黄永玉有很高的文学功底，对文学、历史、宗教、哲学都有涉猎。读完书后他也写文章，有杂文集《罐斋杂记》《力求严肃认真思考的札记》《芥末居杂记》，还有散文《蜜泪》《老婆呀，你不要哭》《大胖子张老闷儿列传》《比我老的老头》。黄永玉的作品《这些忧郁的碎屑》《沿着塞纳河到翡冷翠》《太阳下的风景》等影响较大，而根据他人生经历创作的小说《无愁河的浪荡汉子》已经完成了 20 多万字。

万荷堂大殿还充当着会客厅的角色，每当万荷堂有大型活动，这里就会聚集京城的许多名流。2006 年 3 月 14 日，意大利政府向黄永玉先生颁发“意大利团结星二级骑士勋章”的授勋仪式就在这里举行。5 个多月后，首届“亚洲美术馆馆长论坛”的闭幕式在东院荷塘举行，开了万荷堂举办大型外事活动的先例。

2006 年 12 月 18 日，黄永玉在北京联合国大楼为联合国捐献了名为《世界和平》的巨幅画作，联合国系统驻华协调代表马和励先生发表了热情洋溢的讲演，称黄永玉先生致力于世界和平，用艺术呼唤和平，其境界和创作堪与毕加索媲美。黄永玉也作即席讲话，随后举行了捐赠仪式。

伫立在万荷堂的大院中，你能感受到黄永玉的画是以淋漓之墨色为基调，以中国文化为灵魂，以中国气派为主线，以中国精神为内容，以凝重洒脱之线条为骨骼，以奇特之构思为基础，这是他一生的绘画风格。

下篇

红色革命旧址

巍巍中山陵

南京是我心仪的一座神圣之城，它素以历史悠久、人文荟萃、群星璀璨、科技发达而著称。除了是六朝古都，它还是中国推翻封建帝制的第一个城市，是中国民主主义革命先行者孙中山的长眠之地。20 多年来，我曾 5 次访问南京，5 次拜谒中山陵。

中山陵

2008 年 8 月，作者黄健参观中山陵

第一次是 1994 年夏天，我带读小学二年级的女儿从上海专程到南京中山陵参观。

第二次是 2000 年 10 月，我参加在南京举办的第十届全国书市，又去中山陵。

第三次是 2006 年 8 月，我到江苏考察新闻出版业时，与江苏出版界的朋友一起去中山陵。

第四次是 2006 年 11 月，我到南京参加新闻出版总署“中国出版走出去”战略会议，又一次登上中山陵。

第五次是 2008 年 8 月，我又来到中山陵参观拜谒。

巍巍钟山，泉壑幽深，松柏葱郁，既有森林草莽，又有田野风情，到处流水潺潺，鸟语花香，野芳侵道。闻名遐迩的中山陵，位于钟山第二峰小茅山的南麓，是我国伟大的民主革命先行者孙中山先生的陵墓。中山陵前临平川，后拥青嶂，依山而筑，气象雄伟。我每次登上钟山游览中山陵，都有一种难以名状的思想感情在内心流淌。在这里，不仅可以看到郁郁葱葱的森林景色、虎踞龙盘的山脉，还可以感受到中国的历史尤其是近代史在脑海中掀起的阵阵波澜。

走进钟山，爬上 392 级台阶的巍巍中山陵，拜谒中国民主革命的先驱孙中山的陵寝，会让人沉浸于 1911 年辛亥革命推翻 2000 多年封建王朝的伟大历史中。

1911 年 10 月 10 日，武昌起义成功，举国沸腾，南方各省纷起响应，宣告独立，腐朽的清王朝顷刻呈土崩瓦解之势。此时，正在海外从事革命活动的孙中山接到国内许多革命人士敦促他速回国的电报，他于 11 月 24 日从法国马赛港乘船回国，12 月 25 日到达上海，黄兴、陈其美等各界人士在码头上热烈欢迎他。

1912 年 1 月 1 日上午，孙中山从上海乘专列前往南京，当晚 10 时，年仅 46 岁的孙中山在原两江总督府举行临时大总统就职典礼。孙中山举起左手庄严宣誓："倾覆满洲专制政府，巩固中华民国，图谋民生幸福。"临时大总统向全国各省发布废旧历、改世界通用公历的公告。历法改革是临时政府对外开放、加强国际交往、推进中国近代化的重大举措。

在南京就任临时大总统期间，孙中山廉洁奉公、平易近人，使人们敬仰不已。1912 年 1 月 1 日晚 11 时，就任临时大总统就职典礼结束，各方代表辞别，孙中山将他们送出至大堂。各位代表请他留步，孙中山说："民国人民是国家的主人，总统是人民的公仆，各位是主人的代表，理当送至阶下。"然后一一握手而别。

孙中山在临时大总统任上，秉公办事，从不利用自己的权位谋取私利。原广东都督胡汉民随孙中山到南京政府担任临时政府秘书长后，广东都督一职暂缺。当时有人推荐孙中山的哥哥孙眉继任此职，孙眉是支持孙中山的第一批兴中会会员，为了资助革命，倾家荡产，贡献卓著，论其德望完全有资格继任广东都督。孙中山在南京获悉此事，立即以电文相劝孙眉："政治非兄所熟悉……为大局计，兄宜专就所长，专任一事，如安置民军，办理实业之类，而不必当此大任。"孙眉便打消了当广东都督的念头，专心办理实业。

孙中山生活非常俭朴，不抽烟，不喝酒，不治家产，平时穿一件质朴的呢大衣，在设于旧两江总督衙门的一座平房办公，居住在一幢简陋的小楼里。有人问孙中山有什么嗜好，他说："我一生的嗜好，除了革命之外，只有读好书，我一天不读书，就不能够生活。"

1912 年 4 月 1 日，孙中山宣告解除临时大总统职务。这天孙中山带着胡汉民等几个随从骑马走出朝阳门，先到明孝陵，后又到半山寺（现在的中山陵），孙中山环顾四周，指着对面遥远的钟山和如丝带环绕的秦淮河对大家说，这里地势比明孝陵好，有山有水，气势雄伟，他将来死后若能葬在这里，那就好了。当时孙中山年仅 46 岁，大家听了都很难过。

南京临时政府的成立是中国历史上的一个创举，由于帝国主义和封建势力的猛烈进攻，新生的民主政权终究被扼杀在摇篮之中，但孙中山领导的辛亥革命推翻了反动腐朽的 2000 多年的封建专制制度，建立了资产阶级共和国，大大促进了中国人民的觉醒，其丰功伟绩将永载史册。

辛亥革命失败后，孙中山继续向国内外势力作不懈的斗争，先后领导了反袁斗争、护法战争、讨逆运动、北伐战争。俄国十月革命的爆发和成功，中国共产党的诞生，使孙中山看到了光明和希望。在中国共产党的帮助下，孙中山对三民主义作了新的解释，由旧三民主义发展到以"联俄、联共、扶助农工"为核心的新三民主义。

1925 年 3 月 12 日，孙中山病逝于北京，终年 59 岁。孙中山在病中曾再三叮嘱："吾死之后，可葬于南京紫金山麓，因南京为临时政府成立之地，所以不可忘辛亥革命也。"同年 4 月 18 日，孙中山葬事筹备处成立，在宋庆龄、孙科等人的参与下，选定钟山第二峰小茅山南坡为建陵地址。

1925 年 9 月 19 日，陵墓设计方案揭晓，安徽籍的清华留美学生、上海东南建筑公司的吕彦直荣获头奖。他设计的陵墓图案，融合东西方建筑学之特长，构思新颖，犹如一尊巨大的思想雕塑，象征着孙中山为民主、自由奋斗终生的革命精神，其浩气长存，启发来者，高山仰止。

沿墓道而上，是陵墓的正门，高约 16 米、宽约 24 米、进深约 9 米，有 3 个拱形门，用蓝色琉璃瓦覆盖，孙中山手书的"天下为公"镌刻在上。门外左右有半环拥壁和陵墓的围墙相连。

正面为碑序，正盖为蓝色琉璃瓦，正中立着一块高 8 米、宽 3 米的花岗石墓碑，因醒目镏金颜体大字镌刻的“中国国民党葬总理孙先生于此，中华民国十八年六月一日”的碑文出自国民政府主席谭延闿之手。碑文对孙中山的生平业绩无只字片言，只因“以总理（孙中山）之伟大，非墓志铭、传记文字所能包括一切，致以不用为宜”。彩云朵朵的碑帽，巨浪层层的碑座，线条简洁朴素，寓意中山先生的丰功伟绩比天高、比海阔。

绕过碑亭，沿花岗石层层叠砌的石阶而上，巍然矗立着雄伟的中山陵祭堂。一代伟人的灵魂嵌进了一座山的怀抱。自广场至祭堂共有 392 级石阶，象征当时全国 39200 万民众。站在祭堂前的大平台上俯瞰，只见其间平台连成一片，不见石阶，如同平地，匠心巧夺，令人称奇。在大平台上举目南眺，近处的层林和远处的雾霭在眼前翻腾，对孙中山先生的“高山仰止”之情也在胸中激荡。宫殿式的祭堂是中山陵的主体建筑，融合了中西建筑风格，顶为中国传统的重檐歇山式，上覆蓝色琉璃瓦。祭堂正面 3 个镂空花格紫铜门的门楣上方分别刻着“民族”“民生”“民权”6 个阳篆大字。中门檐下，孙中山手书的“天地正气”4 个字金光闪闪。

祭堂供奉着正在批阅文卷的孙中山先生坐像，是由世界著名的雕刻家保罗·朗特斯基在巴黎用意大利白石雕琢而成。孙中山身着长袍马褂，双目凝视前方，神情略带沉思，显示出一位伟大思想家的睿智。坐像基座四侧的《如抱赤子》《出国宣传》《商讨革命》《振聋发聩》《讨袁护国》《国会授印》6 幅浮雕再现了孙中山先生从事革命活动的真实历程。

走在祭堂白色的大理石地上，抬头可见堂顶斗式藻井镶花砌瓷，雕刻精美。堂顶中部为彩色马赛克镶嵌而成的国民党党徽。祭堂两侧护壁上孙中山手书的《建国大纲》簇新贴金，光彩炫目。

祭堂后壁中央的墓门通往墓室。墓门共两道，第一道是两扇紫铜保险门，黑色大理石砌成外框，门额上镌刻孙中山先生手书的“浩气长存”。第二道则是刻有国民党元老张静江所书“孙中山先生之墓”7 个篆字的单扇铜门。

墓室以白色大理石铺地，四壁以绯色人造大理石贴面，顶部做穹隆状，饰以彩色马赛克镶嵌的国民党党徽。墓室中央的大理石圆塘，直径三四米，四周围以精致的白色大理石栏杆。塘内置大理石石棺一具，孙中山先生的遗体就安葬在5米以下的紫铜棺内，自1929年6月1日奉安以来一直未动。在大理石石棺棺盖上，由捷克雕刻家高琪用汉白玉雕刻的身着中山装之中山先生卧像，与他实际身高等同。孙中山先生仰卧入睡状，两手安详地放在胸前，双脚自然并拢，眼帘轻垂，身旁素洁的雕花似千万谒陵者奉献的永不凋谢的鲜花。

整个景区终年郁郁葱葱，四季景色宜人。除主体建筑外，中山陵周围还精心设计有一系列纪念性建筑，如音乐台、藏经楼（孙中山纪念馆）、美龄宫、流徽榭、光华亭、行健亭、永丰社、仰止亭、中山书院等。这些纪念性建筑多为当时各界人士、海外华侨为缅怀孙中山而捐资建造，它们不仅寄托了捐建者、设计者、建造者对孙中山的崇高敬意和永恒怀念，也是我国建筑史上的精品，具有较高的艺术价值。

由戴季陶和中山大学师生捐建的紫铜孝经宝鼎，在中山陵广场南端一座八角形三层台座上。孙中山先生1924年创办广东大学，并曾在校内主持召开国民党第一次全国代表大会，讲演过三民主义。1926年7月，为纪念孙中山先生，该校改名为中山大学。孙中山先生奉安于中山陵后，中山大学师生在戴季陶校长的倡议下合捐了这座铜鼎。

孙中山先生一贯受到中国共产党人的崇敬。

1953年2月22日至23日，毛泽东主席来南京视察，并晋谒了中山陵。23日清晨，毛主席在陈毅、谭震林、柯庆施等人的陪同下，缓缓登上台阶，在“博爱”坊前环顾四周景色。

进入灵堂后，毛主席在孙中山先生坐像前伫立了几分钟并献上花圈，花圈缎带上是毛主席的亲笔题词，上款书“孙中山先生灵右”，下款是“毛泽东敬挽”。

走出灵台，毛主席站在中山陵前的平台上，眺望着远处的景色，透过晨曦的薄雾，毛主席说：“我们共产党为什么不能把整个城市都绿化起来呢?”从此，南京各界人民在荒山空地上大量种植了水杉、玉兰、雪松、龙柏、冬青、核桃、香樟、银杏等。

在炎热的8月，我走在中山陵的干道上，绿树成荫，凉风习习，仿佛进入了一个天然大氧吧，难怪有人说钟山是南京的避暑胜地。

1956年11月12日，为纪念孙中山先生90周年诞辰，毛主席撰写了《纪念孙中山先生》一文，文中写道："我听过他多次演讲，感到他有一种宏伟的气魄。从他注意研究中国历史情况和当前社会情况方面，又从他注意研究包括苏联在内的外国情况，知道他是很虚心的。他全心全意地为了改造中国而耗费了毕生的精力，真是鞠躬尽瘁，死而后已。"

1946年8月20日下午，周恩来率中共代表团与董必武、邓颖超、廖承志等第二次晋谒中山陵，亲自在中山先生的坐像前献上花圈，挽带上写着"孙中山先生灵右""中共代表团敬献"。孙中山先生晚年制定了"联俄、联共、扶助农工"的三大政策，当时周恩来正在法国勤工俭学，是中共旅欧支部负责人，孙中山派代表王京岐与他讨论了国共两党合作的事宜。周恩来被国民党总部任命为中国国民党巴黎分部代理执行部长。1924年8月周恩来回国后，受到孙中山的器重，担任了孙中山创办的黄埔军官学校政治部主任。

1949年4月南京解放以后，刘伯承、邓小平率第二野战军进驻南京，先头部队首先到达总统府，邓小平明确指示：部队对南京的总统府、中山陵、明孝陵、紫金山天文台等名胜古迹和国民党撤退时留下的各种文件要加以保护。这一指示有效地保护了南京这座历史名城。

孙中山先生的伟大人格和丰功伟绩，不仅赢得了中国人民的尊敬，而且也受到世界各国人民的敬仰。

中华人民共和国成立以后，周恩来作为党和国家的领导人，曾多次陪同外国元首晋谒中山陵。1960年12月21日上午，周恩来、陈毅陪同柬埔寨国家元首西哈努克亲王和夫人莫尼克公主等晋谒了中山陵。

1975年4月22日，时任国务院副总理的邓小平同志陪同朝鲜民主主义人民共和国主席金日成晋谒中山陵。1985年，已81岁的邓小平又一次来到中山陵，他一面拾级而上，一面欣赏着两侧茂密的参天雪松，高兴地对陪同人员说："雪松四季常绿，你们要多栽一些。"

1997 年 9 月，江泽民在中国共产党第十五次全国代表大会上作的报告指出："一个世纪以来，中国人民在前进道路上经历了三次历史性的巨大变化，产生了三位站时代前列的伟大人物：孙中山、毛泽东、邓小平。"

2006 年 11 月，胡锦涛在纪念孙中山先生 140 周年诞辰大会上的讲话指出："孙中山先生产生于他那个特定的时代，又给了他那个特定的时代以深刻影响。孙中山先生生活在 19 世纪后半叶至 20 世纪初叶，那时我们历史悠久的祖国遭受着帝国主义列强的野蛮蹂躏和侵略，中国人民遭受着封建制度的腐朽统治和压迫，中国的民族独立受到严重侵害、主权不断丧失，中国成为半殖民地半封建社会，中国人民处于水深火热之中。不愿意忍受奴役和压迫的中国人民和仁人志士在苦难中觉醒，奋起反抗，向着帝国主义和封建势力发起了一波又一波的抗争。孙中山先生就是他们中的杰出代表。"

直到卧病弥留之际，孙中山先生念念不忘的仍是"和平、奋斗、救中国"。孙中山先生一生热爱祖国，始终致力于振兴中华。孙中山先生说自己"爱国若命""生平以爱国为前提"，充分体现了一位真正爱国者的伟大情怀。孙中山先生 100 多年前第一个喊出了"振兴中华"的口号，他毕生的追求就是实现中华民族的完全独立和中国的统一，并通过中国人民自己的奋斗，改变中国的贫弱处境，将中国建设成为现代化强国。

孙中山先生的一生，是为近代中国的民族独立、民主自由、民主幸福而无私奉献的一生。孙中山先生曾经这样表述他对中华民族的期盼："一旦我们革新中国的伟大目标得以完成，不但在我们的美丽的国家将会出现新纪元的曙光，整个人类也将得以共享更为光明的前景。"

2016 年 11 月 11 日，习近平总书记在纪念孙中山先生 150 周年诞辰大会上的讲话指出："孙中山先生的伟大，不仅在于他领导了辛亥革命，而且在于他为了实现革命理想，与时俱进完善自己的革命理念和斗争方略，毫不妥协同逆时代潮流而动的各种势力进行斗争。他坚决反对军阀分裂割据，坚定维护民主共和制度和国家完整统一。十月革命爆发后，马克思列宁主义传入中国，为孙中山先生认识世界和中国打开了新的视野。中国共产党成立后，孙中山先生同中国共产党人真诚合作，在中国共产党帮助下，把旧三民主义发展为新三民主义，实行联俄、联共、扶助农工三大政策，改组中国国民党，推动北伐战争取得胜利，把反帝反封建的民主革命推向前进。毛泽东同志把三民主义纲领、统一战线政策、艰苦奋斗精神并称为孙中山先生‘留给我们的最中心最本质最伟大的遗产’，是‘对于中华民族最伟大的贡献’。孙中山先生为当时中国的积贫积弱痛心疾首，第一个响亮喊出‘振兴中华’的口号。他认为，‘建设为革命之唯一目的’。他坚信，革命成功以后，经过全民族努力，中国一定能够迎头赶上世界先进国家。”

参观和晋谒中山陵，是为了更好地缅怀孙中山为中国民主革命事业所建立的历史功勋，缅怀他为改造中国而鞠躬尽瘁的光辉一生。每一位热爱中国的人，每一位到过中山陵的人，都对孙中山先生充满着深深的崇敬之情。

中国共产党从这里诞生

——参观中共一大会址有感

2017 年 11 月中旬，我到上海参加会议，会议之余，我来到位于上海市兴业路 76 号的中共一大会址。漫步至新天地，我见到一栋兴建于 20 世纪 20 年代的石库门两层楼老房子，青砖瓦墙，弧形雕花门楣，红色窗棂，乌黑的木门配着一对沉甸甸的铜环，拱形的石雕门门框四周由米黄色石条围成，格外显眼，底层 18 平方米的房间就是中共一大会址。这是我第一次参观中共一大会址。这是一座饱经沧桑的石库门建筑，1921 年 7 月，中国共产党第一次全国代表大会在这里举行，会议的主要议程是成立中国共产党。我以前对党的一大的认识还停留在教科书中，这次参观使我更加了解了中国共产党诞生初期的历史。

中华人民共和国成立后中共一大会址按纪念馆原貌多次修复，室内布置维持了当年的原样。现为全国重点文物保护单位的纪念馆内还辟有三个陈列室，展出我党创立时期的史迹和文物。中共一大会址纪念馆的二楼存放着数百件珍贵的历史资料，向人们展示三个不同的历史阶段。为了拯救民族危亡，中国人民奋起反抗，仁人志士奔走呐喊，太平天国运动、戊戌变法、义和团运动、辛亥革命接连而起，各种救国方案轮番出台，但都以失败而告终。从鸦片战争到辛亥革命，不同的阶级都没能领导中国人民走向民主和独

2017 年 11 月，作者黄健参观中共一大会址

立。中国迫切需要新的思想引领救亡运动，迫切需要新的组织凝聚革命力量。历史和中国人民选择了中国共产党。中国共产党领导中国人民走向了民主和独立。

我仔细瞻仰了这些真实记录着党和国家发展历史的重要文物，对革命先辈为共产主义事业抛头颅、洒热血的事迹有了更进一步的认识。习近平总书记在庆祝中国共产党成立 100 周年大会上指出："一百年来，中国共产党团结带领中国人民进行的一切奋斗、一切牺牲、一切创造，归结起来就是一个主题：实现中华民族伟大复兴。"中国共产党是真正代表了人民群众利益的政党。

在纪念馆内，我被庄严的氛围所感染。鲜红的党旗像一股火焰般映入我的双眼，我感觉是那样的神圣和高尚，让我发自内心地崇敬。中国共产党第一次全国代表大会有来自各地的共产主义小组代表，包括毛泽东、何叔衡、董必武、陈潭秋、王尽美、邓恩铭、李达、李汉俊、张国焘、刘仁静、陈公博、周佛海及陈独秀指派的包惠僧共 13 人，代表全国 53 名党员出席了大会，共产国际的 2 名代表——荷兰人马林和俄国人尼克尔斯基也参加了大会。大会通过了党纲和决议，选举了由陈独秀、李达、张国焘三人组成的中央局，宣告了中国共产党的成立。

我瞻仰了中共一大代表群像浮雕，参观了"伟大的开端——中国共产党创建历史陈列"展览。"前赴后继、救亡图存""风云际会、相约建党""群英汇聚、开天辟地”等专题展区，这里陈列着大量实物和图片，有的还有雕塑和沙盘。我看着中共一大13名代表的浮雕，感叹英雄辈出，也感叹大浪淘沙。文献和历史文物展览，是中国从屈辱到觉醒奋起的见证。展现列强侵略中国分赃的《时局图》、复旦老校长陈望道翻译的《共产党宣言》的中文全译本、中共一大的蜡像模拟场景，记录了中国共产党的诞生背景。厨房、走廊、天井等完全是100多年前的风貌。整个会议厅并不大，整齐而有序，庄重而严谨，重现了党的诞生全景。参观的最后一站是新民主主义革命时期上海优秀党员图片史料展。宝贵的史料为我们完整地再现了斗争年月的艰苦卓绝。顾正红、何秉彝、陈延年、陈乔年、罗亦农……革命先驱们坚守理想和信念，为之努力和奋斗，二十多岁就献出了自己年轻的生命。英雄虽逝，精神长存。他们如一盏盏黑夜中的明灯，照亮了党前进的道路，照亮了民族崛起的前程，照亮了整个漆黑的天空！

在这里，每一位参观者都放慢脚步，眼眸中饱含着追思和敬仰，用心去体会一件件展品中铭刻的光荣与辉煌。人们翻阅近百年的历史画卷，感悟中国共产党的光辉历史。屏幕上是中共一大会址中展出的一部分实物，从泛黄的报纸到保存完好的旧照，以及先辈穿过的旧外套，无不让我们感慨万千。我的心随着参观的进行越来越凝重。栩栩如生的蜡像定格了那伟大的时刻，让我仿佛回到了1921年。

在纪念馆宣誓厅悬挂着巨幅中国共产党党旗。面对党旗，我们前来参观的同志一起重温入党誓词。铿锵有力的宣誓声响彻大厅，人们深受感染，仿佛回到了那个风雨如磐的年代。在整个参观过程中我们感触良多，抚今追昔，精神得到升华，灵魂受到洗礼。

2017年，党的十九大闭幕仅一周，习近平总书记就带领中共中央政治局常委瞻仰上海中共一大会址，回顾建党历史，重温入党誓词。习近平总书记强调：“入党誓词字数不多，记住并不难，难的是终身坚守。每个党员要牢记入党誓词，经常加以对照，坚定不移，终生不渝。”中共一大会址是我们党梦想起航的地方。我们党从这里诞生，从这里出征，从这里走向全国成为执政党。

100 年前，中国共产党成立时只有 50 多名党员，今天已经成为拥有 9600 多万名党员、领导着 14 亿多人口的大国、具有全球重大影响力的世界第一大执政党。

100 年前，中华民族呈现在世界面前的是一派衰败凋零的景象。今天，中华民族向世界展现的是一派欣欣向荣的气象，正以不可阻挡的步伐迈向伟大复兴。

习近平总书记在庆祝中国共产党成立 100 周年大会上号召全体中国共产党员，牢记初心使命，坚定理想信念，践行党的宗旨，永远保持同人民群众的血肉联系，始终同人民想在一起、干在一起，风雨同舟、同甘共苦，继续为实现人民对美好生活的向往不懈努力。

新时代，我们要赓续红色血脉，传承红色基因，胸怀“两个大局”，心系“国之大者”，弘扬伟大建党精神，满怀信心为实现第二个百年奋斗目标、实现中华民族伟大复兴的中国梦而奋斗。

觉醒年代忆红楼

2021年是中国共产党成立100周年，一部重大革命历史题材史诗巨制国产电视剧《觉醒年代》，带我们回到了从1915年新文化运动到1921年中国共产党建立的那段波澜壮阔的岁月。陈独秀、李大钊、毛泽东等在中华民族危急存亡的时刻，从黑暗里寻找光明，成为永远被历史铭记的“新青年”。

我曾多次参观过北大红楼。这幢楼位于北京东城区五四大街路北，是一幢于1918年建成的砖木结构的5层老楼，墙体用红砖砌就。北大红楼是新文化运动的中心、五四运动的策源地、马克思主义在中国早期传播的主阵地、中国共产党的主要孕育地之一。这里有与中国共产党创建活动有关的重要会议场所、重大历史事件发生地、重要党史人物故居，集中展示了中国共产党早期在北京革命活动的光辉历程。

北京大学的前身是清代京师大学堂，始建于1898年，全部招收在京官员，校舍在景山东街的马神庙四公主府。京师大学堂是戊戌变法仅存的硕果。1912年，京师大学堂改称国立北京大学。从1916年起，学校兴建学生宿舍楼，因大楼通体用红砖砌成，故称红楼。1918年8月红楼建成后，改用作北京大学校部、图书馆和文科教室，是北京大学文学院所在地。红楼坐北朝南，呈工字形，连地下室总共5层，东西面宽100米，主楼进深14米，东西翼楼南北各长 34.34 米，总面积 1 万平方米。

红楼孕育了伟大的五四爱国运动。1917 年 1 月，教育家蔡元培出任国立北京大学校长。他按照西方资产阶级国家的大学模式和教育方针，对旧式北京大学进行整顿和改革，主张各种思想兼容并包，提倡学术民主。他聘请陈独秀到北京大学担任文科学长，同时聘请李大钊、胡适、鲁迅等新派人物到北京大学执教。1915 年 9 月，陈独秀在上海创办《青年杂志》，标志着新文化运动的兴起。1916 年，《青年杂志》改名为《新青年》。1917 年《新青年》编辑部由上海迁到北京，《新青年》成为五四运动前后新文化运动的主阵地之一，其在思想文化领域掀起一场以民主、科学为旗帜，向传统封建思想、道德、文化宣战的新文化运动，揭开了 20 世纪初中国思想解放运动的序幕。在当时，北京大学形成了以《新青年》编辑部为核心、以众多新派人物为团体的新文化阵营，并促使进步社团和进步刊物大量涌现，北大红楼因此成为

北大红楼

新文化运动的营垒。俄国十月革命后，《新青年》成为宣传马克思主义的最重要的刊物。1923 年 6 月，它成为中共中央的机关理论刊物，直到 1926 年 7 月停刊。它从创刊到停刊，见证了五四前后新文化运动的蓬勃开展和马克思主义在中国开始广泛传播的历史过程，在党的创建史上发挥了重要作用。同时，以李大钊、陈独秀为代表的中国早期马克思主义者在北大红楼播撒了中国革命的火种。

2021 年 6 月 25 日下午，习近平总书记带领中共中央政治局同志来到北大红楼，参观“光辉伟业　红色序章——北大红楼与中国共产党早期北京革命活动主题展”，重温李大钊、陈独秀等开展革命活动、推动马克思主义在中国早期传播、酝酿和筹建中国共产党等革命历史。展厅内，一张张图片、一件件文物全面展现了那个时期的光辉历史。习近平总书记不时停下脚步，询问相关细节。他指出，北大是新文化运动的中心和五四运动的策源地，最早在我国传播马克思主义思想，也是我们党在北京早期革命活动的历史见证地，在建党过程中具有重要地位。要加强红色资源保护和利用，尊重历史事实，准确评价历史，正确学史用史。

北大红楼是新文化运动的发源地。1911 年的辛亥革命一举推翻了延续千年的封建王朝，新文化运动也要摒除同样延续千年的精神黑暗和蒙昧。新文化运动参与者众多，彼此的志向志趣并不一致，将新文化运动简单地定义为全盘推翻中国旧有文化、以西方文化为蓝本重塑中国并不准确。我们大致可用陈独秀在《青年杂志》写的宣言作为理解新文化运动的题眼：“……国人而欲脱蒙昧时代，羞为浅化之民也，则急起直追，当以科学与人权并重。”从“中学为体，西学为用”一路跌跌撞撞走来，德先生（民主）和赛先生（科学）作为近代西方文明的原动力，理所当然成为当时中国知识分子的不二选择。

北大红楼汇聚了众多知识分子。著名教育家、清华大学前校长梅贻琦先生有言：“所谓大学者，非谓有大楼之谓也，有大师之谓也。”北大与红楼恰是这句名言的最佳注脚。虽然红楼在建成后的三十多年中都是北京城最高和最有现代气息的建筑之一，但其盛名绝非源自建筑本身，而是来自曾经在此生活工作并传播革命思想的那些人：蔡元培、陈独秀、胡适、李大钊、钱玄同、傅斯年、毛泽东……红楼容纳了陈独秀主编的《新青年》，以及李大钊、王光祈等主办的《少年中国》，还有傅斯年、罗家伦等一创刊的《新潮》。

红楼二层西南角的第三十六教室是红楼内面积最大的教室，李大钊、鲁迅都曾在这里上课。1920 年，李大钊先后在此为学生讲授“社会主义与社会运动”“唯物史观”等课程——这是中国高等教育第一次将马克思主义理论列入课程，并通过大学讲坛宣传马克思主义。

红楼第二阅览室一层西侧是报刊阅览室，报架上陈列着《大公报》《民国日报》《国民公报》等许多当时的报纸，这也是毛泽东工作过的地方。毛泽东 1918 年秋天来北大图书馆当助理员，每天在这里负责登记新到的报刊及阅览者的姓名，管理 15 种以上的中外文报纸。一张表格显示，当时蔡元培、陈独秀、李大钊在北大的收入分别为 600、300、120 块银圆，毛泽东每月收入 8 块银圆。与毛泽东同龄的梁漱溟当时已是北大教授。显然，毛泽东算不上红楼的风云人物，然而正是这位不起眼的图书馆助理员，后来改变了中国的命运。毛泽东在红楼工作期间，正值北大思想和学术都非常活跃的岁月，他利用工作之便，广泛涉猎各种社会思潮，结识了李大钊、陈独秀、胡适等人，加入了少年中国学会，听过邵飘萍等人的讲座，是《新青年》和《每周评论》的忠实读者，当时的毛泽东在探索中逐步建立起对马克思主义的信仰。

走进红楼，最引人注目的是新文化运动纪念馆。我所参观的几间展室，大部分是图片和文字介绍。“五四前夜”是最新展览的内容，聚焦在 1919 年 5 月 3 日夜，地点是红楼一楼紧邻李大钊办公室的新潮社活动室。1918 年岁末，在北京大学红楼图书馆的这个房间里，深受《新青年》影响的傅斯年、罗家伦、顾颉刚等北大学子，在蔡元培、陈独秀、胡适、钱玄同、李大钊等师长的指导与帮助下，成立了新潮社——北大第一个学生社团。活动室墙上挂着蔡元培手书的“新潮”二字及新潮社章程。四周依墙列着用竹竿挑起的 3000 多件白底黑字布面标语以及中华民国的五色旗，长条桌上摆着铁皮喇叭、水壶、笔墨纸砚，一张写有“中国是中国人的中国”字样的标语晾于桌上，似乎墨迹未干，一方砚台下面压着罗家伦刚刚起草的《北京学界全体宣言》，宣言疾呼：“中国的土地可以征服而不可以断送！中国的人民可以杀戮而不可以低头!”室内桌子上、架子上及地上则满是写着口号的白布条幅。90年前，罗家伦等新潮社负责人带领新潮社成员，紧张地准备第二天游行的场景历历在目。驻足新潮社社址前，五四运动的当天，傅斯年、罗家伦等带着游行队伍走上街头，学生们还会回来。红楼内的一个临时展厅展示陈独秀、李大钊、胡适、鲁迅、蔡元培等五四灵魂人物的墨迹，以及齐白石、于右任、徐悲鸿、郭沫若等文化名人的签名照、手迹。这些文物历经战乱、灾害和政治动乱仍能留存于世，弥足珍贵。

在中国共产党成立100周年之际，我于2021年7月15日再次来到北大红楼参观。北大红楼在我党的历史上具有标志性意义，生动诠释了中国共产党是怎么来的。重温那一段峥嵘岁月，回顾党一路走过的艰难历程，我的精神又受到一次洗礼。通过参观，我更加明白了，中国共产党之所以能，中国特色社会主义之所以好，从根本上说是因为马克思主义行。

在中国共产党成立100年时，我们终于如愿以偿，实现了第一个百年奋斗目标，在中华大地上全面建成了小康社会。我们永远不能忘记自己的来路，以及那些为我们铺路的人。进入红楼，就等于走进了历史，在不大的空间中，能领略五四运动的真实场景，能听到学生们的呐喊声，进而能切身感受到至今光芒不灭的五四精神。

2021年7月，作者黄健在北大红楼参观

巍峨绮丽井冈山

——毛泽东同志上井冈山80周年有感

从孩提时代开始，通过学习历史课、看电影、看文艺演出和收集邮票等方式，我就知道了井冈山是中国革命的摇篮。毛泽东的诗词《西江月·井冈山》，小学课文《朱德的扁担》和《一根灯芯的故事》，还有著名的油画《井冈山会师》等作品，伴随着我与共和国成长，哺育着我的思想。巍峨绮丽的井冈山深深地埋在我的心中，如一块巨大的精神丰碑和无穷的力量源泉。到井冈山参观是我平生最大的愿望之一。

井冈山

2007年是毛泽东同志上井冈山80周年，这年秋天我到江西出差开会，会议之余我慕名来到井冈山。从南昌坐汽车出发，经过吉安，行车6个多小时，依山路而上，进入了井冈山的山脉，一路上只见山脉巍峨挺拔，雄伟壮观，谷深壁陡，怪石嶙峋，颇有“群峦峰降天外，隐伏千峭万险”之感。我到达井冈山的时候已经是下午5时多。当晚，我住在国家新闻出版总署井冈山培训中心，想起学生时代读过的历史课本、看过的电影和演出，心潮涌动，夜不能寐。

第二天清早，我跟着一位在井冈山茨坪长大的导游坐车参观井冈山著名的景区和革命领袖的旧居。导游告诉我，井冈山的名字来源于井冈山主峰五指峰脚下的一座小村。清朝初年，有位叫蓝子希的人为避战乱，迁徙到五指峰下一块小平地安家立寨。这里四面环山，地形好像一口井，于是便有了“井冈山”这个地名。站在井冈山的主峰上，只见几百座大山峦雄峙在罗霄山脉的中段，巍峨陡峻，连绵五百里。

中华民族的一代英豪在井冈山这块丰腴的土地上纵横驰骋，谱写了一曲又一曲革命凯歌，创造了一个又一个历史奇迹。中国革命从井冈山开始，到处传颂着毛泽东、朱德等老一辈无产阶级革命家的光辉事迹，流传着工农红军和根据地人民一道与敌人展开艰苦卓绝斗争的动人故事。从这些故事中，我们既可领略到革命先辈的崇高品德和高风亮节，也可体会到中国革命道路的艰辛和曲折，还可以帮助我们了解星星之火之所以能成燎原之势的原因。

井冈山是人民军队“三大纪律”的诞生地。1927年10月下旬，毛泽东率队伍从遂川大汾经黄坳上井冈山，上山前向大家说：“今天，我们就要上井冈山，要在那里建立根据地……没有群众的支持，根据地是建立不起来的。”接着他正式宣布了“三大纪律”。

井冈山是中国第一个红色政权建立的地方。1927年10月24日，毛泽东率领秋收起义部队几经风险，艰难跋涉到达大井村。我们来到大井村参观，毛泽东旧居坐落在大井村中央，墙壁为白色，旧居原为当地群众邹安仁家的祖居。毛泽东在这里深入进行社会调查，发动群众开展土地革命。贺子珍在大井村曾协助毛泽东收集情报，剪贴报刊，整理文稿，为井冈山前委等领导机关提供可靠的资料依据。朱德、彭德怀和陈毅旧居与大井村毛泽东旧居相邻，当时是红军主要驻地之一。1928年，朱德、陈毅率红四军，彭德怀、滕代远率红五军到达茨坪。毛泽东等领导人组成的最高指挥部和湘赣边界党、

大井村毛泽东旧居

政、军等领导机关也于1928年迁入茨坪。1928年11月，毛泽东为中共井冈山前委起草了一份给中共中央的报告，即《井冈山的斗争》，首次正式使用“井冈山”这一名称。《井冈山的斗争》一文中阐明了“军事根据地：第一个根据地是井冈山”。

当我们来到险峰要塞黄洋界时，心情难以平静。黄洋界哨口是井冈山军事根据地五大哨口之一，当年这里发生了著名的黄洋界保卫战。1928年8月下旬，毛泽东率领红四军主力外出作战，留下两个连守卫井冈山上的黄洋界。红军以两个连的兵力击溃了敌军四个团的进攻，保卫了井冈山军事根据地。毛泽东在回师井冈山途中闻讯后，欣然吟写了《西江月·井冈山》：

山下旌旗在望，山头鼓角相闻。
敌军围困万千重，我自岿然不动。
早已森严壁垒，更加众志成城。
黄洋界上炮声隆，报道敌军宵遁。

1965年，井冈山人民在黄洋界建造一座木结构的纪念碑，同年5月22日，毛泽东重上井冈山途经黄洋界，心情十分激动，他挥毫书写了1928年秋作的《西江月·井冈山》这首词，后来井冈山人民在此建立巨大的石碑以示纪念。纪念碑上刻写毛泽东“星星之火可以燎原”的题词和朱德“黄洋界保卫战胜利纪念碑”的题词，并建造了一块大理石横碑，还刻有毛泽东手书的《西江月·井冈山》和朱德题写的“黄洋界”三个大字。

作者黄健在中国红军第四军黄洋界哨口营房旧址参观

《朱德的扁担》是小学课本的一篇文章，我于1965年曾经学习过这篇课文。1966年12月，我在北京参观中国人民革命军事博物馆时，看见了陈列在军事博物馆中的“朱德的扁担”，深受教育，至今记忆犹新。1928年秋收后，为了粉碎敌人的经济封锁，毛泽东号召全体军民从宁冈挑粮上井冈山，朱德等红军将领以身作则，不辞劳苦，脚穿草鞋，翻山越岭，和红军战士一道从宁冈挑粮上山，往返50多公里。在井冈山的山腰转弯处有一棵大树，旁边有一块空地，大树用铁栏杆围住，指示牌上写着这是当年朱德挑粮上井冈山休息的地方。

《一根灯芯的故事》是我青年时代读过的一篇难以忘却的文章。1927年10月至1929年1月，毛泽东身为前委书记、红四军党代表，起草了《井冈山的斗争》和《中国的红色政权为什么能够存在?》。他当时本来可点三根灯芯，但他却坚持只点一根灯芯。他在微弱的灯光下办公、看书、写文章，常常忙到深夜。这两篇伟大的著作不但指导了当时根据地的斗争，而且为指导中国革命、夺取全国胜利起到了重要作用。

在井冈山参观时，我怀着崇敬的心情瞻仰了井冈山革命烈士陵园。陵园坐落在松柏叠翠的茨坪北山上，由井冈山革命烈士纪念堂、井冈山碑林、井冈山雕塑园、井冈山革命烈士纪念碑等四部分组成。

位于陵园中心的井冈山革命烈士纪念堂，由瞻仰大厅、陈列室、吊唁厅、忠魂堂组成。瞻仰大厅中央嵌刻着毛泽东书写的“死难烈士万岁”6个烫金大字。吊唁大厅四周墙上嵌刻着1927年9月至1930年2月在井冈山斗争中牺牲的15744位革命先烈英名录。纪念堂右侧是井冈山碑林和书法碑林，建筑以民族风格为主。顺山而上建有一条长100多米的碑廊，陈列着140块精湛的书法碑刻，上面嵌刻着毛泽东、朱德、董必武、彭真等老一辈革命家和江泽民、李鹏等领导人视察井冈山时留下的墨宝以及郭沫若、沙孟海、沈鹏、臧克家、魏巍等著名作家、书法家讴歌井冈山的翰墨，整座碑林风格迥异独特，令人叹为观止。

井冈山是风景秀丽的国家森林公园，这里漫山遍野都是银杉、野茶树、杜仲、银杏、水松、天竺葵、沉水樟、楠木、青檀、红椿、翠柏等。井冈山还是一座天然动物园，栖息在茂密森林中的有獐麂、野猪、山牛、猴子、穿山甲、大灵猫、白鹇、角雉、锦鸡、画眉、杜鹃、白鹭、鹧鸪等。

1965年5月毛泽东重上井冈山，挥毫写下了壮志凌云的《水调歌头·重上井冈山》：

久有凌云志，重上井冈山。
千里来寻故地，旧貌变新颜。
到处莺歌燕舞，更有潺潺流水，高路入云端。
过了黄洋界，险处不须看。
风雷动，旌旗奋，是人寰。
三十八年过去，弹指一挥间。
可上九天揽月，可下五洋捉鳖，谈笑凯歌还。
世上无难事，只要肯登攀。

井冈山是中国革命的摇篮，是当年中国工农红军革命旧址。井冈山有巍峨群山、苍茫林海、飞瀑流泉，是具有高山田园风光的山岳型风景名胜区。昨天，人们向往井冈山，因这里是革命圣地，人们到井冈山来，是想寻中国革命的根。今天，人们向往井冈山，不仅因为这里是爱国主义教育基地，而且是著名的风景旅游胜地。岁月悠悠，复疆载土，井冈山的名字，牵动着多少人的心弦。一首井冈山的诗，一曲井冈山的歌，一幅井冈山的画，一篇井冈山的文章，都会有力地拨动着人们的心弦，激发人们对井冈山的向往之情、崇敬之情和追忆之情。

巴山渝水忆重庆

坐在穿行于夜幕中云雾的飞机里，我听到广播里说道："各位乘客，飞机将于20分钟之后到达重庆江北国际机场。"此时是晚上9点20分，我收起随身携带的《读者》杂志，关闭舱顶的阅读灯，从飞机舷窗向外看去，透过云雾可以看到山城的闪烁灯火。飞机开始下降后，万家灯火变得越来越清晰了。绕过长江再越过嘉陵江上空，飞机终于在江北机场平稳降落。这座现代化的大型机场在灯光的照射下显得十分雄伟，仿佛一只大鹏停栖在江边的山坡上。机场到市内的距离是28公里，沿途车流不断，交通繁忙。望着这雾都山城，我回忆起了少年时代在重庆的一段难忘往事。

1966年11月，学生们在学校老师的组织下，选出代表参加"长征"活动，分批到北京接受毛主席接见。作为其中的代表之一，这一年我仅11岁。我跟着读初中的大哥哥、大姐姐一道从柳州乘火车经过贵阳，在贵阳我们参观了市容和街景后，又乘上另一趟列车，路经遵义后到了另一个站，下车后才知道到了重庆。在重庆火车站我们头一次看见了雾都山城的美景。车站在山脚，要花一分钟乘电缆车才能到达山顶。在重庆学生接待站的安排下，我们被汽车送往位于沙坪坝区歌乐山下的西南政法学院教室内住宿，当时正值隆冬季节，我们这些南方来的学生却感到十分舒适。我们在重庆住了一个星期，受到了有生以来最难忘的革命传统教育。我们住在歌乐山下，向上走200多米就是白公馆和渣滓洞，还有屠杀革命先烈的松林坡和戴公馆，以及美国特使梅乐斯的寓所梅园。我们怀着十分庄严肃穆的心情，参观了这批爱国主义教育基地，我脑海中不断浮现1965年看到的小说《红岩》和歌剧《江姐》中革命先烈的高大形象。我对重庆的认识是从小说《红岩》和电影《烈火中永生》开始的，这部小说和电影讲述了四川地下党员为中国革命英勇献身和在白公馆、渣滓洞里与国民党特务展开坚贞不屈、大义凛然的斗争的故事，是小学政治课的生动教材；而抗日战争期间的八路军驻重庆办事处和重庆谈判、《双十协定》是中学政治课堂上让我最难忘的内容，在我幼小的心灵里刻上了深深的烙印。今天，我从地处边陲的广西来到了重庆，那种对文化、历史和革命圣地的好奇心和向往一下子全部涌到我的脑海里。最使我受到震撼的是参观白公馆和渣滓洞，我们住的西南政法学院离这两处遗址仅几百米。我第一次看到为共和国的成立而无私奋斗、英勇牺牲的革命先烈们战斗过的遗址，亲身见证《红岩》所描述的地下党斗争的场景。红岩英烈，是许多中国人不陌生的一个史诗般的称号。小说《红岩》和电影《烈火中永生》曾激励亿万人，江竹筠、陈然等革命先烈是人们熟悉、敬仰的英雄人物，如今重新面对那段历史，许多人仍心潮难平。革命先烈在狱中不屈不挠地斗争和面对残暴敌人大无畏的革命精神，是我们国家、民族不可缺少的精神支柱。1949年，当鲜艳的五星红旗在天安门前冉冉升起的时候，当天安门前礼炮声震撼大地的时候，歌乐山却仰天长啸，悲声壮绝！被关押在“中美合作所”集中营里的200多名革命志士惨饮枪弹，倒在了重庆解放的前夕。

在歌乐山这块土地上，许多共产党员和党外革命志士，为了祖国的解放、人民的幸福，面对死亡的威胁，义无反顾，大义凛然，表现了坚贞不屈、临危不惧、斗争到底的革命情操。在这个特殊的战场上，革命者用自己的血与肉无情地嘲笑了敌人的疯狂和愚蠢，表现了他们对共产主义的执着追求和坚定信仰。在白公馆、渣滓洞的铁窗黑牢里，革命先烈们富贵不能淫、贫贱不能移、威武不能屈的浩然正气，为中华民族塑造了一个个伟大而崇高的形象。

红岩精神，是革命烈士对共产主义信念执着追求的高度概括。

红岩精神，是革命先辈为国家、为人民无私奉献的真实写照。

红岩精神，是改革开放、发展建设过程中不可缺少的一种精神支柱。

请记住，为新中国而牺牲的烈士！请记住，1949年11月27日！

红岩村这片神奇的红土，吸引着千百万中外人士前来瞻仰。

我参观了位于嘉陵江畔右岸红岩嘴13号的中共中央南方局所在地，以周恩来为首的南方局领导曾在此办公。1945年国共重庆谈判时，毛泽东下榻红岩。我还参观了曾家岩50号周公馆，这是抗日战争期间，邓颖超以周恩来的私人名义租赁而得。抗日战争期间，中共中央南方局的领导周恩来、董必武、叶剑英、吴玉章等在此办公，解放战争期间此为四川省委机关驻地。自1966年以后，我于2002年、2003年、2006年、2013年、2019年先后5次访问过这座英雄的城市。这里不仅是具有历史意义的重庆谈判所在地，而且有悠久的文化和历史名胜，如新华日报社旧址，冯玉祥、张治中旧居，重庆抗战遗址博物馆等。我仔细观看每一间房子、每一张说明、每一幅图片，伫立良久，思绪万千。如今已经过去了近80年，革命前辈的音容笑貌犹在。当年他们接受革命真理，建立马克思主义政党，五次反“围剿”，过雪山、草地。在中华民族生死存亡的历史关头，周恩来率领一批杰出的共产党人，抖落黄土高坡的尘土，带着楚天湘水的烽烟，走进陪都重庆。他们在这里运筹帷幄，英勇无畏地顶逆流、历艰辛，一直战斗到抗日战争取得最后胜利。他们卓著的功勋永载史册，为中外景仰。

2006年12月，作者黄健在重庆曾家岩50号周公馆参观

八路军驻重庆办事处旧址——红岩村

30 年来，我每次到重庆，无论公务多么繁忙，我一定会抽时间到这些革命旧址参观，追寻革命先辈当年的足迹和感人故事。重庆红岩革命历史故事，放在时代的洪流中去看，意义更深远。到重庆红岩不应只是看几件历史文物、听几个革命故事，对年轻人而言，更应该借鉴和学习蕴含其中的奋斗、奉献、坚强等精神。

1997 年 3 月 14 日，八届全国人大五次会议批准设立重庆直辖市。如今的重庆，高楼大厦鳞次栉比，参差错落，蔚为壮观。解放碑曾经是重庆最高建筑之一，如今已被高楼簇拥，形成了繁华的解放碑商圈。洪崖洞曾是破败的吊脚楼，如今已是游客必到的打卡地。曾经来重庆主城区要坐渡轮、索道，跋山涉水，如今天堑变通途，完善的水、陆、空交通网络让重庆成为中国的交通枢纽。

入夜，当我从洪崖洞漫步到解放碑，再到朝天门码头，眼前的万家灯火灿若繁星，高层建筑和繁华的街道霓虹闪烁、流光溢彩。乘上新颖、美观、整洁的轻轨，沿着嘉陵江而行，滨江大道犹如一条蜿蜒的黄金项链，发出耀眼的光芒，转入南山看朝天门码头，美丽的渝中山城犹如一艘巨轮，迎风破浪，在长江上航行。

夜色渐深，路旁柔和的灯光显得格外温馨，我们沿着旧城老街漫步返回雾都宾馆，从朝天门经过中山路到曾家岩，整个山城笼罩在一片神秘缥缈的雾海之中，令我感受到重庆的神奇和美丽，叹为观止。

重庆，是一幅精彩的画卷，是我心仪已久的名城。

我对重庆有很多的眷恋，那就是巴山夜雨之恋、文化历史之恋、雾都长江之恋。

我的长征记忆与“长征路”

长征，是我们50后这一代人的终身记忆和历史情结，长征的故事、长征的电影、长征的书籍、长征的史诗，是新中国一代少先队员的精神食粮和精神丰碑。从少年时代至今，怀着对历史的感悟、对英雄的敬仰，我曾多次走“长征路”，而每一次走“长征路”，都有不同的感悟、不同的感想、不同的升华，有着自己独特的“长征记忆”。

我第一次走“长征路”是50多年前，那是1966年的秋天，11岁的我第一次离开家，跟着读初中的大哥哥、大姐姐来到贵阳，又到了重庆，经过陕西西安，最后到首都北京，在中国人民革命军事博物馆看到了书本上所描述的“七根火柴”“金色鱼钩”“半截皮带”等经典长征故事，心中掀起了阵阵波澜。那是我人生第一次沿着长征路线行走，留下了终生难忘的记忆，形成了正确的世界观和价值观。

我第二次走“长征路”是在2000年，那年我担任广西壮族自治区党委驻龙胜各族自治县扶贫工作队队长，多次来到1934年11月红军长征过广西时经过的龙胜龙舌岩，看到红军写的绝对保护瑶族群众的标语，走上长征以来第一座险峻高山——老山界，回忆小学课文中陆定一写的《老山界》，感受当年红六军团和中央红军长征过广西的场景。红军长征经过广西先后只有

28 天，但却具有极为重要的历史地位和深远的影响。尤其是中央红军过广西的 19 天，是酝酿遵义会议不可缺少的历程，是挽救红军命运的 19 天，是开始扭转中国命运的 19 天。在这 19 天中，红军不仅经历了长征以来最悲壮、最关键的战役——湘江战役，而且翻越了长征以来的第一座高山——老山界。在湘江战役中，红军以损失过半的代价彻底粉碎了敌人妄图“全歼”中央红军于湘江以东的阴谋，保存了红军主力，赢得了战略上的胜利，同时也暴露了王明“左”倾冒险主义错误路线的严重危害，为中国共产党历史上发生的第一次伟大转折提供了契机。红军长征经过广西时，中国共产党开展的宣传工作和实行的民族政策等赢得了各族人民的拥护，对广西产生了深远的影响。经过惨烈的湘江战役，红军将士对李德、博古的错误指挥表示了强烈不满。在不停的争论与探讨中，毛泽东的主张逐渐得到王稼祥、张闻天等越来越多的人支持，红军将士在周恩来的协助下促成了通道会议、黎平会议、猴场会议的召开，从事实上停止了“最高三人团”的最高指挥权，为遵义会议的召开做好了思想上、组织上的准备，为毛泽东的复出奠定了基础。

红军长征时期是党的民族政策形成的重要时期。红军长征过广西时，注

2006 年 10 月，作者黄健在遵义会议会址参观

娄山关红军战斗遗址

重尊重各族群众的风俗习惯，严格执行红军纪律和民族政策，真诚团结各族同胞。1934 年 11 月 19 日，红军在进入广西前，总政治部发布了长征以来的第一个民族工作的纲领性文件《关于争取少数民族的指示》，要求部队严格执行群众工作纪律，绝对不许骚扰和侵害少数民族。红军的严明纪律和模范行为，广西各族同胞看在眼里，记在心里，从心底热爱这支队伍。

我第三次走“长征路”是 2006 年的秋天，正值中国工农红军长征胜利 70 周年，我沿着云贵高原再次重走“长征路”，参观遵义会议会址，走上娄山关战役旧址，感受那个时代的硝烟，参观息烽监狱，缅怀革命先烈。我在遵义会议旧址前驻足，沉思良久，感受良多。如今的中国，天翻地覆，旧貌换新颜，换了人间。

我第四次走“长征路”是 2010 年，我来到四川的凉山彝族自治州。这里群山巍峨，草木丰茂。当年，红军长征途经此处，刘伯承元帅与彝族首领小叶丹“彝海结盟”的故事，至今仍广为流传。沿着彝海岸边拾级而上，一座红色雕像映入眼帘：刘伯承与小叶丹两人并肩站立，手挽着手，把酒杯举过头顶，犹如亲兄弟般。雕像底座刻有苍劲飘逸的金字——彝海结盟纪念碑。

沿着"彝海结盟"这条友谊之路，红军主力顺利通过了彝族聚居区，为强渡大渡河赢得了宝贵时间。"彝海结盟"虽然用的是旧形式，但充满着崭新的时代内容。为了民族的团结，红军没有动用武力，而是成功执行了党的民族政策。我还参观了强渡大渡河旧址，穿越铁索桥，想象红军勇士飞夺泸定桥的情景，缅怀红军战士的英雄气概。我还来到松潘草地，体会当年红军过草地的艰难与困苦。

我第五次走"长征路"是2016年，正值中国工农红军长征胜利80周年。为隆重纪念红军三大主力红军胜利会师80周年，2016年5月我再次来到红军长征的落脚点和抗日战争的出发点——革命圣地延安，又一次参观杨家岭、宝塔山、延安革命纪念馆。2016年9月，我与广西电视台新闻频道的记者和编导来到桂林市兴安县的红军长征突破湘江烈士纪念碑园，做了一期《长征精神照亮复兴之路》的访谈节目。2016年10月，我来到首都北京，再次来到中国人民革命军事博物馆，参观"英雄史诗　不朽丰碑——纪念中国工农红军长征胜利80周年主题展览"，再次重温了重要战役战斗、重大历史事件和重要人物，通过"过雪山草地"等大型主题景观，我见到了红七军团发布的《我们是中国工农红军抗日先遣队》宣言，充满艺术感染力的油画《血战湘江》，反映红军以少胜多光辉典范的四渡赤水战役要图，讲述红军战士至死不忘对党忠诚的雕塑《最后一次党费》，方志敏在狱中撰写的《可爱的中国》手稿等。我还当了军事博物馆的志愿讲解员，给小学生讲述中国共产党领导红军高举抗日救亡旗帜，粉碎上百万国民党军队围追堵截，战胜无数艰难险阻，胜利完成举世闻名的万里长征的光辉历史，讲述了红军在长征中表现出来的坚定共产主义理想、坚定革命必胜的信念、艰苦奋斗的精神和一往无前、不怕牺牲的英雄气概，阐述了"不忘初心，走好新的长征路"的时代内涵。

布热津斯基在《寻访毛泽东的长征路》一文中写道："要是对于长征有了更多的了解，我们对这个民族及其领导人的内心世界也就会有更多的了解。"这位西方政治家后来评论说："对崭露头角的新中国来讲，长征的意义绝不只是一部无可匹敌的英雄主义史诗，它的意义要深刻得多。它是国家统一精神的提示，也是克服落后东西的必要因素。”

为有牺牲多壮志，敢教日月换新天。这种为了救国救民，不怕任何艰难险阻，不惜付出一切牺牲的精神是长征精神中最闪亮的部分。长征精神穿越时空，历久弥新，不仅成为中华民族精神的一部分，更已成为全世界共享的精神财富。

春天的延安

巍巍宝塔山，滚滚延河水。延安是中国革命的圣地、新中国的摇篮。延安，是从小就印在我脑海中的一个名字。电影《保卫延安》、诗歌《延安颂》、老版（第二套）人民币贰元的延安宝塔山的雄姿以及延河水的湍流成为我永世不忘的记忆。延安精神作为一种精神力量，永远在激励、鼓舞和鞭策我。

延安是以毛泽东为代表的党的第一代集体领导核心扭转乾坤、创造辉煌的革命圣地，是我党第一次提出“毛泽东思想”这一科学概念的诞生地。到延安参观学习，是我梦寐以求的愿望。延安枣园、杨家岭的窑洞、庄严的中央礼堂，一直是我渴望能到的地方。

我曾多次到延安，印象最深刻的是 2008 年 3 月 19 日访问延安。当时，我在西安参加全国版权管理工作会议之后，乘坐飞机从咸阳机场飞往延安，开始了激动人心的红色之旅。在飞机上打开中国民航杂志，上面提到，延安位于陕西北部，是中国历史文化坐标，是中国革命的圣地，是中华民族的发祥地之一，在中国现代史上占有特殊的地位。从飞机的舷窗往外看，我们越过了黄土高原和渭河，40 分钟后飞机缓缓降落下来，眼下是穿城而过的延河，重峦叠嶂，梨花、杏花、桃花等在绽放。

走出延安机场的大厅，延安市新华书店的李经理在大厅迎候。我们驱车顺着高速公路行驶了20多分钟，来到了延安宝塔山。依山路而上，两侧是青松翠柏。当我第一眼看到这座黄色的宝塔时，心情十分激动，拿起手中的照相机多角度拍摄它的雄姿。九层高的宝塔屹立在崇山峻岭之巅，显得那么雄伟和古朴。我静静地站立在宝塔山下，历史的烽火狼烟仿佛浮在我的眼前。1935年11月，一群衣衫褴褛的红军来到这里安营扎寨，思考中国革命的前途与命运，决策抗日救国的办法与路线。这就是红军走过二万五千里长征来到延安时的场景。此后漫漫十三载，延安是中共中央所在地，是中国人民解放斗争的总后方。13年间，这里经历了抗日战争、解放战争、整风运动、大生产运动、中共七大等一系列影响和改变中国历史进程的重大事件。

当我走到宝塔山上，绕塔一周时，发现这塔虽然建于唐朝，但如今依然还那么完整和庄严。站在塔边，俯瞰古城延安的全貌，城市的高楼鳞次栉比，新建的体育馆和延安新闻纪念馆尽收眼底，延河从城中流过，波光粼粼的河水在阳光照耀下格外耀眼。

我们从宝塔山上下来，来到了新中国新闻出版事业的发源地——清凉

宝塔山是延安的重要标志和象征

山，这里有新建的延安新闻纪念馆。我顺着新修建的大门进入，沿着山腰间的石阶拾级而上，一块巨大的石碑、一间平房以及油漆斑驳的木门出现在眼前。这里有全国重点文物保护单位——中央出版发行部旧址、中央印刷厂旧址、新华书店旧址等，这里在抗日战争期间被称为“新闻山”，是20世纪三四十年代中国共产党对外发布消息的重要场所，新华社和解放日报、中央印刷厂、新华广播电台、新华书店等，在新中国建立的过程中发挥了巨大的政治宣传作用。山脚下有一座由中宣部、新华社、人民日报社、国家广电总局修建的四层楼的新闻纪念馆，建筑外墙是土黄色，由多孔窑洞组成，寓意新中国新闻出版事业是从延安的窑洞走出去的。如今，当地沿着延河两岸修建了很多造型别致、具有陕北窑洞外形风格的建筑物，其中延安干部学院和延安大学的大门特别引人注目。

毛泽东曾在延安写下许多光辉著作。1938年春，在凤凰山麓，他写下对抗战时局产生重大影响的著作《论持久战》，当时中国国内出现了“亡国论”和“速胜论”的论调。毛泽东指出：日本的侵略战争是退步的、野蛮的，中国的反侵略战争是进步的、正义的；日本是一个小国，经不起长期战争，而中国是一个大国，能够支持长期战争；日本失道寡助，中国能获得世界上广泛的支持与同情。因此，中国不会亡，最后胜利是中国的。但中国也不能速胜，抗日战争是持久战。

作者黄健在枣园毛泽东旧居参观

走进枣园，身着陕北民族服装的秧歌腰鼓队敲起鼓、扭起秧歌，重现当年延安欢庆胜利的那一幕。在枣园，首先映入眼帘的是中央五大书记毛泽东、刘少奇、周恩来、朱德、任弼时站立的雕像，雕像栩栩如生、光彩照人。右侧是中共中央书记处小礼堂，在这里中共中央书记处制定了重庆谈判的原则。走过幸福渠，便进入枣园的窑洞，窑洞依坡而建，分别是刘少奇、周恩来、朱德、毛泽东、彭德怀、张闻天的旧居。幸福渠是中共中央机关工作人员帮助当地群众修成的，清澈的流水从枣园中流过，幸福渠可灌溉 1200 多亩农田。毛泽东在枣园居住期间，写下了《学习和时局》《组织起来》《论联合政府》《抗日战争胜利后的时局和我们的方针》等许多著作，在这里领导了解放区大生产运动，筹备了中国共产党第七次全国代表大会，领导全国军民争取民族团结、和平建国，对国民党顽固派进行了针锋相对的斗争。

1943 年 10 月，中共中央书记处迁驻枣园。枣园灯火再现了身穿粗布军装在煤油灯下奋笔疾书的领袖形象，一个民族的出路和独立解放就在他如椽巨笔下延伸……《为人民服务》讲话台位于枣园革命旧址西北角墙外，1944 年 9 月 8 日，中共中央直属机关在这里为中央警备团的战士张思德举行追悼大会，毛主席站在讲台上作了《为人民服务》的讲演。

我站在枣园毛泽东发表《为人民服务》的讲话台前，凝视着张思德的雕像，理解了中国共产党人当年提出“执政之基”的真正内涵和意义。1941 年 11 月 6 日，毛泽东在《在陕甘宁边区参议会的演说》中强调：“共产党员必须倾听党外人士的意见，给别人以说话的机会……共产党员决不可自以为是，盛气凌人，以为自己是什么都好，别人是什么都不好；决不可把自己关在小房子里，自吹自擂，称王称霸。”

走过那条汩汩流淌的幸福渠，我不禁想起美国记者斯诺为毛泽东拍下的那幅经典照片——毛泽东清瘦、纯朴、亲切，目光深邃，笑脸平和。跨入中共中央书记处小礼堂的门槛，摆放整齐的桌子和一幅幅历史照片前的景物是那么亲切和熟悉。站在枣园里你一定会被这所精神殿堂所激励，一定会被这片土地上的故事所感动。

离开枣园，我们来到了杨家岭。这个偏僻的小山村，发生了中国共产党历史上光耀史册的具有重大意义的两件大事：一是中国共产党第七次全国代表大会召开，另一个是对中国文艺具有“灯塔”意义的延安文艺座谈会的召开。

走进杨家岭，我们首先参观中央大礼堂，这是中共七大会场。建于1942年的中央大礼堂的前方被翠绿而气质庄严的松柏环绕着，礼堂的正面是五角星，礼堂顶上还有迎风招展的红旗，这是以前在电影和图书上才能见到的经典画面，如今就展现在我眼前。

步入礼堂，木椅、马克思像、恩格斯像、列宁像、斯大林像、红旗和主席台上方“在毛泽东的旗帜下胜利前进”的大幅标语映入眼帘，当年的陈设依旧。高高的窗户射入一缕阳光，我静静地站在礼堂的中央，一股神圣的激情涌上我的心头。我脑海中浮现了当年毛泽东作《论联合政府》政治报告时被一阵阵如潮的掌声打断的场景，毛泽东那亲切的湖南口音仿佛在我耳际回响……中央礼堂左后侧的小屋是中共中央办公厅办公楼，又称“飞机楼”，楼的左边是1942年5月23日毛泽东在这里发表《在延安文艺座谈会上的讲话》时与延安文艺界知名人士丁玲、刘白羽、王朝闻、周立波、陈荒煤等人合影的照片。伫立在“飞机楼”前，我凝望着一幅幅当年延安文艺界活动的照片，大块石头砌成的房子，门前婆娑的柳树在微风中摇曳，古老的辘轳依然静静地在那里。那个晚上，文艺界的人士忘记了夜色的深沉，忘记了寒冷，痴迷地听着，会心地笑了。这次会议是中国文艺发展史上的一座灯塔，开创了社会主义文艺大繁荣的新纪元。

在杨家岭毛泽东住宿的窑洞外有一张石桌和石凳，这是毛泽东当年在延安会见美国记者安娜·路易斯·斯特朗的地方，毛泽东在这里发表了著名的论断——“帝国主义和一切反动派都是纸老虎”。

延安时期，陕北佳县农民李有源即兴唱出的一段民歌《东方红》，唱出了中国共产党和毛泽东的丰功伟绩，唱出了人民群众对共产党和毛泽东的深厚感情，表达了中国人民的心声，成为千古绝唱，也说明了毛泽东在延安时期的位置，他是中共中央领导集体的核心，是中共党内最有权威的领袖，是人民军队的最高统帅。

延安时期是以毛泽东为代表的中国共产党人扭转乾坤、创造辉煌的伟大时代，也是毛泽东一生中向政治高峰迈进的辉煌时代。在延安，毛泽东的领导地位进一步确立、巩固和加强，成为全党衷心拥戴的最高领袖，被

中共中央书记处小礼堂外景

党誉为“我们党和现代中国革命的组织者与领导者”“我国英勇无产阶级的杰出代表”“我们伟大民族的优秀传统的杰出代表”，被人民群众歌颂为“人民大救星”。

延安时期毛泽东的领导艺术和军事指挥艺术达到了炉火纯青的程度，他在民族和人民处在深重灾难时，呕心沥血、运筹帷幄，领导中国革命取得了震撼世界的决定性胜利。在延安，毛泽东坚持把马列主义同中国革命具体实践相结合，以极大的政治勇气和科学探索精神，完成了马克思主义中国化的事业，创造了“我们这个民族特殊的、完整的关于中国人民革命建国的正确理论”，即毛泽东思想。

延安人民具有质朴、淳厚的性格和乐善好施的优良传统，这也是中华民族所固有的优良品德。陪同我的延安市新华书店李经理是在延安长大的，从小在延河中游泳，吃的是小米。他告诉我，他的父亲1935年在陕北参加中国工农红军，母亲也是1937年参加革命，他说陕北人民李有源唱出了《东方红》，毛泽东是人民的大救星，是陕北人民的小米哺育了中国共产党的壮大成长，培养了拥政爱民的精神，奠定了拥军优属的基础。

李经理朴实的话语透出一种刚毅、一种信念、一种自豪、一种激情，我心中激荡出如火如荼的红色革命的激情。延安革命旧址见证了我们党在延安时期领导中国革命、探索马克思主义中国化时代化的光辉历程。延安谱写了中国革命历史上最辉煌的篇章，筑就了共和国的千秋功业，这使延安成为举世瞩目的革命圣地，延安精神也将永放光芒。

瞻仰白求恩陵墓

2010年清明节前夕，我出差到北京开会，朋友告诉我，一定要去华北军区烈士陵园，因为国际主义战士白求恩大夫安葬于此。70多年前，毛泽东写了一篇文章《纪念白求恩》后，一个光辉形象走入了亿万中国人的心中，他就是伟大的国际主义战士白求恩。从小我就对白求恩怀着十分崇敬之情。

当我穿过镌刻着“华北军区烈士陵园”金色大字的陵园大门之后，展现在我面前的是气势宏伟的烈士纪念碑和宽阔的纪念碑广场。华北军区烈士陵园是为纪念抗日战争、解放战争时期牺牲在华北大地的革命烈士而修建的。园内安葬着革命历史时期牺牲在华北地区的318位团职以上的革命烈士，安放着650多位革命烈士和老红军的骨灰。走进这忠魂聚集的地方，首先映入眼帘的是由毛泽东题写的“为国牺牲永垂不朽”的纪念碑。陵园建筑按照我国传统的主轴线布局。陵园建筑经我国著名建筑专家梁思成等审定后施工，这是我国建园时间较早、规模较大、建筑艺术品位较高的著名烈士陵园。这里的主要建筑物分布在几条轴线上，南北呼应，东西对称，布局严谨，层次分明。园内苍松翠柏伟岸挺拔，草坪花坛点缀其间，整个园区气势宏伟、庄严肃穆。园内有铭碑堂、烈士纪念馆、烈士纪念碑亭、白求恩·印度援华医疗队纪念馆、白求恩塑像及陵墓、柯棣华塑像及陵墓、董振堂纪念碑亭、赵博生纪念碑亭、烈士墓区和铜铸雕像群等。

我走到烈士陵园西侧，看到花岗石墓基的白求恩墓，其顶为半圆形，白求恩墓前有汉白玉墓碑，上刻“白求恩大夫之墓”，两侧长廊有白求恩革命活动历史照片，白求恩墓前广场有白求恩塑像，四周是常青的松柏。

白求恩塑像

我默默地伫立白求恩墓前，看着那戴着红领巾的少先队员依次列队献上一朵朵小白花。听着老八路战士给少先队员讲述当年的战争故事和艰难岁月……此时，我忘记了时间的流逝，任微寒的春风吹拂着我的面颊，我仿佛听到了毛主席的声音：“白求恩同志是加拿大共产党员，五十多岁了，为了帮助中国的抗日战争……不远万里，来到中国……一个外国人，毫无利己的动机，把中国人民的解放事业当作他自己的事业……”

1938年，正是中国抗日战争最艰苦、最残酷的时候，白求恩当时是世界著名胸外科专家、英国皇家外科医学会会员、加拿大共产党党员，受加拿大和美国共产党的派遣，于1938年3月到达延安，不久又转赴晋察冀边区工作，担任军区卫生顾问，投身于反法西斯斗争中。1939年10月下旬，白求恩在河北涞源县摩天岭抗日前线抢救伤员时，手指被细菌感染转为败血症，于当年11月12日逝世于唐县黄石口村，17日安葬于唐县县城南关晋察冀烈士陵园，1953年迁葬华北军区烈士陵园。1939年12月1日，延安各界举行追悼大会，毛主席题了挽词，12月21日，毛主席写下了《纪念白求恩》一文。白求恩“毫不利己专门利人”的精神成为一座不朽的丰碑，鼓舞中国人民不断取得胜利，走向辉煌。

如果说我们在读《纪念白求恩》一文时，对白求恩是一种精神上的理解的话，那么在此时此刻此地，我感受到的则是一种心灵上的震撼。今天重温毛主席纪念白求恩的话，更是一种警醒作用。白求恩是著名的胸外科专家，他不在富裕安定的西方国家治病行医，享受安逸的生活，而到中国战火纷飞的土地上为反法西斯战争作出外科医生应做的努力；他不和父母兄弟一起共享天伦之乐，而和衣衫褴褛的苦难的中国人结为兄弟。一个西方国家的医生，他的人格是何等伟大，他的境界是何等崇高！

松柏苍苍，微风撩动我的思绪。在白求恩墓前，人们的灵魂得到了净化，因为白求恩那超越时空、超越国界的精神和境界是那么高尚和伟大。怀着崇敬的心情，我专程来此地瞻仰白求恩墓，接受心灵的洗涤。我漫步在华北军区烈士陵园里，看到四周橱窗陈列的白求恩工作照片，仿佛看到他不知疲倦的身影。革命先烈为我们修造了通往幸福的大路，奠定了中国繁荣富强的基础，我们应永远铭记带给我们幸福生活的先辈，永远感恩那些为了这片土地洒下热血的革命先烈！

走出白求恩墓很远，我仍回头望着那立于松柏之间的白求恩塑像。青山永在，苍松不老，绿水长流，白求恩的精神永垂不朽！

香山双清忆伟人

2002年，我在中央党校学习一年。这一年春、夏、秋、冬，我与同学、朋友先后四次上北京香山，参观双清别墅，感触颇深。香山闻名遐迩，巍峨壮丽。春天上香山，百花满园，万紫千红，争奇斗艳；夏天上香山，晴空碧树，枝繁叶茂，鸟语花香；秋天上香山，霜盖红叶，层林尽染，如火似锦；冬天上香山，积雪素裹，群峰银驰，妖娆动人。我爱香山，不仅是因为它的壮观秀丽，更因为香山是一幅历史的画卷，记载了中华民族的兴衰与荣辱。

香山位于北京西山东麓，距市中心20多公里，北京西山是太行山之余脉。西山环抱北京西北部，形成一道天然屏障，山中有古道场叫香山。香山山势奇特，涧壑交错，树林茂密，泉水甘洌。自唐代以来，历代当权者对香山极为重视，在这里造寺塑佛像，营建行宫以及亭、轩、庐、舫。清代乾隆年间，顺着山势蜿蜒，筑起十里围墙，命之为静宜园，成为皇家之离宫禁园。中华人民共和国成立后改名香山公园。

香山和祖国一起共荣誉、同兴衰，经历了历史的磨难。1860年10月，英法联军焚掠了北京西部举世闻名的“三山五园”，香山静宜园内的珍宝、文物被付之一炬。1900年，复经八国联军的焚掠、破坏，香山静宜园已是遍山瓦砾，凋零不堪，珍宝尽毁，一代名园从此荒芜。

从辛亥革命推翻清朝后到中华人民共和国成立前夕，在长达30多年的时间里，香山这块宝地始终归香山慈幼院管辖。1917年，河北等地103个县发生水灾，为收养无家可归的孤儿，当时的中华民国政府派熊希龄承办救灾工作，经总统徐世昌与清内务府商量，将香山划归慈幼院。熊希龄用救灾的款项筹建了可容千人的两座学校，他担任院长，并在松坞云庄遗址上建起他的私人别墅，因双清泉在院内，故取名双清别墅。双清别墅坐落在香山公园南麓，为南向洋房建筑，这里环境幽雅静谧。相传金代皇帝到此游猎，梦中射箭，箭落处有清泉涌出，醒后命人挖掘，果然有两股泉水涌出，遂赐名“梦感泉”。

1949年3月23日，党中央和毛泽东离开西柏坡前往北京，25日进驻北京香山，这里成为党中央所在地。在这里，毛泽东、朱德发布向全国进军的命令，吹响了“打过长江去，解放全中国”的伟大号角，中国人民解放军以摧枯拉朽之势向全国各地胜利大进军，彻底结束了国民党在大陆的统治。在这里，毛泽东同志发表了《论人民民主专政》，为新中国的建立奠定理论基础和政策基础。在这里，中共中央同各民主党派、各界人士共同筹备中国人民政治协商会议，制定通过了起到临时宪法作用的《中国人民政治协商会议共同纲领》，确定了新中国的国体和政体，制定了一系列基本政策，描绘了建立建设新中国的宏伟蓝图。

当年，党中央和毛泽东从西柏坡迁往北京，有一个过渡阶段，在这个过渡阶段中，毛泽东、刘少奇、周恩来、朱德等中央领导是在香山度过的。虽然当时北京市内已和平解放，但残余敌特仍频繁活动，国民党军队在城外集结。为了保证党中央和毛主席的安全，前门火车站做出像是迎接民主人士来京那样的隆重仪式，公开布置场面，大造声势。实际上真正的迎接地点是在西郊的清华园火车站。3月25日，毛泽东、刘少奇、周恩来、朱德、任弼时在叶剑英的陪同下走下火车，受到华北军区司令员兼平津卫戍区司令聂荣臻、北京市委书记彭真、第四野战军司令员林彪等的热烈欢迎。

当天下午3时，毛主席与中央领导又从清华园乘车赴西苑机场检阅部队，被检阅的有步兵、装甲兵、炮兵各一个师，约3万人，还有工、农、

2006 年 8 月，作者黄健在毛泽东住过的双清别墅参观

商、学各界代表以及各民主党派和无党派人士。检阅完毕，当天毛主席等中央领导又乘车返回住地香山双清别墅。

毛主席在双清别墅居住时，中间大厅屏风后是会客室，有沙发、茶几，西间为卧室，卧室床右边堆满了古今中外各类图书。东间为办公室，办公室里墙上挂满了作战地图。里面的套间房间不算宽敞，但环境非常幽静。房前有一潭水，正中有一座古典的六角凉亭。与双清别墅一墙之隔的是香山寺，寺院附近有一座座住宅，刘少奇、周恩来、朱德等中央领导居住在这里。

毛主席在双清别墅与其他中央领导运筹帷幄，共商大计，指挥了人民解放军横渡长江解放全中国的伟大进军，并为建立中华人民共和国进行了大量的准备工作。在这里，毛主席撰写了许多重要文章和诗作，如《论人民民主专政》《南京政府向何处去》《七律·人民解放军占领南京》《七律·和柳亚子先生》等。

在双清别墅的陈列室，有两幅著名的照片。一幅是 1949 年 4 月 23 日，人民解放军解放南京，宣告国民党统治结束，毛主席在双清别墅的六角亭旁看《解放日报》上刊登南京解放消息的照片，这幅照片挂在毛主席双清故居客厅屏风的正中央；另一幅是毛主席与毛岸英在亲切谈话体现父子亲情的照片，这幅照片挂在陈列室的右侧。另外，毛主席等中央领导在香山会见黄炎培、宋庆龄、李济深、张澜、沈雁冰、柳亚子、郭沫若等国内各民主党派人士、知名人士、爱国人士的合影挂在陈列室的正中央。

香山和双清别墅昔年是中华帝王驻跸之所，1949 年这里则成为人民领袖策划指挥解放全中国的统帅部。重游香山，思绪万千。从 1840 年鸦片战争到 1921 年中国共产党成立，再从 1921 年至今，中国经历了截然不同的两个历史时期。在前一个历史时期中，封建统治者丧权辱国，社会战乱频仍，国家满目疮痍，人民饥寒交迫。在后一个历史时期中，中国人民在党的领导下，冲破重重困难，取得了革命胜利，经济社会快速发展，国家日益昌盛。前后两个历史时期，中国能从十分悲惨的境遇向着光明的前途实现伟大的转变，是因为有了中国共产党，在中国共产党的领导下中国的面貌才焕然一新。

2019 年，在隆重庆祝中华人民共和国成立 70 周年之时，我再次来到北京香山革命纪念地，瞻仰双清别墅、来青轩等革命旧址，参观香山革命纪念馆，观看“为新中国奠基”主题展览，回顾中国共产党领导中国人民夺取全国胜利和党中央筹建中华人民共和国的光辉历史，缅怀毛主席等老一辈革命家的丰功伟绩。“为新中国奠基”主题展览生动呈现中共中央在香山期间领导全国各族人民，完成民族独立和人民解放的历史使命、开启中国历史发展新纪元的光辉历程。香山脚下新建成的香山革命纪念馆庄重大气，“四梁八柱”的雨棚造型寓意党中央在香山为中华人民共和国搭建四梁八柱。28 根廊柱象征中国共产党从建党到建立中华人民共和国 28 年的奋斗历程。南广场上矗立着高 19.49 米的国旗杆，寓意中华人民共和国诞生于 1949 年。主题展览由“进京‘赶考’”“进驻香山”“继续指挥解放全中国”“新中国筹建”“不忘初心、牢记使命、永远奋斗”等 5 个部分组成。中共中央在北京香山虽然只有半年时间，但这里是我们党领导解放战争走向全国胜利、新民主主义革命取得伟大胜利的总指挥部，是中国革命重心从农村转向城市的重要标志，在中国共产党历史、中华人民共和国历史上具有非常重要的地位。缅怀这段历史，就是要继承和发扬老一辈革命家“宜将剩勇追穷寇，不可沽名学霸王”的革命到底精神，继承和发扬老一辈革命家谦虚谨慎、不骄不躁、艰苦奋斗的优良作风，以“赶考”的清醒和坚定答好新时代的答卷。

香山是一个人杰地灵的地方，有松、有柏、有槐、有榆、有银杏、有丹枫等。香山深秋，积霜凝素，朝霞初射，夕阳返照，美丽动人而又深沉凝重，它仿佛在向人们诉说一个个古老而令人心往神驰的历史故事。

雄伟的天安门广场

天安门广场对于我来说有着至高的地位。天安门广场不仅与中国革命和历史紧密相连，更与中国人民荣辱与共、休戚相关。天安门广场还是中国历史和中国发展的见证者。在我的心目中，天安门广场是神圣的地方和精神的殿堂。我从小受到的思想教育，看过的电影，读过的图书和报刊，使天安门广场成为我十分向往的地方。

1999 年 10 月 1 日，中华人民共和国成立 50 周年，为亲身感受 50 周年大庆的盛况，同时给正在读初中的女儿接受一次爱国主义教育，我们一家人专程来到北京。为了能看到阅兵式和游行队伍表演，我们提前 3 个月预订住房，于 9 月 30 日住进长安街北京国际饭店，面向长安街的房间里。1999 年 10 月凌晨 3 时，一辆辆军车、坦克，一队队威武的军人，一辆辆游行演出的彩车，一列列整齐的方块队伍，从建国门有序地向天安门广场集结。在 10 月 1 日上午 10 点钟开始的阅兵式上，我们透过饭店的落地玻璃窗，看到了整个游行队伍和检阅部队，还看到了领袖的风采。当天晚上，尽管刮起大北风，气温下降了 10 多摄氏度，我依然在长安街上观看天安门广场上五彩缤纷的焰火，火树银花不夜天，我第一次感受到国庆期间天安门广场礼花的绚丽，内心的激动难以形容。此后，每当我到北京出差，我都会到天安门广场漫步和留影，到这里接受心灵洗礼和思想熏陶。

时间一下子又过了10年，2009年10月1日，中华人民共和国成立60周年，我再次到北京感受天安门广场的雄壮。这天北京晴空万里，秋风送爽。下午我坐地铁到达建国门站，沿着百花盛开、彩旗招展、灯笼高悬的十里长安街漫步到天安门广场一带。沿路没有喧闹的车辆，没有拥挤的人群，宽阔的长安街，明亮的高大建筑，挺拔笔直的雪松，在我看来，这是世界上最美丽的大街。夕阳西下，金黄色的太阳从长安街尽头落入西山，给天安门广场和长安街披上了一层金灿灿的光彩。入夜，华灯初上，满载演员和志愿者的一辆辆大巴从建国门向天安门广场驶去，车厢里的演员不时向我们热情地招手致意。10月2日下午，我再次从西直门地铁站坐地铁到西单，然后沿着长安街向东漫步，经过电报大楼、新华门和国家大剧院，到达天安门广场，欣赏古老雄伟的天安门城楼和耸入云霄的人民英雄纪念碑、宽广辽阔的广场、庄严的人民大会堂和神圣的中国国家博物馆。长安大街上彩旗飘扬，灯笼高悬，不少武警战士和人民警察在站岗值班，警车和应急车随处可见。

2009年10月1日，中华人民共和国成立60周年大庆，作者黄健在天安门广场

天安门城楼上挂起了大红灯笼，飘扬着红旗，来自全国各地的旅客手拿五星红旗，在广场上漫步欢歌，在伟人画像前驻足瞻仰，留下珍贵的镜头。

1966年12月，我第一次到北京，来到天安门广场，接受毛主席第八次接见红卫兵，站在天安门广场凝视伟大领袖的风采，眼中流出激动的泪花，当时那种激动之情是难以名状的。

天安门广场是当今世界上规模较大的广场之一。天安门位于北京市区中心，它是新中国的象征，是全国各族人民向往的地方。天安门原是明、清两朝皇城的正门，明永乐十八年（1420年）建成，当时为三层楼式木牌坊，名叫承天门。清顺治八年（1651年），改建为今天的样式，更名为天安门。在封建时代，天安门是北京城最高的建筑，通高九丈九尺，象征着皇权至高无上。天安门前有一条玉带般的金水河，河上建有七座秀丽的汉白玉石桥，城门前后的两侧各有一对雕刻精美的华表和石狮。这些精心的设计装饰和天安门融为一体。

从前，天安门是封建朝廷举行“颁诏”大典的地方。后来，天安门前成为人民举行爱国民主运动的集会场所。1919年的五四运动，1935年的一二·九运动，都是在这里集会游行，而后向全国各地扩展。1949年10月1日，毛主席在这里庄严宣告“中华人民共和国中央人民政府成立了”，并亲自升起第一面五星红旗。

中华人民共和国成立60周年之际，在长安街侧的金水桥上，以雄伟的天安门为背景，我与守卫天安门的武警战士合影留念。

我从天安门赶往广场中央，中国民主革命的伟大先行者孙中山先生的巨幅画像立在广场中央，与毛主席画像遥遥相望。每逢重大节日，在天安门广场摆放孙中山画像已成一种惯例。1949年10月1日，当巨幅孙中山画像矗立在天安门广场时，站在天安门城楼上的宋庆龄热泪盈眶。她日后回忆：“这一次，孙中山的努力终于结了果实，而且这果实显得这样美丽……”

站在37.94米高的人民英雄纪念碑前，面对庄严肃穆的毛主席纪念堂，我肃然起敬。

天安门广场最令人震撼的是以天安门城楼为中心、屹立在广场东西两侧的 56 根 13.6 米高、26 吨重的民族团结柱。大红、金黄的主色调将节日气氛烘托至极。每根柱子正面绘制着身穿各民族服装的青年男女载歌载舞的图案，背面是代表各民族的金色图案。

天安门广场上最醒目的是位于人民英雄纪念碑两侧的两块巨型 LED 显示屏。显示屏在阅兵时将播放动态标语，在群众游行及国庆联欢晚会时则进行现场直播。天安门城楼东西两侧的 LED 显示屏面积更大，显示屏下的边框上赫然印着 4 个汉字：中国制造。

60 周年庆典上展出的 60 辆彩车，表现了全国各族人民的奋斗史、创业史、改革开放史，具有丰富的思想内涵。3 辆彩车分别出现在群众游行的“艰苦创业”“众志成城”“北京奥运”方阵，还有 4 辆彩车展示中华民族的团结奋进和美好未来等。北京彩车以“北京之歌”命名亮相，彩车上以天坛、长城、故宫大门、鸟巢、现代建筑群为主体形象，展现古老与现代交融的北京和首都人民正共同谱写的“人文北京、科技北京、绿色北京”的奋进之歌。广西“壮乡欢歌”彩车设计充满地方民族特色，凝聚了丰富的艺术灵感，彩车上的绣球均是由靖西壮族绣工绣成的。只见 1 只直径 2 米的大绣球立在彩车尾部，木质结构的吊脚楼，经过工匠的巧手打造，变得秀丽多姿。3 面古铜色的铜鼓绘着太阳、青蛙、飞蛙等传统文饰，显得古朴而逼真。彩车创意新颖、各具特点，每一辆彩车都是一件精美绝伦的工艺品，它们异彩纷呈，争妍斗奇，让人们对祖国的美好未来更加充满信心。

穿越 5000 年悠悠岁月，天安门广场再次见证了中华人民共和国成立 60 周年时的繁盛。雄伟庄严的建筑、宽敞开阔的长安街，在节日气氛的衬托下，气势磅礴，使天安门显得更加庄严雄伟，成为深深烙在我心中的美好记忆。

西柏坡，新中国从这里走来

西柏坡是一个令人向往的革命圣地。我于 2009 年到河北省石家庄开会，第一次到西柏坡，参观西柏坡革命纪念馆并瞻仰了中共中央旧址。2019 年 10 月 1 日，时隔 10 年，时值中华人民共和国成立 70 周年，我们一家人专程从北京再次来到西柏坡瞻仰革命圣地。

2019 年 10 月，作者黄健在西柏坡参观

西柏坡是深山中的一个不起眼的小村，因曾承载着中华人民共和国诞生前那段非凡的历史而引人注目，永久载入史册。这里是毛主席和党中央进入北京、解放全中国的最后一个农村指挥所，毛主席和党中央在这里指挥了著名的三大战役，西柏坡成为全国重要的革命传统教育和爱国主义教育基地。

汽车沿着蜿蜒的水泥公路前行，在两边浓荫蔽日的泡桐树的引领下，我们来到了西柏坡纪念馆前。西柏坡纪念碑直插云霄，雄伟地屹立在广场，五大领袖雕塑铜像矗立在绿草如茵的平台上，下面是无数盆鲜花组成的“西柏坡——新中国从这里走来”几个大字的图案。

当天游人如织，参观的人络绎不绝。走进纪念馆展室，我们随着讲解员的解说，看着一件件物品、一幅幅照片，仿佛回到了那烽火连天的战争年代。这里有毛主席指挥三大战役乘坐的吉普车，有朱德总司令穿过的衣物，有当年使用过的马灯……展室共有 10 个，分“中央工委在西柏坡”“决战前夕”“大决战”“中共七届二中全会”“新中国从这里走来”“难忘的岁月”“历史不会忘记”七部分。站在展馆的长廊上，我仿佛看到了中共七届二中全会召开时热烈而庄严的场面，仿佛听到了毛主席向全党敲响的“两个务必”的警钟声。

瞻仰毛泽东、周恩来、刘少奇、朱德、任弼时的旧居时，我发现共和国开国领袖和元勋们住的土屋屋内设施十分简陋，没有什么摆设，只有供睡眠的床或炕。床上的被褥都很单薄，都是深颜色。屋里有的有个小沙发，有的有个小桌子。毛泽东的旧居房前有一个石磨和一把椅子。

朱德的旧居和其他四位书记的旧居不一样，是一间窑洞。导游告诉我们，这间窑洞当年是为毛主席建的。考虑到毛主席是南方人，住不惯北方的土草房，特意为他建造了这间窑洞，但毛主席考虑到朱德年岁比自己大，就让给了朱德。

在当年的黄土地上，毛主席和老乡一起育苗插秧；乡间小道上，朱总司令牵战马替老乡送粮食。漆皮脱落的办公桌曾点亮探索中国革命的灯光，土坯泥顶的农家院曾响起伟人们豪迈的欢笑。中国共产党进驻西柏坡之前，已经拥有 124 万中国人民解放军，胜利在望，而住进西柏坡的革命领袖们依然穿着打满补丁的灰布棉制服，吃着和老百姓一样的糙米饭，住在土坯泥顶的农家屋里，领袖们在这里运筹帷幄，决战千里，做出了惊天动地的伟业。

瞻仰了5位革命家的旧居，让人生出无限感慨。老一辈无产阶级革命家艰苦朴素的生活作风、艰苦奋斗的工作作风，同井冈山精神、长征精神、延安精神一样，教育鼓舞着许许多多共产党员和人民群众，使他们焕发出无限的革命热情和无穷的力量，为建设伟大祖国作出积极的贡献。

1947年在西柏坡召开的全国土地会议，明确规定："废除封建性及半封建性剥削的土地制度，实行耕者有其田的制度。"压迫中国人民千年的封建土地制度在西柏坡那个简陋的露天大会场走到了尽头。一部《中国土地法大纲》开启了土地改革运动，适逢支援人民解放战争的关键时候，翻身农民参军参战，保家保田，为解放战争赢得全面胜利提供人力和物资。随即，土地改革在新老解放区掀起如火如荼的热潮。生产关系的改变，重塑了中国农村社会的结构。农民的身份地位发生了巨大变化，封建主义的经济基础被彻底打垮，帝国主义残余特权被废除，中国人民被掠夺和压榨的时代将结束。

决定中国命运的战略决战箭在弦上，在西柏坡那盏时而跳动时而安静的油灯旁，领袖与将帅相约聚首，精心谋划最后的决斗。三大战役环环紧扣，在人民的大力支援下迅速取得胜利。一个接一个的胜利加快推进了全国解放的进程，东北、华北、中原，直至长江中下游……西柏坡那盏长明灯驱散了全国解放战场上的硝烟尘垢。

毛泽东说："有了土地改革这个胜利，才有打倒蒋介石的胜利！"在革命即将胜利、新的政权即将建立的时刻，以毛泽东为首的中共中央更是重视人民的作用，他们明白：只有坚持人民在社会主义革命和建设中的主体地位，让人民做国家的主人才是"王道"。随着解放战争进入尾声，建立人民民主专政的国体纳入决策层酝酿研究。毛主席提出了"以人民民主专政为核心"的政治架构，为建立中华人民共和国奠定了一块坚固磐石，使其长治久安。

在中共七届二中全会会议旧址，我坐在长条木凳上，望着前面的毛泽东、朱德两位老一辈革命家的头像和两面鲜红的党旗，仿佛正在参加那次伟大的具有划时代意义的大会，仿佛看见毛主席站在前面，挥舞着他有力的右手，大声地告诫参加会议的中央委员："务必使同志们继续地保持谦虚、谨慎、不骄、不躁的作风，务必使同志们继续地保持艰苦奋斗的作风。"

1949 年 3 月 23 日，西柏坡阳光明媚。这天，是中共中央离开西柏坡的日子。下午 2 点 30 分左右，毛泽东从住了 10 个月的小院里走出来，正好碰到迎上来的周恩来。毛泽东望着远处连绵雄伟的太行山，意味深长地说道："今天是进京赶考的日子。"周恩来答道："我们都应当考及格，不要退回来。"

毛泽东坚定地说："退回来就失败了。我们决不当李自成！我们都希望考个好成绩。"这就是西柏坡时期两位伟人的"赶考对"。

在纪念馆前面，在苍翠碧绿的松柏簇拥下，是毛泽东、周恩来、朱德、刘少奇、任弼时五位书记站立的雕像，他们面带笑容，目光坚定。看得出，他们对即将诞生的人民共和国充满了希望和憧憬。中国共产党领导的革命从井冈山的"星星之火"一路走来，多少优秀的共产党员和仁人志士艰苦奋斗，历尽千辛万苦，流血牺牲，终于看见了"东方喷薄欲出的一轮朝日"，怎能不让他们心潮澎湃！

五位书记雕像的左侧矗立着"热烈庆祝中华人民共和国成立 70 周年"的标牌，右侧是中国共产党鲜红的党旗和入党誓词标牌。一波又一波来此参观的共产党员整齐列队，站在党旗前面庄严地举起右手宣誓："我志愿加入中国共产党……"声音整齐，铿锵有力。此时到西柏坡参观的人很多，群众手中拿着五星红旗，共产党员都佩戴党徽。此情此景给西柏坡平添一道亮丽的景色，表现出人们对伟大的党和祖国的无比热爱。

从西柏坡出发的"赶考"迄今已 70 多年。中国共产党的任务也变为"如何更好地长期执政"。西柏坡的"赶考"，是一次意义深远的启程，是一次意味深长的对话，是对治乱历史的深刻借鉴，是走向执政的铮铮誓言，是永远在"赶考"路上的回眸与思索。

2021 年，习近平总书记在庆祝中国共产党成立 100 周年大会上的讲话中指出："过去一百年，中国共产党向人民、向历史交出了一份优异的答卷。现在，中国共产党团结带领中国人民又踏上了实现第二个百年奋斗目标新的赶考之路。"

百年苦难辉煌见，踏过烟雨万千重。百年风雨兼程路，砥柱人间是此峰。有中国共产党的坚强领导，有全国各族人民的紧密团结，中华民族伟大复兴一定能够实现。

西昌卫星发射中心

1970年冬，一支队伍从茫茫戈壁出发，穿过河西走廊、越过秦岭、跨越大渡河，来到四川大凉山深处。他们在红军“彝海结盟”之地，安营扎寨开启探索宇宙的新长征——从我国首颗地球同步轨道通信卫星成功入轨，到我国首次行星探测遨游天际；从探月工程连战连捷，到北斗导航卫星全部发射成功；从我国第一枚低温燃料运载火箭首飞，到我国新一代大型运载火箭成熟运用……

西昌卫星发射中心又称“西昌卫星城”，始建于1970年，1982年交付使用，自1984年1月发射中国第一颗通信卫星以来，到2016年11月22日用长征三号丙运载火箭成功将天链一号04星送入预定轨道，西昌卫星发射中心发射活动已突破100次。西昌卫星发射中心是中国对外开放最早、承担卫星发射最多、自动化程度较高、综合发射能力较强的航天发射场，近80颗国内外卫星从这里送入太空。

2010年4月24日是一个阳光灿烂的日子，我在四川成都参加第20届全国图书交易博览会之后，于当天下午乘飞机从成都前往凉山彝族自治州的州府西昌市。西昌也称“月城”，机场候机楼外面的广场上有一个绿色的“月亮女儿”的雕塑，正面是彝族的象征——展翅飞翔的雄鹰，旁边是圆柱图腾。

我们驱车来到西昌卫星发射中心。导游告诉我，从西昌市出发有 13 公里长的专用柏油路与国道 108 线在冕宁县漫水湾镇连接，成昆铁路也有一条支线从漫水湾火车站直通基地。西昌卫星发射中心于 1984 年 11 月 1 日经国务院、中央军委批准，以“西昌卫星发射中心”的名义对外开放；于 1996 年被四川省委、省政府列为爱国主义教育基地；于 2001 年 10 月被评为国家首批 3A 级旅游景区。

我们先后参观了一号门，二号、三号发射工位，火箭厂房，科技公园，奔月楼。这里发射过鑫诺号和嫦娥号，以发射气象卫星和商业卫星为主。黑底大理石金黄色的字体由书法家启功题写，两个解放军战士伫立于两侧，笔直的马路两侧是松柏，进入发射中心后走上铁路专用道，远方是两座卫星发射的台架，高耸入云，直指天空，我们还参观了长征三号卫星实体。科技公园是在中国航天专家和海内外支持航天事业的单位和个人助资修建的，始建于 2003 年 3 月，园内绿树成荫，小桥流水。中国第一个乘火箭升天的“万户”的雕塑立在公园中央，还有发射失败落下的残骸。发射中心四周是群山峻岭和青翠绿林。

2010 年 4 月，作者黄健在西昌卫星发射中心参观

西昌卫星发射基地是亚洲地区规模最大、设备最先进的新型多功能综合航天靶场。基地上耸立的发射塔架高达 76 米，由 11 层工作平台和相对应的电缆提杆组成。还有与之配套高达 300 米的避雷塔和上万台指挥、控制、测试和供电、供气、供水的先进设备以及融科技、艺术为一体的航天雕塑模型。西昌卫星发射中心发射场有两个发射工位，即被誉为“亚洲第一塔”的二号发射工位和为确保我国登月计划

顺利实施而新建的新三号发射工位。西昌卫星发射中心从 1984 年 12 月 24 日开始发射第一颗通信卫星至今，先后用中国自己制造的“长征二号”“长征三号”运载火箭发射了 40 颗国内外不同型号的卫星，做到了连续成功发射“十七连胜”，创造了中国航天业的辉煌。中国探月计划中“嫦娥”系列卫星也是在西昌卫星发射基地发射升空。

西昌中心的航天专家向我们介绍，这里具有“天然发射场”的优越条件：

一是纬度低（北纬 28.2 度），海拔高（1500 米），发射倾角好，地空距离短，纬度越低，离赤道越近，这既可充分利用地球自转的离心力，又可缩短地面到卫星轨道的距离，从而增加火箭的有效负荷。

二是峡谷地形好，地质结构坚实，有利于发射场的总体布局，对地面发射设施、技术设备及跟踪测量，通信的布网有利，能满足多个发射场的建设。

三是晴好天气，“发射窗口”好。年平均气温 18℃，是全国气候变化最小的地区之一，日照多达 320 天，几乎没有雾天，试验周期和允许发射的时间较多。

西昌卫星发射中心发射塔

总之，西昌的纬度低、海拔高、云雾少，无污染，空气透明度高。因此，一座现代化高科技的卫星发射中心就高高矗立在西昌北部的大山里。

西昌卫星发射中心从 1988 年 9 月 1 日正式对外开放以来，累计接待中外游客上百万人，被誉为“中国休斯敦”。西昌还有“航天城”之美称，为我国航天史上写下了三个“第一”。第一，在 1984 年 4 月 8 号成功发射我国第一颗地球同步轨道通信卫星。第二，在 1986 年 2 月 1 号成功发射我国第一颗通信广播卫星“东方红二号”，“东方红二号”的发射成功结束了我国租用外国卫星看电视的历史，我们现在收看的电视节目和天气预报都是我们自己的卫星传送的。第三，在1990年成功发射我国承揽的商务卫星“亚洲一号”。“亚洲一号”是美国休斯敦制造的，它转到5个国家都没发射成功，后来用航天飞机运回来，于1990年的4月7日从西昌卫星发射中心发射出去。

1985年10月，西昌卫星发射中心开始承揽外星发射业务，接待了来自50多个国家和地区的技术交流、考察团体。先进可靠的设施和条件，为外星的发射提供了安全优质的服务。1984年以来，西昌卫星发射中心开始发射国内外通信卫星，这表明我国已是世界上几个重要的掌握商业发射能力与技术的国家之一，在世界航天领域占有一席之地。

中国探月的起点也始于西昌卫星发射中心。

2007年10月24日，中国探月工程的首颗卫星——“嫦娥一号”启程奔向38万公里外的月球。此后，“嫦娥二号”“嫦娥三号”“嫦娥四号”陆续从西昌启程，实现奔月、绕月、落月。

2020年11月24日，“长征五号”搭载“嫦娥五号”从海南文昌发射升空。西昌卫星发射中心所属文昌航天发射场正式晋升为中国探月新母港。而在“嫦娥五号”奔月的4个月前，“天问一号”探测器从文昌出征，奔向火星，迈出了我国自主开展行星探测的第一步。

1990年4月，“亚洲一号”卫星在西昌升空，标志着我国成为美、法之后第三个打开国际航天商业发射市场的国家。至此，西昌卫星发射中心作为我国第一个对外开放的航天发射场，成为中国航天对外开放的标志“窗口”。2007年5月14日，成功发射“尼日利亚通信卫星一号”。这是我国首次以火箭、卫星及发射支持的整体方式，为国际用户提供商业卫星服务。

从“长征火箭+美国卫星”，到“长征火箭+欧洲卫星”，再到“长征火箭+中国卫星”，几十年来，西昌卫星发射中心共为澳大利亚、白俄罗斯、玻利维亚、阿尔及利亚等16个国家和地区成功发射30多颗卫星。

五十载追梦奋斗，半世纪向天图强。50年来，西昌卫星发射中心征高轨、举北斗、探深空、出国门、顶风云，在逐梦星辰大海的过程中取得了一个个

中国航天的“第一”，创造了一个个世界航天的“首次”，成功跻身世界先进航天发射中心之列。2021 年 8 月 24 日 23 时 41 分，我国在西昌卫星发射中心用长征三号乙运载火箭，成功将通信技术试验卫星七号发射升空。卫星顺利进入预定轨道，发射任务获得圆满成功。此次任务是长征系列运载火箭的第 386 次飞行。一代人有一代人的使命，一代人有一代人的担当。中国航天人大力弘扬伟大建党精神、“两弹一星”精神和载人航天精神，走进新时代、踏上新征程，奋力跑好接力棒、当好答卷人。

伟大祖国繁荣昌盛，国力日益强大，在世界民族之林的声音更加响亮，让我们感到骄傲和自豪。参观西昌卫星发射中心，给我留下了深刻的印象与美好的回忆。

精神之源

（后记）

我怀着激动的心情看完了本书的付印清样后，感慨良多。面对多年来执着追求和辛勤耕耘的收获，我心潮涌动，思绪纷纷，许多感受难以忘怀。

我加入中国共产党41年，从事新闻出版工作34年，坚定的理想信念、对红色文化的追求、对革命前辈的崇敬、对中国红色革命旧址的情怀、以诚相待的编辑作风，使我在从事编辑工作的同时有很多机会访谈"共和国勋章"获得者、"七一勋章"获得者、"两弹一星功勋奖章"获得者、著名的文化大师，瞻仰参观中国革命遗址。很多我们党具有重大历史意义的革命圣地、红色旧址、革命历史纪念场所等我都到过了。我每到一地，重温那一段段峥嵘岁月，回顾党一路走过的艰难历程，我的灵魂都得到震撼，精神都得到洗礼。我每次都是怀着崇敬之心而去，带着许多感悟而回。每一次访谈和每一次写作，我都能从中国革命历史、优良传统和精神中汲取养分，从而实现思想上的升华。我这些年撰写并公开发表的红色革命记忆类的专栏文章共有80多篇。

2021年春节前夕，时任广西人民出版社社长温六零、党总支书记韦鸿学在广西广播电视局办公室见到我，他们鼓励我整理这些文稿编辑出版，迎接中国共产党成立100周年。这部名为《沿着民族复兴的足迹》的书稿，经历9个月的写作与整理，终于完稿并交给广西人民出版社的编辑部主任周莉。

习近平总书记在庆祝中国共产党成立100周年大会上发表重要讲话时指出："一百年前，中国共产党的先驱们创建了中国共产党，形成了坚持真理、坚守理想，践行初心、担当使命，不怕牺牲、英勇斗争，对党忠诚、不负人民的伟大建党精神，这是中国共产党的精神之源。"这32字的概括，凝结着我们党百年奋斗的伟大品格，我们要深切领悟伟大建党精神的丰富内涵。

伟大建党精神贯穿于我们党百年征程。"七一勋章"获得者张桂梅，身患23种疾病，却拼尽全力改变了1800多名女孩的命运；时代楷模黄文秀，以自己的生命谱写了新时代的青春之歌，让我们看到了理想激扬的力量和青春勇敢的担当。英雄从不孤独。一百年来，一代又一代中国共产党人顽强拼搏、不懈奋斗，涌现了一大批视死如归的革命烈士、一大批顽强奋斗的英雄人物、一大批忘我奉献的先进模范。世界上没有哪个政党像我们党这样，遭遇过如此多的艰难险阻，经历过如此多的生死考验，付出过如此多的惨烈牺牲。无论风吹雨打，不管急流险滩，中国共产党人总以"为有牺牲多壮志，敢教日月换新天"的大无畏气概，总以"越是艰险越向前"的斗争精神，推动中国革命、建设、改革和新时代事业从胜利走向新的胜利。

伟大建党精神为我们立党、兴党、强党提供了丰厚滋养。敢于斗争、敢于胜利，不怕牺牲、视死如归，是中国共产党不可战胜的强大精神力量。建党精神、井冈山精神、长征精神、遵义会议精神、延安精神、西柏坡精神、红岩精神、抗美援朝精神、"两弹一星"精神、特区精神、抗洪精神、抗震救灾精神、抗疫精神、脱贫攻坚精神、北京冬奥精神等伟大精神，构筑起了中国共产党人的精神谱系，这些宝贵的精神财富跨越时空，历久弥新，深深融入我们党、国家、民族、人民的血脉之中，锤炼出鲜明的政治品格，让我们党从一个50多人的政党发展到拥有9600多万名党员、领导着14亿多人口大国、具有全球影响力的世界第一大执政党。

伟大建党精神昭示着百年奋斗未有穷期。几年前，习近平总书记引用毛泽东同志关于“赶考”的话时说，这场考试还没有结束，还在继续。现在，习近平总书记再次强调：“中国共产党团结带领中国人民又踏上了实现第二个百年奋斗目标新的赶考之路。”赶考，是一代代中国共产党人的永恒接力。历史川流不息，精神代代相传，我们要继续弘扬光荣传统，赓续红色血脉，在赶考的路上要以“永远为人民服务”的信念、以“不畏浮云遮望眼”的定力、以“咬定青山不放松”的韧劲、以“强国有我”的豪情壮志言，接续奋斗，走好新时代的长征路。

革命理想高于天。回望中国共产党在广西的历史，一代又一代中国共产党人践行初心、担当使命，前赴后继、接续奋斗，带领八桂儿女奋勇向前。在广西这片红色土地上，发生了威震南疆的百色起义、龙州起义，惨烈悲壮的湘江战役，气吞山河的抗日洪流，以及摧枯拉朽的解放广西的战役，在新民主主义革命史上写下浓墨重彩的一页。广西的革命老前辈雷经天曾三次蒙冤，甚至被开除党籍，背着黑锅走长征，但初心不改，对党始终如一、绝对忠诚……伟大建党精神在八桂大地牢牢扎根，红色基因在八桂大地薪火相传。

百年风雨兼程，在党的领导下，八桂大地发生了沧桑巨变。习近平总书记向全党全国各族人民发出了以史为鉴、开创未来、向第二个百年奋斗目标进军的伟大号召。我们要坚决响应号召，把伟大建党精神熔铸到血液里，以伟大精神引领并继续开创新的伟大事业。

以伟大建党精神引领开创新的伟大事业，就要初心如磐、使命在肩。在迈向第二个百年奋斗目标的历史新征程上，我们要以初心砥砺前行、以使命鼓舞斗志，深入贯彻落实习近平总书记在参加党的二十大广西代表团讨论时，对做好广西工作提出的“五个更大”重要要求精神，努力在推动边疆民族地区高质量发展上展现更大作为，在服务和融入新发展格局上取得更大突破，在推动绿色发展上实现更大进展，在维护国家安全上作出更大贡献，在推进全面从严治党上取得更大成效，奋力开辟新时代壮美广西建设新局面，走出一条符合广西实际的边疆民族地区高质量发展之路。

以伟大建党精神引领开创新的伟大事业，就要勇于斗争、担当实干。奋进新征程，我们要弘扬不怕牺牲、英勇斗争的精神，永远保持攻坚克难、拼搏奉献的劲头，勇于战胜前进道路上的一切困难和挑战。

要践行初心、担当使命，踔厉奋发，勇毅前行，深入贯彻落实习近平总书记对广西提出的“四个新”总要求和习近平总书记在参加党的二十大广西代表团讨论时，对做好广西工作提出的“五个更大”重要要求，把守初心担使命体现到准确把握新发展阶段、抢抓用好新发展机遇、深入贯彻新发展理念、加快融入新发展格局上来，充分认识广西在全国发展大局中的战略地位和重大使命，坚定发展信心决心，脚踏实地办好广西的事情，谱写中国式现代化广西篇章。

我深深感谢广西人民出版社原社长温六零、现任社长韦鸿学、编辑部原主任周莉、编辑部副主任梁凤华、责任编辑覃结玲，他们为本书的出版倾注了大量的心血，由于他们的支持、帮助和鼓励，终于使本书得以面世。

谨以此书献给中国共产党成立 100 周年，献给我十分崇敬的“共和国勋章”获得者、“七一勋章”获得者、“两弹一星功勋奖章”获得者、著名的文化大师，他们在革命、建设、改革的不同的历史时期立下了不可磨灭的功绩，并献给祖国未来可靠的接班人和合格的建设者——广大青少年朋友！

2022 年 11 月 1 日写于广西南宁